ROSEMARY 罗斯玛丽

肯尼迪家族隐藏的女儿
The Hidden Kennedy Daughter

[美] 凯特·克里福·拉森 著　　张琼懿 译
KATE CLIFFORD LARSON

浙江出版联合集团
浙江文艺出版社

献给那些

与残疾和精神疾病奋战的人

也献给爱他们的家人

目　录

肯尼迪家族成员表

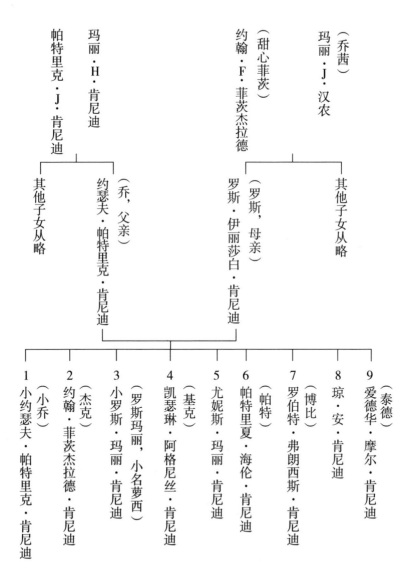

注：名字上方数字表示出生顺序

第一章　生产时的意外

（一九一八年）九月十三日星期五，肚子里怀着老三的罗斯·肯尼迪开始感觉到肚子一阵阵剧痛。家里请来负责在怀孕后期照顾她的护士，立刻通知了罗斯的产科医生弗烈德瑞克·古德（Frederick L. Good），请他尽快前来。当时肯尼迪一家人住在波士顿郊区布鲁克莱恩镇（Brookline）比尔斯（Beals）街八十三号。罗斯的前两胎——当时三岁的小约瑟夫·肯尼迪（Joseph Patrick Jr.，小名小乔）和十六个月大的约翰·肯尼迪，都是在家里出生的，罗斯打算这一胎也在家里生产。在那个疾病恐慌的年代，怀孕过程能够一切顺利，身为虔诚天主教徒的罗斯已经充满了感恩。

一九一七年到一九一八年的战争期间，西班牙流感肆虐全球，在世界各地夺走了上千万条性命，遭受感染的人更是不计其数。一九一八年，病魔把魔爪伸入了波士顿，开始袭击波士顿居民。到了那年九月中旬，已经有五千多名波士顿居民感染了西班牙流感。有如瘟疫一般的西班牙流感，一年内侵袭了美国三次，这次是第二波。戏院、学校、会堂、教堂等公共场所都被迫关闭，政府也要大家尽量别出入公共场合,以免疫情继续扩大。波士顿和郊区的地区医院和诊所里,人满为患。过去有流感侵袭时,受威胁的通常是年幼的孩童和年长的老人,但是这一次不一样,原本身强体健的一些青年男女也难逃其害。才刚打完第一次世界大战,甫从欧洲凯旋的年轻士兵,感染了肺炎、引发呼吸衰竭,因而死亡的数以千计。一名当时在波士顿夜以继日工作的护士表示,疫情最严重时,"整座城市仿佛正迈向死亡,每户人家都有病危的人,街上到处在举办丧礼"。在短短的六个月内,有将近七千名波士顿居民病逝。

所幸,罗斯和丈夫乔(Joe)①家里,没有遭受这个致死病毒波及,两个年幼的孩子都安然无恙。他们聘来的这名护士,每天都会帮罗斯和怀里的胎儿做例行检查。她会听听孩子和母亲的心跳、从产道诊察胎儿的位置、记录胎儿在子宫内活动的情形等,待医生来看诊时,再仔细向医生报告这些结果。她在发现罗斯有产兆后,立刻通知了古德医生,紧接着将罗斯的房间布置得像医院里消毒过的产房,同时吩咐女管家和用人去烧热水,并再三确认医生待会儿可能会用到的器材或仪器,都在伸手拿得到的地方。

这名护士受过最新的产科护理训练,她谨记着受训期间护理手册上的一段话:产科护士负责照顾的人有两个:一是怀孕的母亲,一是尚未出世的孩子。"万一不幸,母亲在医生还未抵达前死去,"《产科护理》(*Obstetrical Nursing*)指导手册上这么写道,"这名护士不管对医生或是对这个家庭,都难辞其咎。"这样的训诫让照顾产妇的

---

① 老约瑟夫·帕特里克·肯尼迪(Joseph P. Kennedy Sr.)。(本书脚注若无特殊说明,均为译者注。)

护士处于两难：她受过的训练一方面教她如何接生，但另一方面又建议她等候医生来接生。

罗斯的阵痛愈来愈剧烈了，但是这名护士不能为罗斯施打麻醉，因为她既不是医生，也不是麻醉师。这种事，恐怕只能等古德医生，还有和他合作的麻醉医师爱德华·欧布莱恩医生（Edward J. O'Brien）抵达时，才能进行。

只不过这一天，医生还没到，孩子就进到产道了。随着阵痛一波波加剧来袭，罗斯也按捺不住地把孩子往外推。护士要她保持镇静，希望她撑过每一次阵痛，压抑住把孩子往外推的冲动。但是孩子已经等不及了，她的头就要出来了，这在生产过程中是极为关键的阶段。当时的人已经明白，孩子在产道里待太久会缺氧，大脑可能因此受损，导致生理缺陷。

为了照顾众多流感病患，罗斯的医生迟到了。护士要罗斯夹紧双腿，阻止婴儿诞生。即使她是受过训练的产科护士，还是选择不接生这个孩子。

"我对我的产科医生充满信心，"罗斯在多年后这么写道，"我也对上帝有信心……我深信，一旦身体承受的痛苦结束，我就可以迎接喜悦了。"一旦孩子出生，就没事了，她心里这么想。然而，提供病人最好的照料，或许不是古德医生和同僚的行事原则。那个年代健康保险尚未问世，为社会经济地位较高的波士顿人提供医疗服务，可以为他们带来非常稳定而优渥的收入。如果古德医生错过接生孩子的机会，他损失的接生费与新生儿照顾费用，高达一百二十五美元。并拢双腿还是阻止不了孩子出生，于是护士采取了更加危险的手段：她用手挡住孩子的头，让婴儿继续停留在产道内，受尽了整整两个小时的折磨。

终于,医生来到肯尼迪家了,那时是晚上七点钟,他接生了罗斯这个看似健康的宝宝。肯尼迪夫妇在《波士顿环球报》(*Boston Globe*)上宣布了这名婴孩诞生的消息:"继两个健康的男孩后,家里的孩子房又添了一名秀丽的小姑娘。"祝贺的鲜花、卡片从四面八方涌来。孩子依母亲的名字取名,叫小罗斯·玛丽·肯尼迪(Little Rose Marie Kennedy)。小时候家人叫她萝西(Rosie),长大后叫她罗斯玛丽(Rosemary),她将拥有来自父母双方的疼爱与照顾。

罗斯玛丽是个"乖巧安静的孩子,她不像两个哥哥那么爱哭"。五十多年后,罗斯这么回忆道。生下罗斯玛丽后,罗斯卧床休息了几个星期,一般中产阶级或上层社会妇女产后,差不多都休息这么长的时间。当时的观念认为,刚生产完的妇女应该卧床至少九天,之后几天可以慢慢恢复日常活动,像是走路之类,然后再花几个星期,逐步适应更大的活动量,所以理想上要坐月子六个星期。罗斯很享受那段时光,因为她可以全心全意陪伴、照顾、宠爱刚出生的罗斯玛丽。至于两个男孩,则交由兼职和全职的育婴女佣或其他用人来照顾,帮他们梳洗、准备食物等等。回想起那段她和宝宝独处的时光,罗斯写道:"那段时间,能和婴孩共享片刻的宁静,对母亲和婴孩都是好事。"

当时,乔刚升任福尔河造船厂(Fore River Shipbuilding Company)的协理。这家造船厂是伯利恒钢铁(Bethlehem Steel)的子公司,因着这份工作,乔可以让他太太过上贵妇般奢侈的生活。罗斯玛丽出生时,乔三十岁,战争期间,绝大多数这年纪的男性都会被征召入伍,但是由于乔的公司正在制造欧洲战场上急需使用的海军舰艇,他底下有数千名工人,掌有数百万美元的政府合约,所以免了这项劳役。乔在工作上表现得可圈可点,不论经商还是管理方法都很有一套,除了让造船厂快速拓展、员工不断扩编,他也顾及了员工的吃、住、交通等问题。他的工作量遽增,每天工作时间颇为冗长,晚上经常没办法回家,这样的工作习惯养成后,跟了他一辈子。然而,拼命三郎般的工作态度,也让乔从此有消化道溃疡的毛病。在罗斯玛丽出生一个月后,乔就曾住院休养身体。消化道溃疡等肠道问题持续困扰着他,直到他死去。

乔和罗斯是在一九一四年结婚的。容貌与智能兼具的罗斯,是波士顿市长约翰·"甜心菲茨"·菲茨杰拉德(John "Honey Fitz" Fitzgerald)的长女,母亲玛丽·约瑟芬·"乔茜"·汉农(Mary Josephine "Josie" Hannon)则来自东波士顿当时最具政治影响力的家族。这场婚姻无疑是政治与经济的坚强结合,也因着这样的政经基础,夫妇俩很快便晋升为新兴爱尔兰社会、政治,以及经济精英社群中的翘楚。

早在十九世纪中叶,大约是两个世代前,波士顿北端开始聚集许多移民和穷苦的劳动阶级,他们的需求和追求的利益,与在美国土生土长的波士顿婆罗门(Brahmin)①和扬基贵族②截然不同。他们的祖先都是早在好几个世纪前就在波士顿落脚,整个新英格兰地区的文化与社会雏形都是由他们建立的。从这个地区的政治、教

---

① 波士顿婆罗门指早期英国移民的后裔,他们在美国建国之前就奠定了社会基础,通常经济条件优越,具备深厚的文化涵养,有强烈的门第阶级观念。
② 扬基贵族指住在新英格兰地区,那些英国殖民地时期的殖民者后代。

育、社交活动、社交关系、经济,甚至城镇的景观,都可以看出新教徒带来的影响。有权势的商业界、政治界、文学界领袖比邻而居,自成一群与众不同的新教徒贵族。

东边与北边分别以波士顿港和查尔斯河(Charles River)为界的波士顿北端,占地只有一百英亩,却是美国当时人口最稠密的地方。一八六〇年,密密麻麻的巷弄中住了两万七千个居民,当中有一半以上是爱尔兰移民。几年后,逃离政治、经济和农业灾难的东欧人,以及各地受反犹太迫害的人,一波波涌进,大家都希望在这里找到新愿景。在这里,廉价公寓和血汗工厂四处林立,街道和码头上人满为患,景致与相隔半英里的比肯丘(Beacon Hill)①,有如天壤之别。

这个人口爆炸的小地方,为整个城市和它的居民带来了庞大的压力。尽管地方经济因而蓬勃发展,但是垃圾、污水、低工资等问题,威胁着当地居民的健康和生活福祉,为此,大家付出了高昂的代价。学校的学生人数超额,教室里坐了各个种族的学生,大家都有各自的语言。波士顿城步履跟跄地设法收容这些居民;当地出生的贵族们认为,这些新移民必须学会英语、养成良好的工作习惯,他们得尽快"美国化"才行。许多公立学校都改以轮班的方式上课,每天开放十八个小时,除了提供各年龄层的孩童接受教育的机会,也提供课程给他们的父母。

终于,菲茨杰拉德一家人再也受不了这样拥挤的住宅与街道,搬离了罗斯的父亲约翰·菲茨杰拉德成长的地方。罗斯的母亲乔

---

① 比肯丘是住商混合的高级住宅区。——编者注

茜来自距离波士顿西边二十五英里外的农业小镇阿克顿（Acton）。两人结婚后搬到了波士顿北端，但是乔茜一直向往着空气新鲜，有着蓝天绿地的乡下地区。于是在一八九二年，罗斯两岁时，菲茨杰拉德如了妻子的愿，在距离阿克顿三英里的西康科德（West Concord）买了一座大房子。

就像许多爱尔兰邻居一样，为了更大的生活空间和更好的生活质量，他们离开了比他们穷困的邻居，还有残破不堪的木屋和老旧的砖屋。在一八九〇年代晚期到一九二〇年代，波士顿西端、布赖顿（Brighton）、洛克斯伯里（Roxbury）、多尔切斯特（Dorchester）和海德公园（Hyde Park），都经历了大规模的成长与发展，促进了这些地区与波士顿市区的整合。一八九七年，波士顿的高架铁路与地下铁完工，使得这些地区往来波士顿市区的交通更为便利，谋生也更为容易。

一八九五年，一心想在政坛闯出名堂的菲茨杰拉德进入了国会，从此得在西康科德和华盛顿两地之间奔波。乔茜过着悠闲的田园生活，加上离娘家近，又有好学校和大批仆佣，因此菲茨杰拉德虽然经常不在家，她的生活也不成问题。不过甜心菲茨始终忘不了波士顿城内人声鼎沸的气息，于是他决定投入一九〇五年的波士顿市长选举，好将一家人搬回市区。将乔茜从她安逸的田园生活带回市区的条件，是多尔切斯特的维尔斯（Welles）大道上一栋华丽的豪宅，以及通往市区便利的交通。

甜心菲茨担任市长期间，波士顿的爱尔兰人已经成为一群团结的选民，连续几十年胜选，让他们不只在市政府，也在经济和社会机构中扮演举足轻重的角色。通过在各个小区组织与委员会中安排选区政客,爱尔兰移民有效整合了政治力量,形成了一部强大而稳健的政治机器。正是这种组织能力,让菲茨杰拉德在一九〇五年十二月的市长选举中,获得压倒性的胜利,这一年,罗斯十五岁。不过,菲茨杰拉德和那些在爱尔兰出生的移民前辈,有很明显的差异:他是美国爱尔兰裔的天主教徒中,较年轻且思想较开明的一群,他们为贫穷、饥饿、失业和受压迫者发声。虽然菲茨杰拉德此前已经在不同的市立、州立,甚至国家级办公室服务过,但是当上波士顿市长这件事,在向来由清教徒居高位的波士顿中,仍是非常重要的里程碑。当时他的竞争对手是乔的父亲帕特里克·肯尼迪(Patrick Kennedy),虽然肯尼迪败选,但是两人依旧维持友好,甚至是政治同盟。

事实上,甜心菲茨和帕特里克·肯尼迪家,长久以来在政治和社交上便有往来;打从罗斯和乔孩提时期起,两家人夏天就常一起在缅因州的旧奥查德海滩(Old Orchard Beach)度假。不过,一直到一九〇六年夏天,罗斯从多尔切斯特中学(Dorchester High School)毕业,乔也即将在声望卓著的波士顿拉丁学校(Boston Latin School)开始最后一年的学习时,这两个年轻人才熟识起来。两人在旧奥查德海滩经朋友介绍而重新认识后,爱苗逐渐滋长。

当时的罗斯身价不凡,她以新任市长女儿的身份,踏进了波士顿的爱尔兰社交圈。除了长得漂亮、头脑聪颖,落落大方的个性更让她成为波士顿爱尔兰裔里的明日之星。她修习外语、在新英格兰音乐学院(New England Conservatory)学钢琴、在波士顿市立图书馆当志愿者,也参与波士顿城内的德国和法国文化交流活动。镁光灯焦点下的她出尽了风头。

罗斯是父亲竞选路上的最佳拍档，还在高中时期，她就经常和父亲同台，代替母亲参加在波士顿举行的游行、午宴、晚宴和各种政治聚会。罗斯出生于一八九〇年，她的出生填补了菲茨杰拉德内心的一大遗憾。菲茨杰拉德的一位哥哥和两个妹妹，都不幸在婴孩时期夭折，他的母亲也在一八八〇年过世了。菲茨杰拉德在和来自阿克顿的乔茜·汉农结婚后，夫妻俩随即搬到菲茨杰拉德位于波士顿北端的家，和他还在世的其他九个兄弟同住。自从母亲过世后，这个家就没有其他女人住过。他很渴望有个女儿，而罗斯帮他达成了这个梦想。一位和菲茨杰拉德家有深交的友人，这么告诉历史学家多丽丝·卡恩斯·古德温（Doris Kearns Goodwin）："他对女儿的爱……超乎他经历过的任何感受。"

身为长女的罗斯也完全没有让父亲失望，她既漂亮又聪明，是三个女儿中最受疼爱的。罗斯也以相同的爱回应父亲。"世界上绝对找不到任何人，可以和我的父亲相比拟，"她这么告诉古德温，"只要有他在的地方，就像被施了魔法一样。"罗斯像她父亲一样个性外向、反应灵敏，他们俩在政治和社交世界里是如鱼得水。罗斯的母亲不喜欢出风头，喜欢待在家里陪伴家人，她重隐私、宁可隐世而居，于是罗斯就成了母亲的最佳替身。

想当然，菲茨杰拉德对追求大女儿的人有很高的期待。罗斯在多年后写道："我父亲认为我既漂亮又有气质、聪明又迷人。"随着她年纪渐长，"他对此更坚信不疑。我想，当父亲的人，没有哪个觉得有男人配得上自己的女儿。"罗斯最后下了这样的结论。"但是我父亲在这方面简直无可救药。"罗斯抱怨，父亲不让她参加任何学校舞会，也不准她和男孩子交际。她觉得父亲太过保守、对她保护过头了。只不过,年轻的乔和罗斯完全无视于甜心菲茨订的家规,两人早已认定了对方,经常瞒着父亲私会。

当时正值社会转向现代化的新世纪,罗斯早已下定决心,一定要参与日益蓬勃的女性自由运动。大批女性开始投入公共事务,不管在商业、零售业、医疗照护、法律、社会工作、教育、艺术等各行各业,都见得到她们的身影。女性受教育的机会逐渐普及,社交活动不再那么拘泥,政治上的权利也逐渐扩张了。虽然她们还没有投票权,但是可以通过妇女会、工会和渐进式的改革团体,对薪资、工作条件、市政、教育和公共卫生等相关立法进行游说。

上大学一直是罗斯的梦想,由于住在波士顿,所以这个梦想并非遥不可及。城里就有几所大学和学院,提供中产阶级和职业妇女职业和教育训练,这种机会可不是随处都有。十六岁的罗斯还没有到上大学的年纪,所以她决定,从多尔切斯特中学的高中课程毕业后,再留下来修一年预备课程,好为充满挑战的大学教育做更周全的准备。

在罗斯考虑要念大学时,提供女性高等教育的天主教机构还不多。虽然天主教设立学校行之有年,但是大多不提供大学学位,当时刚开始着手设立的私立天主教学院和大学,也都只招收男性。不过,位在波士顿地区的非教会学院、新教徒学院和卫理公会(Methodist)学院,像是西蒙斯大学(Simmons)、哈佛、维斯理学院(Wellesley)和波士顿大学(Boston University),都招收女学生,有些是直接招生,有些则是以附属学校的方式招生,像是哈佛的拉德克利夫学院(Radcliffe),就是将女同学安排在不同教室上课。

另外,天主教的初等教育和中等教育系统,也在这个时候逐渐具备雏形。当时天主教学生在公立学校遭受到歧视或霸凌的情况日益猖獗，当地的大主教约翰·威廉斯（John Williams）对此感到不满，便于一八八〇年代起，着手筹备天主教的教区学校。波士顿婆罗门担心，天主教会这么大的动作，会动摇文明社会的根基，让他们珍视的清教徒价值荡然无存。新教教派一直是私立学校的主流，但是就连公立学校的课程内容，也受新英格兰扬基贵族和新教徒高层掌控超过两个世纪了。如果他们无法先掌控让谁来教这些爱尔兰裔的学生，就掌控不了爱尔兰裔的族群。

这个计划，主要是通过附属于教会的小学校开始展开，很快地，波士顿的天主教学校不断增加。尽管这些学校的质量参差不齐，但是有一群热忱的修女和非教派老师们，很认真地提出一些不输给其他新英格兰公私立学校的教学计划。到了一九〇〇年，在以移民者为大宗的市中心，公立学校已经容纳不了大量移民了，于是天主教学校便被视为"公立教育系统的安全阀"，可以帮忙接收一些学生。除了一般的学术课程，有些教区学校还提供职业训练课程，协助学生获得一技之长，可以尽快脱离贫困。

菲茨杰拉德市长虽然是天主教的公众人物，却深信公共教育的重要。他的弟弟亨利·菲茨杰拉德表示，菲茨杰拉德市长把罗斯和她的兄弟姐妹都送去协和公立学校（Concord public schools），因为他认为"想要在世界崭露头角，公立学校才是最好的训练基地"。

他的这项决定，明显违背了波士顿大主教区的期待。

在大主教威廉·奥康奈尔（William O'Connell）的领导下，即使天主教学校的表现不如一般学校，教区内的天主教家庭，还是都把孩子送进了天主教学校。具有影响力的天主教神学家则希望，天主教可以更投入于教区学校。一九〇六年,奥康奈尔大主教的同僚明尼苏达州的爱尔兰大主教就说:"学校的世俗化,使我们处于一个危险的世代、危险的美国。"他大声疾呼,做父母的,"应该竭尽所能,提供孩子完善的天主教教育。这是完全不能妥协的……唯有日复一日拿信仰教导我们的孩子……才能让信仰扎根在他们身上,叫他们到老也不偏离。"他也警告,若不这么做,"将有大批的孩子失去信仰"。到了一九一〇年,有将近百分之十五的马萨诸塞州学生,就读天主教教区学校。

天主教教会的保守作为和分裂主张,不但让非天主教徒更加不信任他们,也更加害怕。大家怕教育将来可能会由天主教全权掌控,再加上东欧和南欧的移民也在这时纷纷来到美国,他们不讲英语、奇装异服、宗教习俗不同、吃的东西也稀奇古怪,因此当地居民兴起了一股本土主义,反天主教的情结更是有史以来最甚的。

不管怎样,菲茨杰拉德举家搬到多尔切斯特后,他们可以选择波士顿里的任何一所天主教学校就读,但是他偏偏把孩子全送进公立学校。身为市长,竟完全无视教会的指示,他这样做,无疑是同意支持拓展公立学校系统,以应付人数渐增的移民者孩童和他们的父母。

罗斯在多尔切斯特高中修预备课程时,就已经向维斯理学院申请了入学许可。这所学院位于卫本湖(Lake Waban)湖畔,距离波士顿城大约二十英里。它是在一八七〇年创立的,算是美国相当古老的学院,提供严谨的人文学科课程,而且只招收女生。在该校授课的都是当时极享盛名的大师级人物,该校的毕业生更不乏在社会、科学、政治、文学和经济等领域的领袖。罗斯迫不及待想在知识上有更高一层的追求，所以当她得知自己和三个好朋友露丝·埃文斯（Ruth Evans）、薇拉·莱格（Vera Legg）、玛格丽特·欧卡拉汉（Marguerite O'Callaghan）全都申请上维斯理时，真是欣喜若狂。

罗斯和她的朋友们，将会是当时从高中毕业后，少数有机会继续前往大学深造的女性。波士顿的高中毕业生中，有百分之五十五是女生，但是所有高中毕业生中，只有百分之十二的人上了大学。从一九〇〇年到一九二〇年，高中毕业的女学生上大学的比例，从百分之三逐渐增加到百分之七点六，男生增加的比例也差不多如此。然而，女性虽然占所有大学入学生的百分之四十，也占所有毕业生的百分之二十，不过念的多是师范学院。这类学校几乎清一色以女性为诉求，提供的是短期课程，并不颁发大学毕业证书。这不是罗斯想要的，她想就读的，是真正的四年制女子学院，是可让她晋升成为美国顶尖女性的学校，何况她家也供得起她读这类学校。

维斯理虽然不是教会学校，但很强调学生必须上教堂，也提倡基督徒的价值观与信仰。不过，天主教领袖不喜欢这类学院教导学生独立自主，他们喜欢管教严格、男女确实隔离的天主教教育模式。他们也不认同教导女学生先进的课程，担心受过这些教育的女性会转而拥抱独身主义，不愿意结婚，所以他们总是设法阻止女性接受更高等的教育，或是从事可以自给自足的工作。

但是罗斯的父母让她自己决定这些事。对于罗斯想进入维斯理学院就读，甜心菲茨是给予祝福的。他是走在时代尖端的人，一点儿也不介意他那聪明的女儿日后成为新时代的女性。罗斯聪明又有教养，而且充满自信，就要成为一名完美的"维斯理女孩"了——至少她那时是这么认为的。

然而,一九〇七年九月,就在罗斯即将离开,前去维斯理学院就读的前一天晚上,她的父母突然找她坐下来谈谈。他们告诉罗斯,她没办法和朋友一同去维斯理念书了。

那一刻,罗斯崩溃了。她知道那一定是父亲的决定,和母亲无关,于是她向父亲苦苦哀求,但是她父亲无动于衷。"我又叫又闹,几乎发疯了。"事后,罗斯这么告诉往来亲密的亲戚凯莉·麦卡锡(Kerry McCarthy)。

罗斯虽然不知道整件事的来龙去脉,但是她知道,父亲一定是为了自己的政治生涯,牺牲了她的未来。波士顿的大主教奥康奈尔警告菲茨杰拉德,如果他不支持他(奥康奈尔)的保守主义,那么他当市长的日子恐怕不多了。他建议菲茨杰拉德花点心思,重新整顿波士顿的天主教势力。

甜心菲茨正忙着下一任市长的选战,因为政治腐败和贪污丑闻等负面消息不断,他的政权和候选资格岌岌可危。大主教随时可以转而支持他人,这么一来,菲茨杰拉德便会失去天主教徒的选票,他可千万不能再惹恼奥康奈尔了。奥康奈尔得知罗斯即将就读维斯理学院时,便警告菲茨杰拉德,波士顿的天主教选民不会认同他这么做,还告诉他罗斯身为市长的女儿,应该做好波士顿年轻女孩的表率,成为其他天主教女孩仿效的对象。如果她去了维斯理学院,奥康奈尔担心,其他年轻女孩和她们的家人将会"起而响应这世俗主义的诱惑",认为教育可以脱离宗教,到时候,主教就不得不公开谴责罗斯了。

罗斯原本打算凭着信心自己打造未来的梦想破灭了,与父亲间建立多年的情感共同体,也在一夕之间全瓦解了。"我气我父母气了好几年,也气教会。我当然深爱我父亲,但我实在没办法原谅他不让我就读维斯理学院。"多年后,罗斯这么说道。

痛苦归痛苦,罗斯还是遵从了父母亲的意思。一九〇七年时,波士顿还没有招收女性的天主教大学。第一所招收女学生的四年制天主教大学,是一九〇〇年设立于华盛顿特区的三一学院(Trinity College)。当时,招收女学生并获得认同的天主教大学,共有十所,但是没有一所位于新英格兰地区。罗斯最后进了位于联邦大道(Commonwealth Avenue)的圣心书院(Convent School of the Sacred Heart)。但这所学校提供的教育,和维斯理学院根本不能相比,完全满足不了罗斯原本的期待。七十年后,罗斯依然为父亲将政治利益摆在她的抱负之前,让她无法如愿就读维斯理学院,而感到愤愤不平。她告诉历史学家多丽丝·卡恩斯·古德温:"我一生中最大的遗憾,就是没能去读维斯理学院。这件事一直让我感到有些难过。"

圣心书院是隶属圣约瑟修女会(Sisters of Saint Joseph)的兰德尔修女(Mother Randall)在一八八〇年设立的。它是一所走读学校,专门提供女孩子典型的教育,内容包括初等教育到高中毕业后两年的进修课程。圣心书院的系统源自法国,遍及欧洲和美国已有数十年,学校的宗旨是"为宣扬耶稣基督的圣心献上自己,并提倡高等教育"。罗斯认为,这所学校的课程和多尔切斯特高中的课程差别不大,只不过多了繁重的宗教课程、中世纪教会历史和法文课。罗斯对这样的课程安排兴趣缺缺。

"我已经会拉丁文、罗马和希腊历史,也懂法文的语法了。"罗斯告诉古德温,"但是我对中世纪历史与文学一窍不通,也听不懂法文。"一些圣心书院特有的教学内容,像是"伦理、形而上学和心理学、历史……经典文学精读或是外国文学通史;数学……拉丁文……(和)自然科学实验研究",她先前在公立高中都没有学过,所以读起来比原本就是读圣心书院的同学吃力许多。除了法文以外,其他现代语言都是选修课程。然而由于圣心书院缺少进阶数学、科学和现代文学等课程,所以无法取得国家认证。另外,家政课也是圣心学生的学习重点,目的是要让这些没有献身宗教的女孩,将来能扮演好为人妻、为人母的角色。宗教和信仰,是圣心书院的教学理念中心。"以宗教为教育根基和最高指导原则,这就是圣心书院希望提供的教育,也是主要教学内容。"圣心书院的早期章程开宗明义地这么说。在罗斯进入教会学校时,学校还是沿用一八六九年以来的课纲。圣心书院一名修女很自豪地说:"接受过这些训练后,这些学生将来都能成为献身于神的童女、端庄的妻子、国家可以交付重责大任的女人,以及伟大的母亲,以荣耀母校,让天主教会称她们为神所喜悦的女儿。"奥康奈尔大主教要菲茨杰拉德和他的女儿展现出上流爱尔兰裔美国人对信仰应有的敬虔,并视他为马萨诸塞州天主教徒的新兴势力,对他效忠。但是这么做,完全打乱了罗斯的人生规划。

罗斯深陷惆怅的那些日子,乔成了她的精神寄托。不管是在联邦大道上的圣心书院念书,或是在波士顿的新英格兰音乐学院学钢琴,乔都是她在接受仅有的教育机会时,最大的安慰。或许是因为甜心菲茨反对他俩交往,反而让她的叛逆情绪得以找到出口。这对年轻人经常借着各种托词私下见面,而且往往拜托朋友协助。"我们不但得团队合作,还要密谋策划。"罗斯在多年后回忆道。她父亲试着介绍其他对象给她,但都徒劳无功。就连菲茨杰拉德的司机也对乔很有好感，偶尔会瞒着市长先生，偷偷载罗斯去赴约。

　　没有人知道为什么甜心菲茨对乔这么反感，他理应对乔的背景和行动力感到似曾相识才是。乔的祖父是来自爱尔兰韦克斯福德郡（County Wexford）的移民，生长于东波士顿，一个与波士顿隔着海港相望的都市，居民大多是爱尔兰人移民。东波士顿周遭地区广大，加上住了不少中产阶级和上层阶级的家庭，因此移民的结构和在波士顿城聚集的移民很不相同。乔的父亲帕特里克·肯尼迪在年幼时就失去了父亲，因此年纪还很小的时候，就开始在附近的码头做苦工，供养母亲玛丽·奥古斯塔·希基（Mary Augusta Hickey）以及洛蕾塔（Loretta）和玛格丽特（Margaret）这两个姐姐。帕特里克·肯尼迪既聪明又勤奋，不管是投资小餐馆，还是买卖进口酒，都有不错的斩获，因此得以将家人从简陋的移民公寓，迁居到富裕的东波士顿杰弗里斯角（Jeffries Point）。他的儿子约瑟夫·帕特里克·肯尼迪（也就是乔）出生于一八八八年，拥有他小时候得不到的各种教育机会，以及优越的经济环境。在罗斯进入圣心书院的一年后（一九〇八年），野心勃勃、能言善道，又有运动天分的乔，则进入哈佛大学就读。

　　一九〇八年夏天，因着几桩不利的指控，菲茨杰拉德决定带着妻子和两个年纪较长的女儿——当时十八岁的罗斯和十六岁的阿格尼丝（Agnes）——到欧洲度长假，并打算把两个女儿留在荷兰法尔斯镇（Vaals）的布卢门撒尔圣心书院（Blumenthal Academy），让她们待上一年。前一年，菲茨杰拉德在牺牲掉罗斯念大学机会的那场市长选举中失利，之后他们一家人已经逐渐淡出民众的视线，不过当局仍在调查他市长任内的贪污情事，这给他带来了不小的压力。

罗斯对于父亲所行那些不光彩的事，感觉很敏锐，她也知道，能够到欧洲大陆接受教育是难得的福利，但是她更明白，这意味着她将有很长一段时间见不到乔。

在布卢门撒尔时，罗斯全心全意地学习欧洲文化与语言。她发现，那边的学校非常重视"世上的实际事物"，像是"Kinder, Kirche, und Kuche"（意思是孩童、教会和烹饪），以及为了将来的家庭和宗教应做的准备。罗斯表示，她和这些女同学将来结婚后，很可能会雇用用人来家里煮饭、清洁和照顾孩子，但是学校这么做的目的，是希望她们也懂得如何管理家里雇用的人，并且熟知家务。

然而，就像其他圣心书院一样，布卢门撒尔的教育也是以宗教为最高指导原则。事实上，布卢门撒尔圣心书院在这方面有过之而无不及，他们不但要求学生要禁食祷告，还要缄默和冥想。在这里，罗斯和其他年轻女学生一样，都应该成为玛丽亚的孩子（Children of Mary），成为耶稣的母亲那样的人。他们特别强调玛丽亚的奉献精神，希望每个女孩子都能"像玛丽亚那般纯洁、谦卑、勤奋"，并"时时拥有玛丽亚的美德，成为令玛丽亚喜悦的女儿"。学校说的美德包括"纯洁、谦卑、顺服和慈善"。

在布卢门撒尔待了两个月后，罗斯成了慕会生（aspirant），只要再接受六个月的献身和冥想训练，她就有机会正式成为玛丽亚的孩子。然而冬天来临时，罗斯发现自己依旧渴望来自家乡的消息，依旧喜欢旅行，这让她无法全心全意地专注学习，或是和学校其他学生往来。"我发现，"她回忆道，"我应该更努力达到学校对我的要求，更努力成为玛丽亚的孩子。"罗斯开始一大早就起来冥想，立志成为"最完美的典范"，并且以获得"圣心书院的最高荣誉"为目标。

五月，罗斯写信回家，告诉家人她获颁"玛丽亚的孩子"奖章，当时全校有一百五十名学生，只有三个人得到这个奖章，这也让她当选圣心典范和心灵守护者。能取得这殊荣，都是因为罗斯有过人的自制力，将她的信仰视为召唤和责任承担了下来。

一九〇九年的春季课程结束后，罗斯和阿格尼丝都认为她们离家太久了。菲茨杰拉德原本打算让姐妹俩在布卢门撒尔待两年的，但是她们都想念美国、想念家人，当然，罗斯还很想念乔。很幸运的，甜心菲茨正好决定再次投入市长选战，比起让两个女儿留在欧洲，有她们在身边，对选情或许更有加分效果。他成功漂白了，贪污的事已经成了过去式，他看来还蛮有望胜选的。罗斯可以再次回到她的岗位，陪父亲竞选。这一次，菲茨杰拉德将赢得胜选，加上市府宪章将市长任期从两年延长为四年，更让甜心菲茨摩拳擦掌，跃欲大展宏图。

这段时间，乔还在哈佛大学就读。一心想继续求学，但又不想离家太远的罗斯，最后去念了纽约曼哈顿维尔（Manhattanville）的圣心书院，他俩终于不用隔海相思了。回想起乔就读哈佛的那段时间，罗斯发现自己对乔的爱慕与日俱增。但是父亲反对他们交往的态度丝毫没有软化，总是千方百计阻挠他们见面。一九一一年，哈佛大学举行大三舞会时，他把罗斯送到棕榈滩度假，同时也费心安排她和其他年轻有为的青年见面；放暑假时，他再次把罗斯送到欧洲去，只不过，这么做只有徒增罗斯的不满，一点也没有减少她对乔的思慕之情。一九一二年春天，乔从哈佛大学毕业，甜心菲茨和乔茜的态度好不容易软化些了，也终于默许了罗斯的期望和乔的心意。最后，菲茨杰拉德还是祝福了这对年轻人。虽然乔从来没有得到市长完全的认可，但是渐渐地，他对罗斯的坚持，以及他在事业上努力得到的成就，终于赢得了甜心菲茨的尊敬。

从此以后，罗斯和乔可以光明正大地一起在公共场合出现，不用再偷偷摸摸见面了。波士顿媒体对两人的交往情形紧迫盯人。乔从哈佛毕业后，从事起金融工作，先是受雇于州政府，担任银行查账员，后来通过家人抱注的钱和生意上的门路，成功挽救了哥伦比亚银行（Columbia Trust）。这家银行位于东波士顿，是乔的父亲帕特里克·肯尼迪在数十年前协助成立的，现在，几家规模较大的波士顿银行威胁要并吞它。在掌握多数哥伦比亚银行股票后，乔任命自己为银行董事长，指派支持者担任董事会成员，并聘雇有能力的朋友。银行的资产几乎翻了三倍，他的房地产投资也生意兴隆。

一九一四年，财务上的成功，为乔带来了他需要的社经地位，也让他得以在和罗斯交往八年后，将她娶回家。十月的某个星期三上午，乔和罗斯在家人和亲友的见证下，举行了私人的结婚仪式，并由红衣主教奥康奈尔证婚。回顾过去，也是因为这名红衣主教的干涉，致使罗斯去念了天主教学校，成为保守而忠诚的天主教徒，她的人生观因而改变，最后终其一生，以丈夫和孩子为生活重心。

这对新婚夫妻在美国四处旅行度了蜜月后，搬到了他们在布鲁克莱恩比尔斯街的新居。乔和罗斯的第一个孩子，在一九一五年七月出生，是个男孩，取名小约瑟夫·帕特里克·肯尼迪；老二约翰·"杰克"·肯尼迪，出生于一九一七年五月。家里雇用了一位护士、一名女家庭教师和一名女佣来协助忙碌的家务。

罗斯玛丽出生不到一个星期，就在天主教堂接受洗礼，由乔的姐姐玛格丽特·肯尼迪（Margaret Kennedy）担任教母，乔的好友艾迪·摩尔（Eddie Moore）担任教父。摩尔一直是甜心菲茨的亲信与咨询对象,在他任职波士顿市长时,摩尔还担任他的秘书。后来,摩尔则成了乔最信任的生意伙伴,他和太太玛丽(Mary)也和乔与罗斯成了莫逆之交。

艾迪·摩尔是虔诚的天主教徒,非常看重"罗斯玛丽的教父"这个身份。在神圣的天主教洗礼仪式中,他承诺将成为罗斯玛丽的父母的助力,毕其一生协助教养罗斯玛丽,在罗斯玛丽需要他时陪在她身边,也誓言他和教母玛格丽特·肯尼迪在罗斯玛丽的成长过程中会以身作则,使她成为有天主信仰的人。

"他们夫妇俩给了我们的孩子满满的爱、照顾和关心,而且从不求回报,我们亏欠他们太多了。"在提到摩尔夫妇时,罗斯这么说道。艾迪和玛丽没有孩子,但是在乔和罗斯的孩子的成长过程中,他们几乎没有缺席过。"他们从我们的孩子身上,尝到为人父母的滋味,"罗斯回忆起摩尔夫妇对孩子们的爱时说道,"每当我们新添了一名男孩或女孩,他们就与我们一同感到欢欣;当战争或死亡临到我们的孩子时,他们也与我们一同悲伤流泪。"他们一起过节、过生日,也一起参加各种宗教仪式。玛丽·摩尔虽然没有教母之名,但对待孩子却有教母之实,她教孩子们怎么买圣诞礼物、生日礼物。

罗斯也曾说过,她和乔信任他们、爱他们,视他们为家中的长辈。对乔来说,艾迪的角色更是有过之而无不及。乔著名的婚外情对象葛萝莉亚·斯旺森(Gloria Swanson)就说,艾迪像是"乔的影子,是他的替身,也是他的私人秘书",还是"他的主脑、他的辅助记忆者。只要是乔的事,他无所不知"。不管肯尼迪家去哪儿,艾迪和玛丽一定跟着,他们和肯尼迪家的孩子间有种特殊的情感,而在所有情感中,他们对"萝西"的爱与关怀是最为重要的。

第二章　委曲的才女，强势的母亲

就在肯尼迪家为罗斯玛丽庆祝满周岁的生日时，罗斯再度怀孕了。"一点儿征兆也没有，"罗斯表示，"完全看不出罗斯玛丽有什么异常。"但是几个月过去后，在一九二〇年二月，距离第四胎出生的日子更近时，罗斯开始注意到，罗斯玛丽的发展和两个哥哥明显不同。"她学会爬、会站、走路和开口说话的时间，都比哥哥们晚……也没有办法自己用小汤匙吃东西。"罗斯原本一直告诉自己，这是性别和个性不同造成的，但慢慢地，她也担心起罗斯玛丽的成长速度异于常人了。不过她决定把那些都当成"胡思乱想"，暂时不去理会。

因为罗斯有更大的事情得烦恼。现在的她，是在家带三个孩子的全职母亲，老四也马上要出生了，这个角色和乔·肯尼迪的未婚妻，或是随侍在甜心菲茨左右的亲密知己，相差了十万八千里。与婚前的日子相比，现在的罗斯在某种程度上，可以说是被孤立的，这种孤立感让她觉得失去自我。她年纪还很轻，需要独立自主也需要关怀，但这在当时都没有被满足。和乔交往，乔的事业刚刚起步时，他们有过许多梦想，但事情的发展显然与她预期的迥然不同。

当初在布卢门撒尔成为"玛丽亚的孩子"时所立的誓约,罗斯一直谨记在心,她很清楚誓约对自己的期待,以及必须具备无私的品质。身为玛丽亚的孩子,必须"顺服、谦卑,当有教诲、责难、处罚临到自己时,要对于有机会磨炼自己谦卑的美德,而感到欣喜……真正谦卑的玛丽亚孩子,应该完全顺服于在她上位的人,甚至顺服于她的同辈;她必须甘心乐意地放下自我的意愿与己见,以成就他人"。但是婚姻和照顾孩子,给原本下定决心放弃自我的罗斯,带来了极大的考验。

时值一九二〇年代初期,美国女性在争取自由与权益上大有斩获,这让答应过要成为理想的天主教母亲和妻子的罗斯,心里很不是滋味。随着推动普选权的运动如火如荼展开,一九二〇年八月,美国宪法通过第十九修正案,女人从此拥有投票权。这一代的新女性要求在工作场合享有更多权利,也要有更多工作、受教育和参与政治的机会。流行的脚步也迅速改变:马甲被扔进了垃圾桶,裙子的长度愈来愈短,大家开始用材质柔软的布料制作更便于伸展、活动起来更方便的衣服,形式上也不再有诸多限制了。和十九世纪相较,大家对于女性(特别是白人女性)抽烟、喝酒、性行为、自主性等看法,极为不同。女人们不再那么绑手绑脚,此外她们还可以用刚到手不久的自由,来确保自主权持续扩大,让自己不论在家里还是在公共场合,都享有更多平等待遇。虽然在许多情况下,女人依旧像次等公民,例如她们还是无法担任某些职业、薪水仍然远不如男性,恐怕还要再等几十年,她们才会得到身为公民和法律上的真正的平等,但是一九二〇年代,确实为美国女性带来了新气象和新选择。

对外,罗斯对于女性是否该有参政权,不是特别在意;她在政界担任父亲左右手多年,这就足够了。一九一一年她拜访英国时,有上万个妇女为了推动女性参政权,走上伦敦街头,那时她曾表示,对"这些推动女性参政的人,没有特别的感觉"。她的父亲对波士顿的女性参政运动者倒是很不屑,马萨诸塞州的大多数政客都反对给予女性选择权,天主教领袖更不用说了。罗斯结婚初期,不时有女性参政运动告捷或失败的新闻,她不太可能一直对这类事情漠不关心,或是毫无己见。或许她的天主教朋友不会提这些事,但是她的婆婆——支持女性参政的玛丽·肯尼迪,是绝对不会不闻不问的。

罗斯一直渴望积极参与家庭以外的重要活动,或是父亲的政治世界,或是丈夫的事业圈。她是梅花 A 俱乐部(Ace of Clubs)的成员,这是一九一一年,她从布卢门撒尔圣心书院回来后,和几个朋友组成的女性俱乐部。她们每个月聚会一次,请来演讲者和大家讨论历史、文化或时事等议题。这样的聚会虽然鼓舞了她,但她期望有更深入的激励。每个全心全意在家照顾孩子、管理几个仆佣的白天,每个乔不在家的夜晚,都让她愈发痛苦。成为玛丽亚的孩子、成为人妻时所做的承诺,和她所处的这个处处强调个人自由的世界,充满了矛盾,这样的冲突,持续影响她的后半辈子。

怀老四的孕期即将结束时,罗斯终于再也忍不下去了。她把乔和三个孩子(小乔、杰克和罗斯玛丽)丢给他们的保姆女佣,毅然决然搬离了比尔斯街的住处。她再也不能忍受"生命就这样流失",孩子、婚姻和怀孕几乎要将她完全吞噬。

离开乔和孩子、离开比尔斯街是件冲动的事,所幸外人没怎么起疑,以为那是因为她的产期近了,想要离母亲近一点,这么做很理所当然——没有人知道背后真正的原因。乔经常工作到很晚,有时还得出差，或是晚上还有应酬。罗斯心知肚明，有些时候，乔其实是和一些年轻开放的女孩在一起；对于这一点，她曾经以"乔很有女人缘"，睁一只眼、闭一只眼地带过。但是现在，竟然有谣传说乔在搞婚外情，而且"这些流言蜚语也传到罗斯的耳里了"。

罗斯回到多尔切斯特的父母家中，再次住进自己原本的房间，绝口不谈发生了什么事，但是她的父母和妹妹们都看得出来，罗斯之所以心情不好，一定和乔有关。不过甜心菲茨也很清楚，要是罗斯真的离开乔，她这辈子也就完了。或许，他一直忍着没对罗斯说，"我早就警告过你这个男人不是好东西了"。不管怎么样，她都嫁给乔了，他们在天主教堂里举行了婚礼，交换了天主教徒心中神圣的誓约。乔没有虐待她，他让她过着丰衣足食的生活；乔爱他的孩子，她也对孩子们有责任。总之，她已经是嫁出门的女儿了。罗斯转述父亲对这件事的看法："过去的日子已经结束了。你的孩子和丈夫都需要你。你可以想出办法的。我知道你一定可以……只要是你下定决心要做的事，没有办不到的。所以，回去吧，萝西①，回到属于你的地方。"

多年前被迫接受的天主教教育，现在反而成了罗斯的慰藉。她只能在天主教的信仰，还有自己的理性与决心中，寻找解决问题的答案。离开娘家后，她去参加了个天主教的退修会。这时距离第二个女儿凯瑟琳（Kathleen）②出生，只剩下短短几个星期。通过不断祷告和冥想，还有与神父咨询，她的精神得到了更新，她决定再次将生命献给天主。在神父的协助下，罗斯找到了再次面对婚姻和为人母

---

① 萝西：罗斯的昵称。

② 小名基克（Kick）。

亲的力量。

罗斯认清了，只有扮演好约瑟夫·肯尼迪称职的妻子，才能让她再次回到家庭以外的世界。乔在事业经营上闯出了名堂，被认为具备担任公职的潜力，像这样卓越的经济条件和良好的公众形象，才是她回到那个朝思暮想，有知识、有社交的世界最好的门票，而不是和乔离婚，成为独立的女性，也不是自怨自艾，在家当个不出声的主妇。她必须让乔明白，她可以助他一臂之力，就像过去她曾经是父亲的得力助手一样。她为人妻的角色，是由严谨的天主教定义的，在天主教的教义里，女人应该是丈夫的伴侣。她很乐意退居成为乔背后的女人，满足乔的需求与欲望，然后借此进到他的世界。

她后来也这么教导他们的孩子：她的女儿，也必须要有为父亲、兄弟和丈夫牺牲的精神。在罗斯新衍生的世界观里，她必须懂得闭嘴，特别是在公开场合："对我来说，一场成功的午宴或晚宴，是餐桌上围坐着六到八个人，男人在餐桌上高谈阔论，而女人则尽可能保持沉默……如果一个女人硬是要插上嘴，发表自己的意见，不管是什么样的意见，男人们往往会就此打住，认为这个话题不值得再讨论了。所以我很少说话，我想大家有兴趣知道的，是乔在做什么、打什么主意，而不是我。"

很久以前，乔就不再和罗斯讨论事业上的计划、理念和担忧了。罗斯后来回想起来有点不开心，即使是在他们交往期间和结婚初期，"乔总是在忙他自己的事"。在他们交往的早期，乔把精力都用在学业上，而现在，"事业完全占据了他的时间"。他们俩的婚姻之所以能维持，彼此间之所以有维系，就只因为他们住在一起，有着共同的目标，因为对外，他们必须让人觉得他们是一体的。

在写到婚姻早期的生活，或提及一群她和乔经常在一起的朋友时，罗斯表示："我们常彼此分享人生中的体验，这些体验中影响我们的思维最剧的，莫过于为人父母。"

罗斯说过，他们像是一群新手父母共同孕育孩子的大家庭，但是她也很清楚，她的社交生活，不能仅止于讨论孩童的教养问题。"我不记得我们有哪一次，为了孩童教养的问题深谈，至少我这边是没有的。"罗斯认为"有太多事都比尿布疹有趣多了"。多年后，罗斯回忆起来，才惊觉她和她的朋友们都太幸运了。她认为，孩子们让她和上帝还有她的丈夫，都更加亲近。只不过，她不会让照顾孩童和日常生活琐事，占据或消耗她的社交生活。

她也不容许自己变成老是抱怨东、抱怨西，只会碎碎念的老妈子。罗斯的母亲是她的最佳典范，她把生养众多孩子的家庭，照顾得无微不至。罗斯提到她母亲时说："我母亲认为，父亲为了她和孩子们在外头劳碌奔波，所以回到家时，应该尽可能让他感到舒适愉快。"罗斯决定追随母亲的做法，让乔回到家后，尽量感到舒适愉快。她不会拿生活上那些鸡毛蒜皮的小事烦他，发现乔工作太劳累、需要喘口气时，她会鼓励乔自己去旅行，稍微透透气。乔出门在外时，她也从不会拿家里的事，像是小孩生病、不乖之类，来让乔烦心。她甚至不会跟乔抱怨自己身体不舒服或太累等。"何必让他担心呢？"她这么说，"如果一个男人得担心老婆、担心孩子的，要怎么专心工作呢？这么做又有什么好处？"

由于罗斯把家里打点得很好，所以乔对她总是有求必应。罗斯的父亲曾对她说："如果家里需要再添帮手，就去雇一个，觉得房子太窄了,就去买一座大点儿的。如果你想要多留点儿时间给自己,就这么去做。"于是罗斯买了新房子、新车子、新家具、首饰和衣服,孩子们每个都上私立学校,她自己也不时出国度假。另外,她还有一屋子的全职用人帮她做家事、照顾孩子。这让她觉得自己不再那么孤立,或是缺乏身份地位,同时也分担了不少全职母亲应尽的责任。罗斯和乔对彼此内心在想什么并不多问,但是他们有个共识:他们在理智与宗教上的联结、他们对孩子们的爱,以及政治上的权宜,是他俩的婚姻能够维持下去的主要原因。

不知道在结婚后多久,罗斯就开始以非常保守的天主教义来看待婚姻,这让她很排斥和乔有性爱关系。教会谴责"以欢愉为目的性爱结合",并指出"婚姻结合的主要目的,是生育小孩,好让人类的智慧与传统可以通过下一代延续;另外,在婚姻中保持为对方着想的自制行为,也是同等重要的事"。罗斯当时的好友玛莉·格林(Marie Green)就说,罗斯拒绝以欢愉为目的的性爱,这让乔感到非常挫折。格林说,乔有时候会嘲笑罗斯这种性爱观封闭而狭隘。"你这种一点都不浪漫、把生育当成性爱唯一目的的观念,根本是错的。"某个星期五大伙儿聚会打牌时,格林听到乔这么对罗斯说。"我们的结婚誓言从没这么说过,神父没这么说,《圣经》也没这么说。"乔提出抗议。但是罗斯的态度非常坚定,不管乔怎么争辩和要求,罗斯都以教会的教导挡回去。格林还说,一九三二年,肯尼迪夫妇生下第九个孩子爱德华·摩尔·肯尼迪(Edward Moore Kennedy)[1]后,罗斯告诉乔:"收工了。"

---

[1]　小名泰德(Teddy)。

　　但是那时候，这个问题大概也不那么重要了。到了一九二〇年代中期，乔已经是到处留情的花心大少爷，来往的对象有刚出道的女星、知识分子、交际花等。罗斯表现得像是她对乔在外头偷腥一无所知，但恐怕她也只是对这些事睁一只眼、闭一只眼。

　　为了谈生意、搏感情，乔下班后经常还得到餐厅吃饭应酬，或是到戏院、俱乐部，甚至非法经营的酒吧续摊（当时的波士顿实施禁酒令）。在拓展生意时，乔经常会找歌舞娘来娱乐他的客户，或是有潜力的投资者。

　　罗斯偶尔会和乔一起去戏院看表演，在那边认识了一些乔在戏院的朋友，以及生意上有往来的人。她曾说："那是个新奇、截然不同的环境……很快活、很刺激，对我来说非常新鲜、充满惊奇。"有几个戏院的女孩仿佛和乔很熟，态度十分殷勤。

　　乔究竟有没有经常瞒着罗斯和这些女孩私会，不得而知。罗斯一直到死去前，还是宣称她完全信任乔。"我曾经听说，那些歌舞娘外表看起来热情洋溢，但内心其实十分险恶，最糟糕的是她们会抢人家的丈夫。所幸，乔并没有铸成大错，"她这么说道，"乔喜欢和有趣的人在一起，这么做可以帮助他纾压，卸下肩头上的重担。"她和乔"完全信任彼此"，而且每次乔要和"戏院的人"出去时，都会先知会她。就像她很肯定地说自己很喜欢乔那个"新鲜、刺激……很快活、很欢乐"的戏院世界一样，她在为乔明显的不忠强辩时，态度也很坚决："他从来没有欺骗过我，我也从来没有质疑过他会有那样的动机和行为。"不管是乔的婚外行为，或是外界对他们婚姻的批评，都让罗斯费尽心思应付。家庭护士丽塔·达拉斯（Rita Dallas）发现："罗斯的生存模式像是只看她想看的，只听她想听的。"身为政治家的女儿，罗斯曾见过她的父亲在选战中屡遭毁谤；在报纸上发表文章中伤对手，仿佛是波士顿当时的选战必用的招数。罗斯早已尝过那滋味。"谣言、中伤、抨击，甚至诽谤，都是公众人物必须付出的代价。"罗斯曾经这么写。对于肯尼迪家的人，这句格言历经好几个世代还是适用。

不过，这种鸵鸟式的处理方式，没有让罗斯比较好过。乔还是继续在戏院寻欢作乐，这让罗斯开始没有安全感，也对自己逐渐失去信心。失去欢乐的罗斯整天愁眉苦脸的，反倒让乔名正言顺地到外头找乐子去了。

面对危机，罗斯最后决定让步，这么做让她改变了对婚姻的看法，也让她重新诠释母亲这个角色。这个改变对她的孩子们影响深远，对罗斯玛丽更是如此。罗斯回到孩子们的身边后，决定奉献她的所有。现在的她深信，"塑造并影响"每一个孩子，才是为人母亲最大的"挑战"和"喜乐"。"母亲的判断能力是孩子的依靠，母亲的话对孩子影响深远，这种影响不是一天、一个月或一年的事，而是一辈子，甚至可以推及未来的世代。"将自己重新定义为可以为人楷模、追求完美的天主教母亲后，罗斯终究会再次回到公众舞台。随着乔的知名度一再提高，罗斯将被视为全职母亲的典范，她也将毕其一生为自己塑造并提升这个形象。她深信有一天，孩子们会为她的付出感激不尽。

从某个方面来看，对于丈夫老是在外头拈花惹草的罗斯来说，拥有这些孩子其实满足了她对婚姻的安全感。借着孩子，罗斯顺利让自己成为关注的焦点，并握有实质的掌控能力。她的孩子就是她的事业。她不容许自己成为"邋遢的黄脸婆"，或是"肥胖、身材走样，毫无理想的母亲"，让"孩子、厨房和教会"占据生活的全部。她要做的，是"把教养孩子当成一份事业，这件工作会和其他工作一样有趣，也一样富有挑战，除此之外，从事这份工作的母亲不需要放弃自由，不一定要变得无趣，更不需要与世隔绝"。

　　肯尼迪家的老四凯瑟琳，在一九二〇年的二月二十日出生，是家中的第二个女孩。这时，罗斯玛丽还不到一岁半。从凯瑟琳出生后开始，每次罗斯生完小孩，乔都会让她去度个长假，当作是送她的礼物，然后"由他负责照顾一家大小……知道孩子万一生病时有人看着，让罗斯着实放心不少。因为家中只要有一个孩子生病，其他小孩往往也无法幸免"。

　　于是，安排罗斯的假期成了婚姻中的一件大事。一九二三年的四月到五月，罗斯把家里大大小小的事情和孩子，全留给乔去负责，然后和她妹妹阿格尼丝到加州度了长假。这群孩子当时都在两岁到八岁之间，正是最需要有人看着、有人照顾的年纪。正当罗斯和妹妹在做水疗、看风景、享受南加州的阳光海岸时，两个分别八岁大和六岁大的儿子，却在家里开心地唱着不太文雅的"虱子和臭虫之歌"，到处惹是生非，甚至还成立了一个只有男生才可以参加的俱乐部，想入会的人，都得先通过针扎的考验。乔一直和罗斯通信保持联络，但信中的态度从一开始的自信，逐渐转为焦虑。在四月八日捎来的电报里，乔还显得很开心乐观，仿佛照顾孩子对他来说轻而易举，似乎忘了那是家庭教师、厨师、摩尔夫妇，还有众多菲茨杰拉德和肯尼迪家人共同努力的结果。"孩子们都很好，"他要罗斯放心，"杰克每天都午睡，而且表现进步许多……摩尔夫妇可说是天底下最忙碌的人了……我们都很好。"最后,乔在电报上写道:"希望你在那边玩得愉快,因为那是你应得的。别太挂念我们,免得扫了你的兴……我一点儿也不会寂寞,光是想到你过得很开心,我就心满意足了……献上我和孩子们满满的爱,乔。"之后陆续还有几封内容较短的电报。但是五个星期过后,乔开始慌了。他在五月十三日拍的电报上这么写:"亲爱的罗斯,母亲节的来临让我们更深深明白,我们有多么期待你归来……我们终于明白,你对这个家有多重要,少了你,这个家便失去了欢乐……我们都好爱你,希望你早日回来……"

一九二○年代晚期和一九三○年代间,罗斯度长假的次数更频繁了,而且经常是到国外度假。不过,孩子们始终无法适应母亲不在身旁的日子,罗斯远行依旧让他们感到不安。杰克就曾抱怨妈妈为什么"一直出去度假"。一九二三年,罗斯又去了加州,她在日记里提到,出发前,杰克对她说:"天啊,你真是个伟大的母亲,一天到晚丢着孩子不管。"

但是只有在旅行中,罗斯才可以将母亲这个令人无法喘息的角色,暂时抛到一旁去。在家时,她对孩子有许多严格的规定,她不在时,乔也会尽量采取相同的标准。随着家里的孩子愈来愈多,这些规定让她维持起秩序容易多了。那是个讲求工业效率、提倡时间管理的年代,不论是生意人还是当母亲的都一样。当时一本很受欢迎的杂志上写着:"家事管理者……应该把家庭当成一门事业来经营,才能让家庭生活和乐、健康、美好。"罗斯决定,要以最符合潮流的生意与工业管理模式,来养育她的孩子,管理她的家务。

她对健康、清洁、饮食、阅读、餐桌上的聊天内容、游戏时间、教育等,都有很严苛的规定。即使请了一屋子的全职和兼职助手协助,罗斯还是坚称,她费了很多心力照顾这些孩子。孩子的尿布得换、得洗、得晒,奶瓶也得清洁、消毒,然后还得有人冲泡奶粉。就算是请人来做这些事,也得有人管理这些人。"护士必须负责清洗孩子的奶瓶,然后放到炉子上消毒,但是万一她要用炉子消毒时,厨房的女佣正在准备午餐或烤蛋糕,怎么办呢?她们恐怕会你一言、我一语,把锅子推过来、推过去的,然后在厨房里大吵起来,这时连煮滚水消毒尿布也没办法了。"每当家里一团乱时,罗斯就把最小的孩子放进手推车里,然后带着几个小孩出去逛逛,到杂货店买买东西,回家的路上顺道绕到圣艾登(Saint Aiden)天主教堂去。

罗斯为每个孩子做了一份检索卡,这些检索卡后来成了传家之宝。她在检索卡上记下了每个孩子的医疗记录,包括什么时候生了什么病、吃了什么药、打了什么预防针、动过什么手术,有没有什么并发症,身高、体重、医生的名字、对什么东西过敏、健康检查、视力检查的结果等,也都记录在上头。另外,她还记下每个孩子受洗的日子、念什么学校、第一次领圣餐是什么时候、坚信礼又是什么时候、毕业的时间、教父教母的名字等。有了这些检索卡,她很容易就可以追踪和掌控每个孩子的健康状况,外出度假时,负责照顾孩子的乔、保姆和护士等,也有这些数据可以参考。一家英国出版社看了罗斯的检索卡后,赞叹不已,称罗斯为"美国效率"的典范,但是罗斯却说:"那在肯尼迪家是不得已的事。"

罗斯严格控制体重这件事,也是众所皆知的。每个星期六早晨,是肯尼迪家的量体重时间,罗斯会把每个人的体重记录在检索卡上。这么做,孩子们才不会"太瘦……太胖……或身材走样"。杰克的体重经常过轻,所以罗斯会"减少他的游泳时间,然后在他的食物里多加些脂质"。相反,如果有孩子太重了,罗斯就会要他们节食,规定他们多运动。罗斯也很在意自己的身材,她对体重的执着,可以从她和孩子往来的书信中看出来,几乎每次写信她都会提到体重的事,甚至到了一九六〇、七〇、八〇年代,她在写信给孙子时,都还会提到控制体重这件事。

肯尼迪家的餐桌对话,总是跟学习脱离不了关系。罗斯要孩子牢记天主教里的圣人、殉道者,以及历史上的重要人物,还有"各国伟大的领导者"。罗斯曾这么写:"要教导孩子们敬仰那些为了信仰而殉道的基督教领袖……效法他们的清教徒祖先……还要知道著名的保罗·里维尔(Paul Revere)夜奔报信①。"罗斯深信,孩子的领袖风范来自父母持之以恒、深思熟虑的付出,以及坚定的教导和以身作则的结果。

除此之外,罗斯还认为,孩子的成长过程中,运动的重要程度不亚于课业上的学习。"他们必须成为运动场上的赢家,而不是输家。"罗斯得意洋洋地说。罗斯和乔总是尽可能参与孩子们在学校的运动竞赛,他们鼓励孩子要"争取最终的胜利",万一输了,别寄望父母会安慰,他们顶多就"点个头"而已。事后,他们会"彻底分析孩子失败的原因"。就这样,每个孩子在长大的过程中,就懂得鞭策年纪更小的弟弟、妹妹,彼此之间也经常较劲意味十足。罗斯就喜欢他们这样。

---

① 一七七五年,英国攻击波士顿的殖民时,保罗·里维尔在半夜骑马四处通报大家的故事。

身为家中执法最严格的人,罗斯觉得"打屁股这个老方法最管用",但是她不准家里的护士、女佣或家庭教师体罚孩子,因为她虽然清楚体罚的效果,却也明白它对孩子的生理和心理可能带来什么影响。她坚持要让孩子从小就懂得明辨是非,特别是在"避免他们发生意外和养成坏习惯时"。她曾经夸口说,她的孩子从来没有人敢对她说不,不过这句话的可信度恐怕不高;她也说过,她会抓孩子的手指头去摸发烫的炉子,让他们尝尝被烫到的滋味,或是用剪刀尖扎一下他们的小指头,好叫他们明白拿着剪刀跑,万一跌倒了有多危险,也不可以用剪刀伤害其他兄弟姐妹。她用来打小孩的尺随手可得。"教训过他们几次后,光是提到尺,我就能收到想要的效果了。"

自从凯瑟琳出生后,比尔斯街这座房子,渐渐容纳不下这个人丁逐渐旺盛的家庭了,除了孩子多之外,请来帮忙的人手也日益增加。乔这时的事业如日中天;他在一九一九年加入了海登史东(Hayden and Stone)这家证券交易公司,并且自己开了一家房地产公司从事土地买卖,另外他还享有哥伦比亚银行的优渥利息。后来,他们把这个有八间房的房子,卖给了艾迪和玛丽·摩尔,然后在附近,同样属于布鲁克莱恩市的那不勒斯街(Naples),买了一栋更大、更气派,拥有十二个房间的大房子。

最让罗斯放心的是,孩子的学区不变,不需要转学。这是个非常好的学区,即使搬家了,孩子们还是可以继续接受最好的教育,不致中断;孩子不用和他们的朋友分开,可以照常散步、逛他们熟悉的店,在同样的地方玩耍;罗斯自己也可以留在原来的教会和熟悉的环境。摩尔夫妇原本和玛丽的母亲同住在一座公寓。这座公寓位于查尔斯顿（Charlestown），和布鲁克莱恩隔着查尔斯河相望。现在，两家人住得更近了，就只隔了一条街，需要时，摩尔夫妇可以随传随到，孩子们偶尔也可以回他们熟悉的老家去玩。

一九二〇年十月，就在他们搬进那不勒斯街的新家不久后，罗斯发现她又怀孕了，这时罗斯玛丽才刚满两岁，凯瑟琳也只有八个月大。一九二一年七月，这个宝宝在那不勒斯街的家中出生，取名尤妮斯（Eunice），和罗斯最小的妹妹同名。第一次世界大战过后，罗斯的妹妹尤妮斯·菲茨杰拉德（Eunice Fitzgerald），在波士顿的红十字会照顾病人和受伤的军人，自己却不幸染上了肺结核。尤妮斯比罗斯小了十岁，有人说，她的才能和美貌跟罗斯相比，有过之而无不及。在罗斯和乔结婚搬出去后，尤妮斯便取代了罗斯的地位，成为甜心菲茨最疼爱的女儿，他把先前对罗斯的宠爱，全都转移到尤妮斯身上，为了挽救爱女垂危的性命，他不惜任何代价。肯尼迪家这个新生的女孩不只继承了阿姨的名字，尔后更继承了阿姨的聪明才智，还有外公甜心菲茨的政治头脑。

那不勒斯街的房子有一个环形的前廊。罗斯和家里的帮佣把门廊分成了几个区块，以活动的儿童安全门做区隔，好让孩子们可以依不同年纪，分组玩耍。尤妮斯出生后的四年内，罗斯又在那不勒斯家中添了两个新生命。她认为，家中人口众多，如果所有小孩全凑在一起玩，肯定会衍生许多问题。"那时我有七个孩子，一起玩耍时经常彼此碰撞，或是有人不小心用玩具戳到别人的眼睛。"年纪大的男孩子力道大，所以受伤的一定是小的。将门廊这样划分后，这个问题就解决了。"他们还是看得到彼此，但是不会互相推挤，或是发生有人把重物扔到摇篮里的意外。"罗斯在多年后这么说。邻居、邮差或警察都喜欢停下来和孩子们聊聊天，或逗逗他们玩，罗斯则"可以在屋内或屋外看报纸，只要偶尔往孩子的方向望一眼就可以了"。

　　从那个时期的照片看起来，罗斯玛丽就像个普通的小女孩，和其他兄弟姐妹没什么不一样。但事实上，在罗斯玛丽一岁半时，也就是小名基克的凯瑟琳出生不久后，她的父母就开始担心她的发育了。先是凯瑟琳的智能和生理发育很快超越了罗斯玛丽，接着，尤妮斯的发育也赶上来了。罗斯注意到罗斯玛丽"没有办法自己驾雪橇"、没有办法做很简单的运动，也不会写字。罗斯事后回想，"我发现，从很小的时候开始，罗斯玛丽的表现就和其他孩子不太一样。"虽然罗斯玛丽的年纪还小，没有办法确诊，但是孩子很可能有发育障碍这件事，让罗斯和乔难以接受。

　　那段时间，罗斯偶尔会写写日记，记载的事多和孩子或孩子的活动有关。不过，有这么一大家子的事要忙，罗斯能写日记的时间非常有限，有好些年她甚至没有留下任何记载，不知道是遗失了，还是根本没有写。早年的日记里，罗斯经常提到老大和老二这两个男孩子恶作剧的事，另外也记载了出门度假和孩子的健康情形。像是一九二三年的日记就时不时在讲疾病，家中一天到晚有人生病，要不是感冒，就是支气管炎，有时候甚至是更严重的病。她也记录了一些很珍贵的时刻，例如在一九二三年，尤妮斯学会走路和说话时，罗斯就在日记上写着："她是最会说话的小家伙。"另外，罗斯也写了在罗斯玛丽四岁时，他们到温斯罗普（Winthrop）的肯尼迪爷爷奶奶家吃复活节晚餐，罗斯玛丽调皮地吐了舌头的事。

　　不过，她的日记大致上很少提及罗斯玛丽，或许是因为她已经在罗斯玛丽身上花了较多的心思,担心其他孩子会觉得不公平,所以刻意不写,以掩饰她过于关注罗斯玛丽。"我常在想,杰克会不会觉得自己被忽略了……罗斯玛丽的年纪虽然比较小,但是杰克也不过比罗斯玛丽大一岁半而已。我费了很多精力在罗斯玛丽身上,我希望这么做,可以帮助她脱离苦海。我以为,只要尽可能让她受教育,别人也许就不会注意到她与众不同,或许,她就可以像个普通孩子般的长大。"肯尼迪家男孩的一个朋友,以及一个邻居回忆起罗斯时,都说:"她不是那种会把小孩搂在怀里的母亲。肯尼迪太太给孩子的情感很保留,但是只有对罗斯玛丽例外,肯尼迪太太几乎把所有情感都留给了她。"

在活蹦乱跳的肯尼迪家中,罗斯玛丽不管是在体能或是智能上,都无法和其他人竞争。"要是你也生了好几个孩子,你便会不由得想,为什么这些孩子会不一样,"罗斯后来这么说,"特别是当年纪比较大的孩子,在学业上或运动上很有成就时,大家自然会对年纪小的孩子有一样的期待,一旦他们的表现不如预期,我们就开始批评,对他们不耐烦。"

但是罗斯玛丽能力不足的程度,不是个性上的差异那么简单,罗斯和乔为了让她更贴近他们的期待,都铆足了全力。对乔来说,这种"差异"代表着不能参加俱乐部、派对,没办法和人谈生意或交易买卖。他的大半辈子,都在试图抛掉被那些有钱的新教徒精英歧视的包袱,极力想打入他们的圈子。过去,他曾经因为身为爱尔兰人,还有宗教因素,尝尽了被排挤的滋味,他发誓,绝对不再让人把他边缘化,当然也不愿意他的孩子们遭遇同样的困难。不管在哪个领域,他们都要高人一等。他愿意花一辈子的时间,来帮助他们成为核心人物,而且不容许任何一个孩子有闪失。

第三章　一再落后

一九二三年，罗斯玛丽满五岁时，进入了爱德华教会学校（Edward Devotion School）附设的幼儿园就读，她的哥哥们当初也是念这所幼儿园的。老师认为她看起来是个"有缺陷"（deficient）的孩子，这是当时的老师形容落后同侪的孩子所用的字眼。但是在那个年代，罗斯玛丽没有其他的教育或治疗选择，就像大部分孩子有智能障碍的父母一样，乔和罗斯希望老师帮罗斯玛丽多做加强，让她学习得和其他同学一样好。

"我从没听说过什么发育迟缓的孩子。"罗斯写道。她也没有准备好要抚养一个不一样的孩子，或是能力不足的孩子。事实上罗斯不喜欢迟缓的人，也不喜欢与众不同的人。但是现在，她家里就有这么一个孩子，这孩子达不到她的标准，也达不到乔的标准，而且非常"与众不同"。在当时，"智力发育迟缓不是个常听到的说法"，后来由于和心理、智能障碍相关的研究愈来愈多，这个词也才变得日益普遍。罗斯凭着来自内心的一股力量和决心，开始积极读起所有和发育迟缓有关的文章，希望明白它的真正含义，因为这意味着罗斯玛丽会有什么样的未来。

罗斯坚持让罗斯玛丽和正常的小孩一样念公立小学,然后自己再帮她做加强。她担心,要是罗斯玛丽"离开普通学校,和那些发育迟缓的小孩一起上学",就永远得不到应有的挑战,也就没办法发挥她最大的潜力。就这一点来看,罗斯的确比起当时的人都有远见。那个年代,很少有人提出让发育迟缓的孩子融入公立学校的正常班级,可以带来什么正面影响。罗斯只能自己面对外界的挑战。她曾说:"有的小孩很会念书,但也有脑袋不那么灵光的,有的小孩可能过度自信,但也有些很害羞,所以要用不同方法教导他们。"罗斯显然下定决心,要让她能力不足的女儿将来也有一定的成就。

罗斯玛丽若是活在现在,她可以接受各种专业的阅读和书写的个别教导计划、职能治疗等,还会有针对孩子与父母的情绪、社交、智能发育需要提供的各种服务。

但是当时的社会没有这些认知。此外,罗斯自己在家教育罗斯玛丽的内容,仍然着重在古典文学、历史和语言方面,不是针对发育迟缓的孩子提供的教育,加上家里还有大大小小许多孩子得照顾,要罗斯腾出时间特别指导罗斯玛丽并不容易。

一九二四年春天,罗斯玛丽的幼儿园老师贝希·博(Betsy Beau)和科迪莉亚·古尔德(Cordelia Gould)决定,让罗斯玛丽多念幼儿园,暂时不升上一年级。"我实在不知道……该怎么面对,"罗斯在多年后这么写,"我去请教了我们的家庭医师、哈佛大学的心理系主任,和一位在华盛顿当校长的天主教心理学家,每个人都告诉我,罗斯玛丽发育迟缓。"智能"发育迟缓"和"生长停滞"在那时候,都还没有很明确的诊断定义,所以医生和老师很随意地用它们来描述各种智能和生理状况。再者,他们除了预告罗斯玛丽未来恐怕前途茫茫,也没办法提供罗斯任何教育或治疗的方向。"该拿她怎么办? 要把她送到哪里去? 怎么帮助她? 这些问题都没有解答。"由于没有其他选择,罗斯玛丽只能再念一次幼儿园。

当时的公立学校还不觉得需要提供像罗斯玛丽这样状况特殊的孩子特别待遇,不过布鲁克莱恩的学校已经给学生做了智商测验。在那个年代,智商测验还很新奇,布鲁克莱恩的学校系统是美国第一个对学生进行智商测验的,采用的是心理学家,同时也是统计学家的阿瑟·辛顿·奥蒂斯(Arthur Sinton Otis)所设计、以年幼孩童为对象的"奥蒂斯智商测验"(Otis Intelligence Test)。罗斯玛丽大概是在六七岁时接受这项测验的,测验结果明确指出她确实有智能障碍,但是校方没有告知罗斯确切的测验结果。罗斯表示:"我只知道罗斯玛丽的智商很低。"也就是说,和同年龄的孩子比起来,罗斯玛丽的心智年龄要比预期要低得多。确切的测验结果,可以提供我们很重要的讯息,以目前的标准来看,智商在七十以下,代表这个孩子有严重的智能发育障碍。我们现在知道如何通过特殊的治疗、教育和刺激,提高某些孩童的智商,尽量帮他们培养独立生活应该具备的能力。但是在一九二〇年代,这样的测验才刚起步,罗斯玛丽的测验结果代表什么样的未来,大家都不是很清楚。就算拿到孩子的测试结果,也没有几所学校有能力接手之后的事,结果只是徒增父母的焦虑,不知道该提供孩子更多资源,让他们尽可能发挥潜力好,还是把他们托付给专门的机构,让孩子和其他有生理或智能障碍的孩子与成人同住。

这段时间,家里还承受了其他打击。一九二三年五月,乔的母亲玛丽因为癌症过世了，享寿六十五岁。同一年秋天，就在罗斯玛丽开始上幼儿园不久后，罗斯的妹妹尤妮斯终于不敌肺结核病魔的摧残，在九月十九日过世了。这对罗斯的娘家是巨大的损失，罗斯为她守丧了好几个月，一直到来年，都婉拒所有戏院、活动、聚餐的邀请。

悲伤的日子终于在一九二四年的五月结束了，肯尼迪家的第四个女儿，也是第六个孩子帕特里夏（Patricia）①出生了。那时，正是乔的事业再创高峰的时候。一九二三年，乔离开了生意兴隆的海登史东证券公司，开创了自己的投资公司。富有生意头脑、懂得精算分析的乔，决定大幅提高投资风险，以追求更高的回报率。他搜集内线消息、刻意炒作特定股票（这些手法在一九二〇年代都还是合法的），大胆的做法为他赚进了大把钞票。事实上，就在帕特出生之际，乔正忙着执行一项无情的赚钱计划。

当时有人为了阻止黄色出租车（Yellow Cab）公司打进纽约市的出租车地盘，于是蓄意收购该公司的股票，希望导致它的股价下跌。乔的一个朋友是这家公司的投资大户，希望乔可以出面帮忙，于是乔住进了纽约的沃尔多夫饭店（Waldorf Hotel），把饭店房间当办公室，开始另一阶段的事业冲刺。乔在四月和五月间，成功操弄这家公司的股票，破坏了蓄意收购者的计划，替他朋友和其他投资人保住了几百万美元，获得丰厚的金钱和大量股票作为报酬，同时为自己在世上最大的金融舞台，赢得作风大胆、手法高明的名声。等到乔见到帕特时，她都已经快满月了。不过对工作这么狂热也让乔疲

① 小名帕特（Pat）。

惫不堪,罗斯和乔自己都很为他的健康担心,再者,事业成功代表他将得花更多时间待在纽约。

于是,乔开始过着每个星期从波士顿出差到华尔街的生活,他的心腹艾迪·摩尔也随着他前往。他们通常在星期日晚上出门,搭五个小时火车到纽约,一直到星期五或星期六才回家,享受和家人相处的短短几个小时。就在这时候,乔为每个孩子设立了信托基金,免得他的健康真的出状况时,孩子顿失经济来源。

罗斯偶尔会到纽约陪乔度周末,但是比较起来,她宁可乔回家,多陪陪孩子。这种生活模式实在不理想,于是他们开始认真考虑,是不是应该搬离波士顿,离开他们布鲁克莱恩的家。这件事拖了两年多,在这期间,乔开始对电影事业产生兴趣。他认为,科技发展即将进入好莱坞,有声电影很快就会问世,肯定是个大捞一笔的好机会。一九二五年十一月,在他们的第七个孩子罗伯特(Robert)[1]出生之后没多久,乔买下影片发行公司 FBO(Film Booking Office),开始了他的第一个好莱坞投资。

乔原本就拥有新英格兰一家连锁戏院,也老早就想要跨足电影制作事业,他曾在一九二五年夏天询问过 FBO,但是对方没有接受,于是他便继续从事股票和债券买卖,没想到几个月后,在一九二六年的冬天,FBO 的高层突然接受了乔的条件,而且态度非常迫切。就这样,肯尼迪家族正式跨足影片制作事业。

现在,乔不只得出差到纽约,还要跑加州,这让罗斯和乔更加确定,他们是没有办法继续住在波士顿了。搬到纽约市,不管在健康

----

[1]　小名博比(Bobby)。

上还是经济上,对乔都有利,因为他就不用再家庭事业两头跑,也有较多的时间和家人相处。

除了发展事业,肯尼迪家会搬离波士顿,其实还有另一个原因。乔很期待加入上流人士的一些俱乐部,好向世界证明,他已经成功在新教徒控制的新英格兰翻身了,但是那些自命非凡的老扬基总是让他吃闭门羹,不肯让他加入。离开老家,和其他亲人分开确实痛苦,但是经济与社会上的成功,给了他们些许安慰。和波士顿相比,纽约公认是个多元且相对包容的地方,聪明绝顶、成就非凡的人随处可见。他们可以送年纪大点的孩子去读一流的私立高中,接着上大学,年纪小一点的孩子则念风评好的公立或私立学校。乔相信,在多元色彩丰富、较少偏见的纽约市,他们一定可以发展得很好。

一九二七年九月二十六日,乔包下了一节私人车厢,全家人搭乘火车前往里弗代尔(Riverdale)。这个富裕的小区,位于纽约市最北端的布朗克斯区(Bronx)的西北边,紧邻哈德逊河。除了九个家庭成员,家里还有护士、家庭教师和管家等,所以他们租了一栋有十三个房间的大房子。里弗代尔住了许多各行各业的上流人士,大家住的不是庄园就是豪宅,由于地处纽约市的制高点,所以附近有绵延的小山、田园和森林,在这里,可以远眺哈德逊河,以及十英里外的曼哈顿高楼大厦。肯尼迪的新家,比起他们在布鲁克莱恩市郊区的房子还要大,环境也没有那么拥挤,每户人家都有大院子和宽广的绿地。罗斯会选择在里弗代尔落脚的一个原因,是那边"有一所很好的男校,孩子下课可以留在学校玩",十二岁的小乔和十岁的杰克可以去上那个学校,这是她在选择住处的条件之一。另外里弗代尔乡村学校(Riverdale Country School)招收女生,而且可以搭公交车上学。最小的几个小孩就念当地的小学，可以走路上下学，还可以"顺便呼吸点新鲜空气，运动一下"。回到家后，罗斯还能继续在家帮他们安排活动。

罗斯玛丽在爱德华教会学校多上了一年幼儿园，然后在一九二五年的秋天升上一年级，但是由于实在跟不上，在一九二六年又重读一次一年级。所以搬到里弗代尔时，罗斯玛丽和凯瑟琳一起进了里弗代尔乡村学校的二年级，尤妮斯则是一年级。罗斯玛丽当年九岁，正常的话，应该要念四年级了。

乔后来发现他判断错误——纽约人没有更加包容。里弗代尔虽然有一所小天主教堂，但是大多数居民都是他最痛恨的婆罗门人。即使罗斯多半时间都待在里弗代尔，还是觉得自己是外来人。由于乔经常不在家，时常缺席学校和小区的活动，这让罗斯更加与世隔离。罗斯这么尽心为罗斯玛丽和其他孩子付出，邻居们看在眼里，也觉得很好奇。就这样，罗斯和孩子们静静地待在这个小区，几乎跟邻居没什么往来。在他们搬到里弗代尔五个月后，家里的第八个孩子，琼(Jean)诞生了。一个邻居形容罗斯："她是个称职的母亲，绝对是百分之百的母亲……但是鲜少参与当地的社交活动。"另外一个邻居，同时也是杰克小时候的朋友则说，搬到里弗代尔的肯尼迪一家人，就像离开水面的鱼一样："他们的父亲不参加邻居举办的活动，母亲虽然热衷天主教活动，但是在附近没有同好。"不过小孩们才不管这些事，肯尼迪家可以游泳、玩游戏、跳舞，可以让他们撒野，所以他们都喜欢和肯尼迪家的小孩一起玩。

一九二七年，肯尼迪家刚搬到里弗代尔时，美国的财务指标还没有透露出太多经济萧条的前兆，但是到了一九二九年，股市整个崩盘了,不只美国,世界各地的经济也顿时陷入危机。很讽刺的是,乔当年游走法律边缘,自认为高明的股市操控手法,正是股市暴跌的原因之一。乔借着高风险的投机手法炒作股票,赚进了大把钞票,而且在经济大萧条之前,他已经预测到盘势将继续往下走,所以及时卖掉了许多股票,不像大部分投资者继续撑着,最后损失得更惨重。再一次,乔顺利为自己和客户赚进一笔财富。然而,不管乔的财力多么雄厚,始终无法融入里弗代尔的社交圈。

一九二七年的时候,肯尼迪已经拥有数不尽的积蓄了,搬到里弗代尔的新家时,不管罗斯想要为新居添购什么,乔都任她予取予求。然而,罗斯玛丽的问题就教人头大了。罗斯玛丽被贴上"反应慢""迟缓"的标签后,罗斯必须花更多时间为她安排补救课程。既要协助罗斯玛丽,还要帮其他孩子适应新家、新学校、新环境,让罗斯几乎喘不过气。但这对罗斯玛丽是全新的开始,罗斯当然希望她在这个新环境的学习表现好转。

和她那些活泼好动、外向又乐于竞争的兄弟姐妹比起来,外人可能会觉得罗斯玛丽比较害羞、迟钝、笨拙,但她智能上的缺陷,很轻易便被她那甜美的长相和总是很灿烂的神情给掩盖,让她的问题看来似乎不那么严重。罗斯也很小心隐藏这件事。罗斯玛丽比其他兄弟姐妹更需要关注,但是乔和罗斯坚持,对她和其他孩子应该一视同仁。他们寄望罗斯玛丽在社交、学业和体能上,都有最好的表现,就像任何一个肯尼迪家的孩子一样,他们无法接受她"不一样"。

然而,在里弗代尔定居下来后,他们很快就发现,罗斯玛丽根本没办法如他们一心期待的,在里弗代尔乡村学校重新开始。罗斯玛丽的妹妹和同学,很快便学会了简单的读、写和算术,但她就是学不会。她经常把字自从右边写到左边,而不是从左写到右,这种情形称为镜像书写(mirror writing),是一种明显的发育障碍。她的字母写得歪七扭八,始终没有把字写好,除非使用有网格线的纸,否则她没办法写得很整齐,拼字错误一堆,句子结构不正确,语意也不完整。基克在里弗代尔的一名同学回忆,即使罗斯玛丽已经被降级了,"她跟着我们,还是很吃力"。

降级两年对罗斯玛丽还是没有帮助,于是罗斯和乔决定,把她从里弗代尔转出来。"她的协调性明显有问题,而且……跟不上她的同学。"罗斯事后回忆。她帮罗斯玛丽安排了许多在家进行的私人课程,也请家教协助等等,希望帮助她跟上同学。

搬到里弗代尔来年后,肯尼迪家在科德角(Cape Cod)的海恩尼斯港(Hyannis Port),买了一栋避暑别墅。那时罗斯玛丽十岁,在那边度假时,她的兄弟姐妹都参加了帆船比赛,唯独她没办法驾驶她的小船。罗斯也花了许多时间陪罗斯玛丽打网球,希望帮她增进打球技术,但她还是没办法和其他兄弟姐妹对打,就连年纪比她小的妹妹们,都打得比她好。同样的,由于她的身体协调性不佳,"脚很笨拙",学了好些年的舞蹈也没有进展。用餐时,她不会自己把肉切成小块,必须别人先帮她把盘子里的肉切好。

罗斯玛丽无法分辨左右,因此据推论她可能有阅读障碍(dyslexia)。或许正是这样,罗斯玛丽才没有办法拼字或正确书写字母,也才会搞不清楚方向。这些技能,都需要某种程度的专注力和灵敏度,如果罗斯玛丽本身不具备这样的能力,就算请再多家教,也帮不了忙。当时阅读障碍的诊断并不普遍,治疗和教育上的发展更是多年后的事了。

然而,阅读障碍无法解释罗斯玛丽的所有症状,也就是说,她还有其他不知名的缺失,以及发育上的问题。罗斯带她去找专门看"智能不足"的专家,但是他们的评估结果和建议,都让罗斯灰心丧志。有专家告诉她,罗斯玛丽的问题有可能是"'遗传''怀孕期间''生产过程'"的意外造成的。

兄弟姐妹中有人记得,罗斯玛丽时不时会癫痫发作。尤妮斯记得,有时候医生会紧急来家里帮罗斯玛丽打针,给她药吃。"我想她是有癫痫,而且发展迟缓,"尤妮斯回忆,"我还记得在科德角时,会有医生来家里帮她打针,打完针后医生就不见了。"每当有这种情况发生,其他孩子就会被赶到另一个房间,或是被叫到外头去等,一直到医生离开后,他们才可以回去做原来的事。从来没有人敢问,罗斯玛丽究竟怎么了。

葛萝莉亚·斯旺森也提到,有一次她问起罗斯玛丽的状况,乔立刻大发雷霆。乔是在搬到里弗代尔不久后,认识斯旺森的。当时她是世界当红的电影明星,聪明、极具野心,而且个性非常挑剔,不过由于投资失败,加上签了几份对自己不利的合约,使得她的财务状况岌岌可危。于是一个朋友将乔介绍给她,希望乔能帮她解决财务危机,并接管她的制片公司。乔有经营戏院的经验、自己也拥有制片公司,加上原本就是银行家,所以既看得懂电影工业的门道,又可以从银行家的角度,提供斯旺森生意和理财上的建议。正是这样的因缘际会,两人之间的风流韵事持续了好些年。在他们的地下情发展之初,一回斯旺森不小心听到乔和某人讲电话时,提到当时十岁的罗斯玛丽。乔的情绪非常"激动",电话另一头的人所说的话,显然让乔很恼怒。

后来得知,乔打算请一名不知名的医生治疗罗斯玛丽,希望她可以因此"痊愈"。他答应,只要这医生愿意收罗斯玛丽这个病人,他就买一辆新的救护车给他的医院。后来乔很不愉快地挂掉电话。斯旺森提议,把罗斯玛丽带到加州给她的医生亨利·毕勒(Henry G. Bieler)看看。这个医生崇尚以饮食治疗取代药物治疗,还宣称他用这方式治愈过各种疾病。除了斯旺森,还有许多好莱坞明星崇尚他的养生疗法,深信他握有永保身体和心理健康的钥匙。

"我见过乔对别人大发脾气,但是怒气冲着我来,这却是头一遭,"斯旺森在她的自传中提到,"我吓坏了。他的蓝色眼珠先从冷酷转为尖锐,接着说,他们已经带罗斯玛丽去看了美国东部最好的医生了,他才不想花钱去听什么帕萨迪纳(Pasadena)的三脚猫医生叫她每天吃小黄瓜和青豆。"斯旺森没有就此打住,建议他还是去找毕勒看看,这时乔火大了:"我不想再听了!你懂吗?懂吗?"那次之后她就知道,以后绝对不要再跟乔提罗斯玛丽的事了,而乔自己也没有主动提过。事后,斯旺森跟艾迪·摩尔提到这件事,摩尔警告她,罗斯玛丽是"老大心里永远的痛"。他搔搔头,对着斯旺森说:"罗斯玛丽……有点不对劲。"

在家自学对罗斯玛丽来说,不是最理想的教育方式,缺少和其他孩子互动的机会,让她无法得到应有的童年经验。她每天看着家里的其他孩子去上学,心里实在不是滋味。不管罗斯和乔多么想把她当成正常的孩子看待,罗斯玛丽还是不免觉得,为什么她的待遇和其他兄弟姐妹不同。

随着罗斯玛丽的发育明显愈来愈落后,她和同龄女孩间的差异也愈来愈大,这时罗斯和乔不得不好好考虑,是不是该把她送到特殊机构去。

在罗斯玛丽的童年时期,大家对智力障碍和精神疾病的划分非常笼统。根据当时的心理学定义,只具有相当于两岁孩子智力的,叫作"白痴"(idiot),是智力障碍情况最严重的;"傻瓜"(imbecile)则具有三岁到八岁孩童的智力;"笨蛋"(moron)则是指智力相当于八到十二岁孩童的人。这种分门别类的方式,让社会大众对智力或生理障碍者的了解非常有限,也对导致这些障碍背后的原因,始终缺乏解释。在这样充满限制的框架中,不管是有智力障碍或学习障碍的成人或孩童,想要接受教育、学习独立生活,或只是半独立生活的机会,都非常渺茫。

许多收容精神错乱者、身心障碍者或成瘾者的公私立机构,便成了他们的去处。此外,全美各地也有数百间,针对精神疾病、智力障碍或生理障碍者设立的公私立医院和收容所。经济条件好点的,像肯尼迪家,有能力选择私人机构;经济条件较差的,就只能选择州立或是慈善机构、教会等提供的设施。但是不管选的是哪一种机构,这些地方的经营方式,都让人退避三舍。马萨诸塞州州立医院的弗纳尔德学校(Fernald School),就是这么个恶名昭彰的机构,一个曾在那里待过的病人就说,那个地方简直是"人间炼狱"。这些地方阴暗、脏乱,到处是老鼠和生病的人,它们提供精神病患和身心障碍者的,不过是个遮风挡雨的地方和一点儿食物而已。有零星的医疗照护,但是完全没有职能治疗、教育和职业培训。有些患者大便在裤子里好几天了,都还没有人帮他清洗。女性住院者得冒着被看护、医生和警卫强暴的危险,有些机构甚至在院里经营起有组织的卖淫生意,强迫女性患者卖淫。智能障碍者、精神疾病患者、有自杀倾向者、酗酒者、有毒瘾者,甚至那些被认定为"有犯罪倾向的精神病患"比邻而居,是很平常的事。当他们因为想要有人关心,或是因为身体痛苦而发出喊叫,通常不会有人理会。身体和心理受到不人道的凌虐、毫无人性的威吓,都是司空见惯的事。

罗斯急切地向医生们、心理学家、精神病医师、学术专家,甚至宗教领袖求救,但是没有人的答案让罗斯满意,这让她"非常失望难过"。孩子们的社交和学术生活,一向都在罗斯的掌控之中,她坚决反对送走罗斯玛丽。乔也认为,不管是让罗斯玛丽在家里自学,或是把她送到附近的私立学校,都好过送去收容精神病患的机构。

他们俩很清楚,在波士顿、纽约、欧洲等地的上流社会人士,要是有像罗斯玛丽一样的孩子,大多会因为承受不起舆论压力,而把小孩送进收容机构。十九世纪晚期到二十世纪早期,优生学运动风行于西方世界,罗斯和乔的许多同侪都受了影响。背后支持这个运动的,是个伪科学的理念,他们认为人类可以分成"两组,分别是优生组和劣生组"。优生组的人认为,劣生组的人"身上继承了带有病菌的血浆,所以一定要想办法……不要让他们生育下一代"。非裔的美国人、晚期移民到美国的人、穷人和犯过罪的人,这些都是属于劣生的。因为害怕"移民潮"大举进入美国城市,也怕非裔美国人从南部各州向北边和西边的城市迁徙,因此在美国出生的白人,都很支持这个信念。另一类有"缺陷"的人,是智能或身体有残缺。提倡优生学和支持优生学的人都相信,这些人也继承了不良基因,所以应该和那些有精神疾病、罪犯,以及长期贫困的人归在同一类。他们甚至认为,强迫绝育是拯救这社会的唯一办法。还有些人认为,花钱设立精神病院、救济院等社会机构和慈善机构，只会继续散播这些"坏胚子"，要怪，就要怪这些孩子和他们父母身上带了坏基因。一些十九世纪末到二十世纪初，大名鼎鼎的工业家、科学家，甚至包括罗斯福总统在内的政治领袖，都信这一套。有钱的工业家，像是约翰·洛克菲勒（John D. Rockefeller）、安德鲁·卡内基（Andrew Carnegie）、约翰·凯洛格（John Kellogg）、玛丽·威廉森·哈里曼（Mary Williamson Harriman），以及早期女性主义者维多利亚·伍德哈尔（Victoria Woodhull），也都是优生学的代言人，他们提供基金资助一些不实研究，然后宣称非白人民族和少数民族，都是有遗传缺陷的种族，这个做法使得种族歧视与民族歧视的问题，愈发严重。

"笨蛋""心智缺陷"这样的标签，让罗斯玛丽和她家人这条原本就不容易走的路，变得更加复杂。罗斯读到这些优生学的文献，看到他们竟然用这样的字眼来形容自己的宝贝女儿时，心碎不已。

天主教的信仰和《圣经》上的道理，也只是帮倒忙而已。因为这些教导都明文提到，一个人可能会因为没有遵行十诫和《旧约》的教导，遭受上帝惩罚，而且上帝"必追讨他的罪，自父及子，直到三四代"。那个年代，罗马天主教教会是不准智能障碍，特别是唐氏征的孩子领取圣餐，或接受坚信礼的。即使在二十世纪稍晚，天主教总会规定各教会必须让这些孩子领圣餐，但直到今天，仍然有些地方教会拒绝这么做。对天主教徒来说，领圣餐是神圣的事，不知道罗斯是否曾对一个将她孩子拒于门外的宗教心存怀疑？

要是罗斯和乔将他们的女儿"有缺陷"这件事公之于世，他们和其他孩子也都可能会被人排挤。为了要在精神上和情绪上寻找生存空间，罗斯和乔只能尽可能地将罗斯玛丽塑造得和其他孩子相像一点儿，也就是他们在"治愈"罗斯玛丽的路上所追求的。尤妮斯回忆："我父母非常强调对家庭的忠诚，所以他们不愿意把罗斯玛丽送到外面的收容机构。"她还记得父亲曾这样辩解："有什么事是他们做得到，但我们做不到的呢？……我们会把她留在家里。"但是把罗斯玛丽留在家里，不是一件轻松的事。

　　他们必须面对罗斯玛丽能力不足的状况，以及外人的闲言闲语，终于，罗斯和乔的忍耐被逼到极限了。罗斯玛丽在家自学一年后，也就是她十一岁时，他们决定把她送到一所私人的寄宿学校。对于罗斯玛丽年纪这么小就得离开家，罗斯内心十分挣扎，更何况适应新环境和新规范，对罗斯玛丽来说，都不是件容易的事，离开家、离开家人，一定会对她产生很大的冲击。但是肯尼迪夫妇已经别无选择了。罗斯玛丽在家的学习一直没有进展，不但如此，为了配合她在家自学，肯尼迪夫妇面对的压力与挫折都与日俱增，也促使他们不得不提早让罗斯玛丽离家，去读寄宿学校。基克在十三岁时才到寄宿学校就读；尤妮斯甚至是更大的时候才离家去念书的。

第四章　频繁转学

肯尼迪夫妇为罗斯玛丽挑选的学校，是位于宾州德凡伯尔尼市（Devon-Berwyn）的德弗鲁学校（Devereux School）。这所学校设立于一九一二年，创办人是原本在宾州公立学校任教的特拉芙德·德弗鲁（Trafford Devereux）。学校的特色，是会针对不同智能障碍程度的学生，提供专门课程和个人课程。德弗鲁年轻教书时就注意到，学习迟缓、发育迟缓或是有障碍的孩子，往往无法和同年纪的同学一起升到新班级。对于这样的学生，学校的做法通常是把他们带到角落，简化上课内容，或是"放慢速度"，然后让他们不断重复练习。这些孩子接受到的刺激少，也没有像其他同学一样丰富的课程，加上大家原本就不对他们抱太大的希望，所以他们的未来可说黯淡无光。有鉴于此，德弗鲁为每个特殊孩童设计了他们专属的课程。这个方法果然奏效了，这些孩子在接受德弗鲁为他们量身定做的课程规划后，都有明显进步。看到她的教学成果后，宾州学校系统巴不得多安排几个学生到她的班上。

费城的学校系统后来采用了德弗鲁的方法，然而她并不满足，公立学校制度绑手绑脚的,让她无法做她想做的研究,也没办法花时间规划课程。她卓越的成就为她赢得了宾州公立学校特殊教育主任的头衔,但她最后还是辞掉了这份工作,自己办学。唯有这样,她才能不受约束,继续研究自己的理念,就像戴维·布林德(David Brind)说的:"身心障碍者需要的,不是他人异样的眼光或孤立,而是可以造就个性的力量。教育的目的,不是要让孩子和他人更疏离,而是要让彼此更亲近,让每个孩子都觉得自己是团体中的一员,并渴望成为其中一员。"德弗鲁利用有限的经费,在她的爸妈家中开创了她的私立学校。

一九二九年的秋天,罗斯玛丽转到了德弗鲁的学校,过程虽然有点曲折,但总算是定下来了。一九二九年十一月,乔给罗斯玛丽写了一封信,称赞她在德弗鲁头几月的成绩表现很不错,同时也稍稍挑战她:"我想,接下来的几个月,你一定会更进步。"老师也表示,罗斯玛丽已经对寄宿生活"做了应有的调整",她的"社交礼仪良好",而且是个"讨人喜欢的孩子"。罗斯玛丽在学校的课程包括拼字、数学、文法、阅读理解等,另外还有一些符合她程度的劳作、美术、音乐、裁缝和戏剧等活动。她吃力地想取得好成绩,因而感到焦虑,不时会突然失去耐性。老师们认为,罗斯玛丽的问题在于低自尊、缺乏信心,必须不断鼓励和给予支持。

那个秋天,罗斯玛丽的心里肯定是很不安的。父母为了要替乔制作、斯旺森主演的最新电影《侵入者》(The Trespasser)做宣传,双双去了伦敦和巴黎,所以带她去德弗鲁新家的,是艾迪和玛丽·摩尔。罗斯除了要照顾十八个月大的琼(去年冬天出生的)、四岁大的博比、五岁的帕特和几个较大的孩子,还要忙着搬家。乔刚在时髦的纽约市郊布朗克斯维尔(Bronxville)买了一栋豪宅。罗斯一直觉得，住在里弗代尔租的房子不是很自在，一九二九年时，她和乔就已经明白，长住纽约市是无法改变的事了，除了家里的十个成员外，他们还雇用了六名仆佣，势必得搬到更大的房子。乔在股市短线操作成功，在股市崩盘前的几个月脱身，并买了这栋新房子。房子售价二十五万美元，但是乔另外花了几万块钱做装潢和添购家具。

布朗克斯维尔隶属威斯彻斯特郡(Westchester County)，距离里弗代尔的东北边只有数英里。肯尼迪的新居占地六英亩，地址为邦德菲尔德路(Pondfield)二九四号。房子里的设备都是最先进的，每个房间都有浴室，而且都有从燃油加热器来的热水，这在当时都还很罕见。一进门厅，映入眼帘的是雄伟的楼梯、眺台，还有希腊风格的雕花廊柱。地下室有撞球台，还有个可以容纳五部车的车库及司机的住处。三楼有一个"设计精细，不断扩大的火车站"，车站老板是小乔和杰克。罗斯玛丽是在他们搬进新家前不久，才开始在寄宿学校就读，所以对她来说，这个家不过是个学校放假时的去处。

从搬到德弗鲁这天起，罗斯玛丽即将开始一连串的生理与心理转折，接下来的十年，甚至更长的时间，还有更多磨难等着她，也决定了她的人生。也是从这个时候开始，罗斯玛丽和父亲之间的关系有了转变——现在罗斯玛丽正式踏出家门、步入世界，乔也开始承担起更多教养她的责任。尤妮斯就曾这么告诉她的母亲："我们小的时候，都是你照顾我们、教导我们，但是我们一开始长大成人，父亲就接手了。"尤妮斯认为，罗斯带罗斯玛丽看"医生、教育专家、心理学家"等，已经筋疲力尽了。乔虽然愿意帮忙，但是"一旦看到罗斯玛丽没有进步、也不努力加强自己时,却很容易不高兴"。

这样的戏码经常在家中上演,这一点,罗斯玛丽一定也在父亲接手自己的教养责任时,注意到了:身为肯尼迪的一分子,必须把握住他们既富有、要求又高的父母提供的任何机会。

罗斯玛丽寄宿在外的第一年,刚好碰上了一九二九年十月二十四日发生的股市崩盘。短短几天内,几亿美元的私人资本就这样从人间蒸发。整个国家的经济急遽退缩,最终进入了经济萧条的状态。四年后,国内制造生产的商品价格与提供的服务价值,下降了百分之五十。占百分之二十五劳动人口的数百万名工人失业,失去了经济来源;数千家银行倒闭。当时,有联邦政府提供存款保险的银行,并不常见,因此许多人的积蓄一下子全泡汤了。那时候也还没有失业保险、社会安全、医疗保险等社会与经济保护网措施。贫穷的人、无家可归的人、饥饿的人,随处可见。一九二〇年代的农产品价格暴跌,以及农业经济崩溃(这都预示着经济萧条即将发生),再加上一九三〇年代,美国平原地区与西南部发生严重旱灾,导致数百万人的生活面临困境。

资本主义使得美国成为世界工业与金融业的领导者,但是这当中,有许多不人道和缺乏管制的银行管理方法与投资手法,最后引起的金融风暴,也是世界前所未见。

穷人的生活贫困不堪,但是部分有钱人反而保住了财产,平安渡过这个难关,也因为这样,在大萧条期间,贫富差距一年比一年悬殊。其中有些原本就很富裕的人,像是肯尼迪家,趁着物价暴跌的时候,频频买进房地产、公司行号等,反而在这场危机中大发利市,不管是市场大跌,或是之后的经济衰退,对他们都不构成影响。一九三五年,肯尼迪已经是美国的首富之一。严重的贫富差距,也威胁着这个国家未来的稳定和民主。

肯尼迪家不像那些受到景气影响的家庭,他们依旧付得起罗斯玛丽和其他孩子的私立学校费用。罗斯玛丽进到德弗鲁一年后,终于完成离家住校应有的"社会调整"。她"写了几篇还不错的知更鸟故事,还有她去华盛顿的事",罗斯在学期末收到的成绩单也指出,罗斯玛丽不管在数学和或其他科目的表现,也都有进展。然而,缺乏自尊和自信心,依旧是阻碍她进步最大的绊脚石,当她没有办法完成想做的事,就会以暴躁的行为举止表达挫折感。

一九三〇年秋天,放完暑假后,罗斯玛丽再度回到德弗鲁。罗斯玛丽的老师们很快便发现,他们花了一整年帮她补强不足与落后的地方,但是才经过一个夏天,她就把学到的东西统统还给老师了,而且不愿意配合完成阅读和写作功课,数学也毫无起色。在十一月的学习成果报告中,老师向罗斯和乔抱怨,在数学方面,罗斯玛丽"不愿意为了达得到的成果,付出应有的代价"。阅读理解能力方面也是,老师表示,因为"她总是跳过许多内容不读,自己凭空想象"。虽然欠缺自信心依旧是罗斯玛丽的问题所在,但是老师也发现,她根本不在乎"必须要努力,才能获得好成绩"这件事。由于她无法集中注意力,使得老师很难教她"努力不懈"的道理。老师们相信,她的实力不只是这样,但就是无法帮助她发挥出来。"罗斯玛丽在课堂上表现出来的成绩,很少是和她的实力相称的,我们已经很尽力将她的表现提升到应有的程度,但这不是件容易的事,因为罗斯玛丽根深蒂固地认为,自己就是这么糟糕,她的功课表现就只能这样,不可能更好了。"

罗斯玛丽不知道学校向她父母说过这样的话,所以还企图掩盖事实,她告诉父母,她在学校表现得非常好。就在收到学校成绩单的四天前,罗斯玛丽还很认真地写了一封信给罗斯,信中提到:"我很认真,每次数学考试都一百分。我的拼字也很厉害。"

德弗鲁对学生的赏罚有很严格的规矩和准则。教员们不太喜欢孩子的学习受到打扰,所以希望家人尽量不要来探访学生,学生也尽量不要回家。要是告诉罗斯玛丽,只要她努力,就可以让她回家过感恩节,或许会是个很大的动力。或许,罗斯玛丽已经注意到事情有点不妙,所以在同一封信里,她哀求母亲一定要让她回家过感恩节:"你有问德弗鲁老师我感恩节可不可以回家吗?你说过你会的。拜托,一定要。"毕竟罗斯玛丽当时才十二岁,离开家对她来说,还是件很痛苦的事。"我好想念你,"她这么写,"请告诉其他人我爱他们。去看小乔和杰克时①,也告诉他们,我爱他们……请写一封很长很长的信给我。"

罗斯玛丽去寄宿学校时,小她一岁的基克正值豆蔻年华。她在学校表现优异,非常受欢迎,另外她也逐渐取代罗斯玛丽,成为家中的姐姐。比罗斯玛丽小了将近三岁的尤妮斯,则是罗斯玛丽最亲近的家人;比起基克,她的个性和感情成熟度都更贴近罗斯玛丽。她们俩的姐妹情深维持了七十多年之久。

一九三一年四月,罗斯玛丽回家过了复活节,假期结束回到学校后,她不满的情绪在写给尤妮斯的一封信里表露无遗:

---

① 小乔和杰克当时就读于康涅狄格州的乔特学校(Choate School)。

亲爱的尤妮斯，我好想你。我们在家玩得真的很开心，不是吗？我很遗憾这么快就得离开你们。太快了。告诉女孩儿们尽可能写信给我……我很快就会再和你见面的，我的甜心。我等不及想要赶快再听到爸妈的消息。请妈妈把她给我的那盒复活节糖果寄过来。告诉妈妈，如果没有收到她的信，我会很难过。写一封很长很长的信给我，能多长，就多长。我知道你一定会的。爱你的罗斯。

一九三一年秋天，罗斯玛丽再次回到德弗鲁，打算开始第三年的课程，这时她已经十三岁了。家里的女孩到了十多岁时，总是让罗斯很伤脑筋。一九三三年，基克满十三岁时，罗斯就把她送到寄宿学校去了。"她太受男孩子欢迎了，"罗斯事后这么写，"一天到晚有人打电话给她，想和她约会……除了把她送到寄宿学校，别无选择。在那里，不会有人打电话给她，使她分心，同学都是和她同年纪的女孩子，我们和她们的父母也都认识。"管好家里的女孩们，对罗斯来说是顶重要的。没有记载提到罗斯对罗斯玛丽日臻成熟有什么看法，不过她曾经在当代文学作品上读到，有"残缺"的女性，性生活可能比较随便，最糟的是，万一怀孕了，会把她们的障碍传给孩子，生出"罪犯、娼妓、弱智之类"的后代，而且情况只会更糟。

罗斯玛丽在德弗鲁的第三个春天，美国飞行员暨民族英雄查尔斯·林白（Charles Lindbergh）年幼的儿子遭到绑架，最后被撕票。那之后，开始有人仿效起这种以绑架求取赎金的犯罪手法。罗斯很担心，十几岁的罗斯玛丽会不会哪一天也"离开家，然后就不见了，或

被哪个跟她搭讪的人拐走，或是被绑架"。当时肯尼迪家的名气没
那么响亮，但确实是大萧条期间财力依旧雄厚的家族，所以罗斯会
这么担心不是毫无根据。罗斯玛丽或是任何肯尼迪家的孩子，都可
能成为绑架犯的目标。罗斯在这里用了"搭讪"这个字眼，显然是除
了金钱勒索，她也担心罗斯玛丽遭到性暴力侵犯。

那年春天，罗斯又在忙新生儿的事了。罗斯和乔的第九个孩
子，也是最后一个孩子，在一九三二年的二月出生，并以艾迪·摩尔
的名字命名爱德华·摩尔·肯尼迪。虽然小乔和杰克都寄宿在乔
特学校，罗斯玛丽在德弗鲁，基克也在那年秋天去念寄宿学校了，但
家里还是有五个小孩得照顾。博比每天搭校车到里弗代尔的男子
私立学校上课，尤妮斯、帕特和琼则是念布朗克斯维尔区的学校。

每当罗斯玛丽休假在家，罗斯一定确保有人看着她，然后尽量
找些事情给她做。但是罗斯玛丽总是不断挑战父母的极限，她的行
为让他们提心吊胆。罗斯玛丽不喜欢坐火车时有人陪着，所以她会
故意逃走，躲开照顾她的人。她出去帮罗斯办事时，有时会很晚回
来，总是在罗斯急得像热锅上的蚂蚁时，才见到她出现在家门口。
罗斯仍然花很多时间陪伴罗斯玛丽。布朗克斯维尔的邻居记得，见
过罗斯陪着罗斯玛丽在外头散步。一个当时还是青少年的邻居保
罗·摩根(Paul Morgan)回忆起，每当罗斯和罗斯玛丽经过，他们家
的大丹狗就会跑过去和她们打招呼。十四岁的罗斯玛丽会和那几
只大狗玩一下，罗斯则耐心地在一旁等候。

后来，罗斯玛丽的父母认为，德弗鲁的特殊教育对罗斯玛丽的
帮助已经不大，不知道是不是受了德弗鲁教员的鼓励，他们在一九
三二年的秋天，把罗斯玛丽转到了罗德岛(Rhode Island)普罗维登

斯（Providence）的圣心书院——埃尔姆赫斯特（Elmhurst）。他们的期望很清楚：希望学校想办法克服罗斯玛丽的智能障碍，让她的学习突飞猛进。他们从来没有打算让罗斯玛丽长期待在德弗鲁这种专为"学习迟缓"的孩子设的学校。罗斯玛丽在某些方面看似是具有足够能力的；德弗鲁的老师很确定，她的社交能力是没有问题的。不过这一点也让罗斯玛丽的父母进而认为，罗斯玛丽在学业上，一定也可以有相同的表现。一开始，罗斯和乔大概也让埃尔姆赫斯特的校长玛格丽特·麦卡斯克（Margaret McCusker）有同样的认知和期待。然而，两年过后，罗斯玛丽写的字和她刚离开德弗鲁时相较起来，还是差不了多少。一九三四年六月，罗斯玛丽十五岁时，她父母收到一封她从学校寄来的信，从内容可以看出，罗斯玛丽还是没办法把字写好，她的拼字、文法也只有十岁小孩的程度：

　　亲爱的爸爸、妈妈：

　　　　真开心收到你们的信。我得到三瓶香水，不过没有关系。我很满足。我很喜欢那条手帕。谢谢你们送的每一样东西，我很感激。大家都觉得那张照片很棒。

　　　　我非常谢谢你们让埃尔姆赫斯特成为这么快乐的地方。再次谢谢你们的好意。

　　　　……我帮艾丽斯·瑞迪（Alice Reddy）办了生日派对。有八个小孩来……

　　　　……我有拉丁文考试。我祷告会得名。我非常努力。

　　　　教义史是最后的。

　　我去第一和第二小学奖。他们真是太可爱了。

　　我会很高兴见到你们大家。

献上很多吻

罗斯玛丽

　　一九三四年秋天,已经十六岁的罗斯玛丽又转到了另一所私立学校,这所学校位于布鲁克莱恩,也就是她出生,还有童年时期住的波士顿郊区。埃尔姆赫斯特的麦卡斯克校长在十月写了一封信给罗斯,信中可以稍微看出罗斯玛丽再度转学的端倪。没有意外的,罗斯玛丽在爱尔姆赫斯特的表现,依旧没有起色,罗斯和乔的希望再次落空了。信中先谢谢罗斯帮学校订了《伦敦新闻画报》(*Illustrated London News*),还有她送给学校修道院院长的玫瑰花,接着就提到,学生和修女们都很遗憾失去了罗斯玛丽这位学生:"我们很希望得知罗斯玛丽的学习进展,或是任何和她有关的消息。福布斯修女(Mother Forbes)到现在,还在为罗斯玛丽离去而难过不已。任何时候,只要您认为回到埃尔姆赫斯特对罗斯玛丽有好处,随时欢迎。"

　　布鲁克莱恩的这所学校,位于鲍威尔街(Powell Street)的一座大宅第内,负责人是海伦·纽顿(Helen Newton)和她的母亲艾德琳·纽顿(Adeline Newton)。罗斯玛丽三四年级后的学习进展,实在叫人沮丧、无奈和疲惫。这一次,肯尼迪夫妇转而把希望寄托在纽顿小姐的学校。这所学校强调严格,但是采取支持态度的教育方式。罗斯玛丽的父母相信,这对需要个别关注和鼓励的罗斯玛丽,会比较适合。纽顿学校除了招收学习落后的学生,也招收资质过人的学生。

这是罗斯玛丽念的第三所学校了。每换一次学校，她都得花上几个星期去适应。新的生活环境和学习环境，都令罗斯玛丽不安，导致她心情低落、不愿意合作，或是情绪起伏不定。她一直有这样的情形，但她的父母依旧不停地帮她转学。开学还不到一个月，乔写了一封信给在巴黎度假的罗斯，提到罗斯玛丽"第一个星期时还大吵大闹的，但是纽顿小姐和她母亲都来信告诉我，罗斯玛丽现在完全变了个样"。事实上，乔没有告诉罗斯真相。一个多星期后，他还在告诉海伦·纽顿："我已经很慎重地和罗斯玛丽谈过了，我告诉她，她得改变态度。她其实也很想这么做，我的意思是说，她的本性其实很好，自己也不愿意这样。"

海伦·纽顿告诉罗斯，她花了许多时间研究如何教导"有学习障碍的孩子"。罗斯玛丽写给父亲的一封信上很兴奋地提到，她现在上的挑战课程，比起在埃尔姆赫斯特的课有趣多了。她还上了法文课，十月时，她拿了法文单字和词组的练习给她父亲看。这样的进步很令人振奋，但这不知道是老师花了多少心力，协助她、盯着她学习的结果。纽顿发现，罗斯玛丽的专心程度，最多只能维持两个半小时，也因为专注力有限，让教导她的人想打退堂鼓。虽然罗斯玛丽经常提到自己现在很努力，成绩进步很多，但事实上，她并没有表现得比较好。她在十六岁时，学习成果仍远远落后同年纪的一般孩子，这从她在布鲁克莱恩写回家的信，就可以清楚看出。信的内容有许多错误，而且看得出来，这是在老师的协助下写的：

一九三四年十月一日

亲爱的爸爸：

　　我很用功，希望你听了会很开心①。我读了一本讲欧洲旅游的书，我会读这本书，而且会回答所有问题。我有一本法文书，叫《que Fait Gaston?》。我从书上抄了几句话给你。这本书全部是用法文写的，我必须把它翻译成英文。

　　历史课时，我学到很久很久以前的人住在山洞里，而且不会煮东西……

　　你有没有收到我的明信片和信？我之后会上跳舞课，为第一次舞会做准备。

　　希望我很快就可以用法文写信给你。告诉家里的人我爱他们。

罗斯玛丽　

　　把罗斯玛丽送到布鲁克莱恩念书的好处，是罗斯的父母、阿姨、舅舅们，还有一些比较熟的朋友都住在附近，他们偶尔会去看看罗斯玛丽，或是周末时带她出去逛逛。这么一来，罗斯和乔不必那么操心，罗斯玛丽也不会那么寂寞。罗斯小时候的朋友露丝·埃文斯·奥基夫（Ruth Evans O'Keefe），还有她的女儿玛丽，就经常邀罗斯玛丽到她们位于马萨诸塞州林恩（Lynn）的家中做客。玛丽也是纽顿学校的学生，但她是一般生。她们经常带着罗斯玛丽一起出去

---

①　原文为法语。

玩,像是去看戏、看电影,或是溜冰、野餐。罗斯玛丽也喜欢晚上在奥基夫家,跟玛丽的兄弟姐妹打牌或玩大富翁。除了这些,她还会跟着奥基夫家去参加舞会等社交活动。

乔要小乔和杰克随时关心罗斯玛丽的状况。罗斯玛丽在纽顿学校的第一年,小乔是哈佛大学的大一生,两个学校距离很近,所以他偶尔会去找罗斯玛丽。"我觉得你这样和罗斯玛丽保持联络是件好事,会让她多点自信,"乔在写给小乔的一封信上这样提到,"请不断提醒她,要认真读书,才能有最好的表现……她好像觉得,她上学的目的只是交朋友而已。"这几个肯尼迪家的男人,似乎颇为担心罗斯玛丽能不能进得了上流社会。小乔曾经提到,他有个同学见过罗斯玛丽:"他觉得罗斯玛丽是不错的女孩。鲍伯·道恩斯(Bob Downes)觉得她长得很漂亮,弗朗西斯·西雅(Francis Shea)也这么认为。我想,罗斯玛丽应该不会有问题的。这些人都不是什么老古板,我想他们的话是可以信的。"

有趣的是,小乔虽然和罗斯玛丽很亲近,但是对身心障碍者的看法却很保守。一九三三年,他从乔特学校毕业,并在那年春天收到哈佛大学的入学许可。不过他没有直接去哈佛念书,而是先到伦敦住了一年。他父亲安排他四处旅游,拜见当时的政商名流,及文学界、学术界和宗教界的重量级人物。美国经济大萧条的影响也蔓延到了欧洲,在欧洲经济体与金融机构引起的骚动,不下于美国境内。小乔抵达欧洲时,希特勒已经在德国掌权,并且开始迫害犹太人。他拜访完德国后,写了一封信给父亲,提到他在伦敦听了许多"谴责希特勒和他的党羽"的事,但是他认为,大家应该给希特勒个机会解释。第一次世界大战后,德国人"分崩离析、消极沮丧……大家对未来完全失去了希望"。让他们重新燃起希望的是希特勒,以及一个共同的敌人——犹太人。"这真是个完美的心理战术,"小乔在信上写道,"就算犹太人倒霉吧!况且,大家早就对犹太人有反感了。"在大力赞许纳粹的做法后,小乔接着宣称:"为了安定人心……有时暴力是无避免的……就像任何一场革命一样,一定会有人流血牺牲。"最不可思议的是,小乔竟然相信希特勒的灭种计划是"一桩美好的计划。我不知道教会怎么看待这件事,但是这么做,可以将世上许多叫人作呕的人类一举歼灭"。希特勒的灭种计划根据的,正是一种偏激的优生学意识形态,目的是要迫使有身心障碍的人不再生育。这些身心障碍包括"一、先天性智能障碍;二、精神分裂①;三、躁郁症;四、遗传性癫痫;五、遗传性亨丁顿舞蹈症;六、先天性失明;七、先天性耳聋;八、严重先天性生理残缺……还有长期酗酒者"。从一九三三年七月,希特勒签了《遗传性疾病后代防治法》(Law for the Prevention of Offspring with Hereditary Diseases),到一九四五年,第二次世界大战结束,共有四十万人被强迫绝育。

　　父亲乔很快回信给小乔,除了赞赏他观察力敏锐,也警告他,希特勒"处置犹太人的手法实在太过头了,很多背后的证据,可能都被他隐匿起来了,好叫去到那边的人看不出来"。然而,乔稍晚又修正了他对希特勒的看法,态度从对立趋为缓和,也因为这样,赔上了他的政治生涯。总之,在那当下,乔只是热切地想要教导自己的孩子在好奇之外,也要懂得掌握充分的事实,做出公正的判断。有趣的

---

① 为了避免污名化,现已改译为思觉失调症。这里为了呈现当时的看法,所以采用旧译名。

是,对于小乔支持希特勒的绝育计划这件事,乔没有多说什么,也没有多加探究儿子的反犹太思想。即使家里就有个患有缺陷的人,照顾她的这些日子,更让家人心力交瘁,但是这对父子,却谁也没有把罗斯玛丽和发生在德国的迫害联想到一块儿。比较让乔担忧的,反倒是同样也遭受纳粹党迫害,陷入苦境的天主教。

一九三四年十月中旬,乔到波士顿去看罗斯玛丽。他们先去看了一场哈佛大学的足球赛,接着便和小乔四处逛逛。父亲的关注让罗斯玛丽既开心又期待,但她在整个过程都是小心翼翼的,生怕不小心犯了错,惹得父亲不开心。她很尽力地为父亲保住尊严。父亲回去后,罗斯玛丽写了封信给他,再三保证她一定会很认真读书:

一九三四年十月十五日

亲爱的爸爸:

这个星期六我玩得很开心。谢谢你来看我。我星期日也玩得很开心。只要能让你开心,要我做什么都可以。我不想让你失望。请快点再来看我。我每天都很寂寞。希望很快再见到你。今天下雨。所以我们不能打曲棍球。所以我们去了富兰克林公园。我们玩得很开心。我买了一根四点三五美元的曲棍球棍。大部分的棍子都是六块钱。我的曲棍球棍很好。

……期待可以很快再见到你。献上很多个吻,爱你的女儿。

罗斯玛丽

罗斯玛丽的父亲，总是语气委婉地不断激励她。"妈妈把你写的信寄给我看了，真开心收到你的信，"乔在十二月初时回信给罗斯玛丽，"我和妈妈都很高兴你是个很懂得感恩的孩子，也很高兴你很尽力在念书。"他也在信中提到罗斯玛丽正在学溜冰的事。溜冰需要很复杂的身体调节，这对罗斯玛丽来说可不容易。乔以他一贯幽默的教养方式写道："我希望你现在已经觉得溜冰是项有趣的活动了……别忘了，要在屁股上绑个大枕头，这样万一跌倒时（我知道你一定会跌倒的），瘀青才不会太严重。"

住在寄宿学校的杰克对念书兴趣缺缺，所以乔也写了几封展现耐心，但又语带斥责的信给他，同时请杰克多写信给罗斯玛丽，鼓励一下她。"可以的话，写写信给罗斯玛丽……我们今年在这方面要更努力。"就像小乔一样，杰克也对罗斯玛丽爱护有加。有一次，罗斯还写信给乔特学校的校长，希望他准杰克的假，好让他陪罗斯玛丽参加一场舞会："我知道这样问很唐突，因为邀请他参加舞会的人，是他的妹妹。他这个妹妹自卑感很重，哥哥陪伴她会有很大的帮助。"

罗斯玛丽在写给父母的信中，经常提及她在布鲁克莱恩最好的朋友，玛丽·奥基夫。她们俩一起去舞会、看电影、听歌剧，也一起打羽毛球、打曲棍球等。另外一般女孩子喜欢做的事，像是逛街、弄头发、擦指甲油、讨论衣服和鞋子等，她们也做。罗斯玛丽提到，她会和玛丽还有玛丽的家人一起打桥牌。桥牌的玩法颇为复杂，没有人知道她打得好不好，但是对于奥基夫一家人在课后之余提供给她的各种挑战，罗斯玛丽显然乐在其中。她的父母额外找老师帮她上了羽毛球课，也请人陪她去参观博物馆，只要是对罗斯玛丽的学习有帮助的事，他们都愿意花钱配合。罗斯玛丽后来也加入女童军，她告诉罗斯,"记住各种树的名字"对她来说有点困难。

罗斯玛丽十分热衷社交活动,这一点让她父母忧心忡忡。一月时,罗斯玛丽告诉他们,她要和玛丽·奥基夫一起去参加一场舞会,杰克和玛丽的哥哥约翰·奥基夫(John O'Keefe)会陪她们去。为了这场舞会,她花了一块半美元买了一组化妆品、头发上了卷,指甲也给人修过了。她很喜欢她的"蓝色礼服和银色高跟鞋",还有银色发夹。不管参加什么活动,她都会详细跟父母报告她穿戴的各种东西。大概是受了母亲的影响,罗斯玛丽很喜欢衣服和各种漂亮的东西。从小,她就会注意商店橱窗里,摆了哪些最新流行的商品。她的教父艾迪·摩尔,每年都会买新衣服给她。一九二三年的春天,摩尔写了一封信给当时四岁的罗斯玛丽。"亲爱的罗斯玛丽,我在店里看到他们摆出了好多给小女生穿的礼服,实在应该带你一起去挑的。不过我猜想,你如果在现场的话,一定也会挑这件,所以就把它买下来,当复活节礼物送你了。"

如果说,罗斯玛丽对流行的敏锐度和爱美是受到母亲影响,那么她乐于交际就是受父亲的影响了。她写的信里,谈交际活动的篇幅,总是比谈学习课业的多了许多:

亲爱的爸爸、妈妈:

星期五晚上,司机载我和玛丽·奥基夫去亚当家。我们八点十分在那里和小乔,还有约翰·奥基夫碰面。然后,玛丽和小乔搭同一部车去舞会。我和约翰·奥基夫搭另一部。他告诉司机要怎么走。这是一场化装舞会。但是我们不知道。我穿了我的红色礼服和红色鞋子,头发上绑了两个红色的蝴蝶结，还配了黑色礼服外套。玛丽穿她的红色礼服，配上红色礼服外套。我们两个都有擦指甲油……

舞会中，约翰·奥基夫做了一个后空翻……星期六，我和玛丽，还有玛丽的朋友贝贝·可林（Babe Kaughlin）一起到海边玩。我们烤了香肠，然后放到三明治里，还烤了牛排和培根，我们也带了姜饼去吃。我们生了火，把木头丢进去。还有纸。然后我们回家。我和克里斯蒂娜一起打乒乓球，还有玛丽和贝贝。我们还打了桥牌。晚上，我和玛丽还有克里斯蒂娜一起玩大富翁。星期天，阿格尼丝阿姨邀我和小乔去吃午餐。我在那里过夜……

……我要学到拿破仑了。玛丽·奥基夫有一套新泳装，是红色和白色相间的，还有一件新的白色短裤和新的蓝色礼服。我试穿了她的泳装，还有她新买的丝质礼服。我一个星期有三块钱零用钱。我去做了头发，还修了眉毛……

献给世上最好的爸爸、妈妈很多的爱和亲吻。爱你们的女儿。

罗斯玛丽

喜欢新衣服、把头发弄得漂漂亮亮的、怕变胖等，罗斯玛丽的这些行为，和一般女孩子没什么两样。尤妮斯曾说："每次我说：'罗斯玛丽，你的牙齿和笑容是全家人中最漂亮的。'她就可以开心个好几个钟头。"一九七六年，罗斯接受《天主教文摘》（Catholic Digest）访问时则提到，即使是微不足道的称赞，也可以让罗斯玛丽高兴一整天：

"像是，我不过说了：'罗斯玛丽，那是我见过最漂亮的发带了。'她就会开心得不得了。"

但是在其他方面，就可以明显看出罗斯玛丽与众不同的地方。在纽顿学校念书时，罗斯玛丽几次在信中提到"劳伦斯医生"会帮她"打针"，然后给她吃"红色药丸"。这个劳伦斯医生，指的是肯尼迪夫妇请来治疗她的查尔斯·劳伦斯（Charles Lawrence）。打针那部分是劳伦斯研究出来实验性疗法，他认为这个方法，可以治疗认知型荷尔蒙或"腺体"不平衡。劳伦斯是著名的内分泌学家，也是新英格兰医学中心的内分泌科主任。他认为许多青少年，甚至成年人的发育与情绪问题，都是因为脑垂体荷尔蒙分泌失常，导致性发育中断造成的。侏儒症、巨人症、生殖器官发育停滞或迟缓、精子制造功能缺失，还有女性生理周期不规则，或是缺少生理周期，都已经被确认和脑垂体的功能异常有关。但是劳伦斯既不是心理学家，也不是精神科医生，他的主要研究范围是内分泌系统，特别是脑垂体在人体功能正常与异常时的功用，还有它对"神经冲动"（nervous impulses）和智能发展的影响。另外，罗斯玛丽可能也因过敏而就诊。家里面，杰克和基克的过敏情况最为严重，不过其他小孩也都有过敏的情形，所以罗斯玛丽说的红色药丸，很可能是治疗过敏的抗组织胺。值得一提的是，当时有一种名为"鲁米那"（Luminal）的药丸也是红色的，那是当时颇受推崇的一种苯巴比妥（phenobarbital）药物，被用来缓解焦虑、镇静狂躁，有时也用来减缓癫痫痉挛。因为没有其他信息，所以罗斯玛丽究竟为什么吃这个红色药丸，也就不得而知了。

一九三四年秋天，罗斯玛丽转到纽顿学校还不到几个星期，海伦·纽顿就跟肯尼迪夫妇推荐了劳伦斯医生。十月十五日，就在罗斯玛丽写了信给乔，谢谢他来看她，并且告诉他，她"愿意做任何事来使他开心"时，乔也写了信给弗烈德瑞克·古德，也就是当初在布鲁克莱恩时帮罗斯玛丽接生的那个医生：

> 几年前，你曾到过海恩尼斯，那时，我们讨论过可能影响罗斯玛丽的腺体理论。她……到现在还是有智力迟钝的问题。纽顿小姐昨天跟我介绍了一位查尔斯·劳伦斯医生……几个学生经过他治疗，状况都有改善，不知道可不可以麻烦你……帮我评估一下她的建议，还有，帮我看看这位劳伦斯医生是否值得信赖……如果说，有什么事是我们应该做的，我们实在不想要坐着干等。

三天后，古德医生传电报给乔，说他"去找了罗斯玛丽和纽顿小姐，而且相谈甚欢"。他认为把罗斯玛丽交给纽顿小姐，可以让她得到最好的照顾，找劳伦斯医生看一下，也是"非常好"的建议。古德表示，劳伦斯医生的"声望百分之百没有问题"，而且是个"很有能力的人"。乔回电报给古德，要他尽快帮他跟劳伦斯约时间碰面。古德医生之所以这么热心地帮乔和罗斯治疗罗斯玛丽的发育迟缓问题，很可能是出自内疚。当年，罗斯玛丽延迟出生他也有责任，虽然他对可能的后果没有多提。

古德和劳伦斯在十月二十日，到纽顿学校去见罗斯玛丽。他们发现罗斯玛丽的"精神状况非常好"，或许医生们和纽顿小姐都认为，不要太过正式地介绍劳伦斯医生比较好，所以他们只把当天的访问当成"一般的社交见面"。"我们相谈甚欢,聊了足球、学校课业等。"古德这样跟乔回报状况。几天后,罗斯玛丽便去了劳伦斯的诊所,"做了全套的健康检查,结果显示她的身体状况其实很好"。劳伦斯一再让古德医生印象深刻。古德向乔报告:"我认为,某种全身性的内分泌治疗,有机会达到很好的效果。事实上,应该说非常有希望。在这种内分泌系统的治疗下,不用几年,罗斯玛丽就可以百分之百治愈了。"他答应会常去探望罗斯玛丽,"让她保持心情愉快"。乔听了后,非常开心,十一月中再次去看罗斯玛丽时,他认为她已经"明显有进步",他可能也担心自己太过心急,所以略有保留地说,不知道是不是自己"想象"的。

有鉴于当时的医学对妇女健康的了解有限,所以不难想象,劳伦斯的方法会被拿来进一步认识内分泌系统,了解它与人类发育异常的关系。但是尽管乔感觉进步了,劳伦斯给罗斯玛丽的药物、补充剂和注射,最后都宣告无效。罗斯玛丽的智能障碍,不是荷尔蒙可以"治疗"的。不但如此,就算她患的是严重的心理疾病,像是忧郁症,或是其他情绪障碍问题,劳伦斯注射的荷尔蒙一样帮不上忙。

一九三四年秋天,罗斯为了庆祝和乔结婚二十周年,一个人去欧洲度了长假,这段时间,乔只好自己处理这些问题。乔想要罗斯玛丽在罗斯回家前就开始接受治疗,罗斯玛丽也想要讨好父亲,所以对父亲言听计从,即使一周得打三次针也没有一点怨言。一九三五年一月底,古德告诉乔,他去看过罗斯玛丽,"她很好,而且我很开心地告诉你,我发现她进步了……我想再过个八到十个月,她的病就可以完全好了。"

然而,到了一九三五年的春天,罗斯玛丽还是没有起色。罗斯决定不再把焦点放在医学治疗,而改放在教育上。她请了哈佛教育研究所的心理教育专家华特·迪尔波恩(Walter F. Dearborn)来协助罗斯玛丽。迪尔波恩博士在阅读障碍与发展上,有开创性的研究,由于他的研究,大家明白孩子们各有不同的学习方式和学习能力。迪尔波恩花了几十年研究学习障碍,研究对象主要是智能平均,或是在平均以上的孩子,研究结果证明,智商高的孩子还是可能出现阅读障碍的情形,这时,就得改变教他们的方式。迪尔波恩很提倡智力测验。他写了许多文章解释这些数据,也提出如何运用这些数据,为学习上有障碍的学生和工厂工人,制定不同的课程教材。他认为,绝大多数的学生都需要因材施教,他极力反对一体通用的群体教育方式,因为这么做会阻碍个人的成功。

但是罗斯玛丽有智能障碍,智商比平均还要低,这和迪尔波恩研究的那些有特殊学习迟缓或障碍的孩子,本质是不一样的。迪尔波恩的理论,对智能上有缺陷的孩子当然也有一定的效果,只不过,这不会是乔和罗斯要找的那种完全治愈罗斯玛丽的方法。他们想要听到专家告诉他们,罗斯玛丽没有智能障碍,她只不过是学习迟缓。迪尔波恩建议让罗斯玛丽上个别的数学课和阅读课,建议他们给罗斯玛丽一个"百货公司"的账户,然后给她一些钱,让她学习好好记账,还要准时付钱。

罗斯玛丽在纽顿学校完成了那学年的课业,然后在一九三五年的秋季,回去上完了第二学年的课。迪尔波恩博士在一九三五年的十月和罗斯玛丽会面,事后他告诉罗斯:"罗斯玛丽看起来很快乐,经过了这个夏天,感觉她也变得机灵些。"他会说纽顿小姐的学校"非常适合"罗斯玛丽,或许是因为海伦·纽顿的课程规划,符合他提倡的个别教学。罗斯玛丽之所以变得比较机灵,很可能是她在那边得到的关注与鼓励比较多。罗斯玛丽依旧和奥基夫家的人往来密切,露丝·奥基夫与罗斯玛丽间的感情,让迪尔波恩印象深刻。"罗斯玛丽和奥基夫太太彼此间已经有了情感。她和奥基夫家的其他人关系也很好,"他这么告诉罗斯,"纽顿小姐表示,罗斯玛丽现在对课业比较有兴趣,也比较积极了。她认为接下来这一年,罗斯玛丽会更进步。"会面的这一天,罗斯玛丽的状况很好,她很愿意配合,也很想讨医生的开心:"罗斯玛丽自己想要试试看,所以我们让她做了几项测试……虽然时间不长,但我们那天完成的工作,比之前任何一次都还要多。我希望这些是好的预兆,也相信一定是的。我敢说,她今年会比去年更好。"

如今罗斯玛丽已经是亭亭玉立的少女了,她身材姣好、仪态端庄,也善于和朋友交际,然而,她在学业上的成就依旧没有太大的进展。那一年,她寄回家的信中提到的,多是与奥基夫一家人或波士顿的其他亲友间忙碌的社交生活,鲜少提及课业上的事。十七岁的她写的字和八岁、十岁的小孩差不多,文章常常没头没尾、语无伦次,经常拼错字,标点符号也不会用,结构更是松散。书写对她来说,显然是件艰巨的事。

迪尔波恩博士持续他的做法,劳伦斯医生也仍然每个星期替她打三次针,但是效果并不明显。"我实在不想要每个星期打那三次针。"一九三六年一月,罗斯玛丽这么对父母说。海伦·纽顿没有停止尝试用各种技巧和策略,来指导罗斯玛丽。一九三六年春天,她向罗斯玛丽的父母报告说,罗斯玛丽的写作进步了,还把她的作业附在信中,告诉罗斯:"请把这份作业拿给她父亲看,这是份完美的作业,这也是我们的目标。"她不断陪罗斯玛丽记住那些有名的欧洲探险家和领导者,希望罗斯玛丽的父母也可以和罗斯玛丽聊聊这些重要的历史人物,看看她记得多少。但是罗斯玛丽知道的复兴时期画家,可能没有几个,"因为我们那部分练习得还不够"。

由于罗斯玛丽过了午餐时间就没有办法吸收学术性课程,海伦·纽顿的母亲艾德琳便教她怎么编织。海伦·纽顿发现,将学术课程和一些手作课程穿插,可以让她的注意力比较集中,这样的安排,也让罗斯玛丽有机会和艾德琳聊聊学科上过的内容。"我参考了几所学校指导学习障碍生的方式,发现这种安排方式最适合罗斯玛丽,她的专注力顶多只能从九点维持到十一点半。"吃午餐时,海伦会教罗斯玛丽怎么应用上午学到的内容,来和别人有礼貌地交谈,艾德琳则负责盯罗斯玛丽做功课。海伦发现,"她从我妈妈那里学到了好多东西"。

数学依旧是罗斯玛丽的弱点。"有时候,她就是转不过来要怎么找钱,"海伦·纽顿这么告诉罗斯,"她也想要像玛丽一样学代数,但是我告诉她,她得先练习怎么使用金钱。我希望可以的话,您这边也能利用机会帮她练习。"复活节时,纽顿陪着罗斯玛丽到棕榈滩度假。肯尼迪不久前在那里买了一栋避冬的度假别墅。为了让罗斯玛丽知道学习数学的重要和用处:"我要她假装带了一个朋友一起去棕榈滩,然后计算三餐、卧铺、车票等的费用。"

纽顿还注意到了另一些问题。她在四月初时写给信给罗斯,提到:"我写这封信是要谢谢您多方面配合,不过不知道您是否因为太过忙碌,以至于无法回答我的问题。"纽顿在这里指的是什么问题,没有人知道,因为接下来的两句话都被胶带遮住了。经过协议,做了这样的处理后,肯尼迪家才答应将这封信捐给约翰·肯尼迪图书馆。纽顿显然希望从罗斯那里得到某种响应,但一直没有等到。她在信的末尾再次提醒罗斯,还有肯尼迪家里的家庭教师艾丽斯·卡希尔(Alice Cahill),希望她们在复活节假期帮罗斯玛丽复习功课,并告诉她罗斯玛丽是否还记得在学校学过的东西,"我在做一些尝试,但是结果可能没有我们希望的那么快出现"。

信中的口吻明显很失望。不过在纽顿写这封信之前,罗斯就已经开始询问另一位老师玛丽·贝克(Mary Baker)的意见了。她是纽约的一名特教老师。三月时,罗斯安排贝克小姐去了波士顿一趟,并对罗斯玛丽做了些评估。她希望贝克可以考虑让罗斯玛丽成为她在长岛家中的家教学生。贝克从波士顿回去后,在三月二十七日写了封信给乔和罗斯:

> 罗斯玛丽不但长得漂亮,而且有发展潜力。我很乐意协助她培养这些能力,让她真正为自己感到快乐,也增进她面对生活、面对他人的能力。我提供给这些特殊孩童的,是与他们过去接触过全然不同的环境,而且正是他们需要的环境。如果她来我这边上课,我也会用长期以来的态度,来处理她的状况。

贝克建议罗斯玛丽尽快前往她那里上课,然后开始"针对她的兴趣、能力和特殊需求做密集的加强,并且对她不足的部分,以及一些必备的能力与技巧,进行个别指导"。贝克安排的课程中,甚至包含了对"均衡饮食与食物的基本学习……学生会动手做些简单的糖果、蛋糕、饼干、色拉等。这个课程让他们有充分的机会,训练双手的灵巧度,将数学的计算、测量和简单的分数,实际运用在生活上,并加强他们对温度和时间的概念"。他们会在学习历史、地理、公民与科学等科目的同时,加强阅读、写作和字汇练习,并在课程中穿插"体育""音乐"和休闲活动。

贝克也保证,罗斯玛丽会有丰富的社交活动:白天有野餐、派对等,晚上可能安排与其他同学参加舞会、看戏、看电影、晚宴和玩牌等。若有机会,"也会安排体贴细心的男士,担任她们的护花使者",贝克认为这也是社会发展的一部分。"我挑选这些同伴非常谨慎。我手边有几位非常优秀而且非常体贴的青年可以胜任这份工作。所有活动安排都会配合罗斯玛丽的身体状况,并以罗斯玛丽的兴趣与教育为前提。"贝克接着提到,从事这些社交活动的同时,她会考虑到肯尼迪的隐私:"这边的人,绝对不会和你们熟识的人接触,罗斯玛丽也只有在你们允许的时间,才会去拜访你们。"

贝克也跟迪尔波恩博士和劳伦斯医生见了面,并讨论了"照顾罗斯玛丽时的明确指示"。贝克没有提到纽顿小姐和她母亲,也没有提到罗斯玛丽在纽顿学校的学习,不过倒是对露丝·奥基夫赞誉有加:"露丝·奥基夫太太对罗斯玛丽付出了很多,我希望我有这个荣幸,延续她所做的工作。"

纽顿小姐和她母亲显然不知道,罗斯打算给罗斯玛丽换学校。和贝克小姐、迪尔波恩博士、劳伦斯医生见面,都是通过露丝·奥基夫太太和她的丈夫爱德华·奥基夫(Edward S. O'Keefe)医生安排的,而不是纽顿小姐他们。

肯尼迪夫妇并没有马上接受贝克的评估与提出的计划。他们依旧把罗斯玛丽留在纽顿学校。不过，一九三六年的秋天，就在新学期即将开始之际，海伦·纽顿写了一封信给罗斯，告诉她："我教发育迟缓的孩子已经十五到二十年了，罗斯玛丽是我遇到最难教的一个，她完全没办法把我教过的东西记下来。"海伦·纽顿在教了罗斯玛丽两年后，觉得自己实在无能为力了，因此拒绝了她第三年的入学申请。

收到纽顿的信后，罗斯立刻转而安排罗斯玛丽进入胡利根（Hourigan）寄宿学校。这所学校坐落于曼哈顿的东八十三街三十七号，是莫莉·胡利根（Mollie Hourigan）于一九二〇年成立的，校舍宽敞，专收十七到二十一岁的女生。学校除了"音乐、法文、进阶英文、社会服务、新闻学、美术、设计、医疗助理、法律助理、家政、商业"，还提供"新娘"等课程。新娘课程主要是要训练即将步入社会的富家少女们一些社交技巧。此外，胡利根也提供了严谨的高中课程和高中毕业后的深造课程。但这些课程对罗斯玛丽来说都太难了，所以她将到学校外面，像是洛克菲勒中心的手工艺品环球学院（Universal School of Handicrafts）选修其他课程，并接受个别指导。为了让罗斯玛丽顺利适应新环境和新学校，罗斯雇用了雷德克里夫学院（Radcliffe College）毕业的阿曼达·罗德（Amanda Rohde）来担任罗斯玛丽的家教，同时也和她做伴。

在转校的过渡时期，肯尼迪家再度遭逢不幸。罗斯唯一的妹妹阿格尼丝，在一九三六年九月突然过世，突如其来的噩耗，让大家难以承受。阿格尼丝虽然结婚得晚，但是四十三岁的她和丈夫乔·加根（Joe Gargan）住在波士顿，育有三个年幼的孩子，过着幸福快乐的日子。但就在睡梦中，无预警的血栓夺走了她的性命，就像五十年前,血栓夺走了她祖母的生命一样。隔天早上,她六岁大的儿子乔伊(Joey)才发现,躺在床上的母亲已经死去。

罗斯玛丽在布鲁克莱恩的纽顿学校念书那两年,经常和阿格尼丝在一起,特别是一九三六年的春天和夏天。阿格尼丝阿姨既风趣又有耐心,这让罗斯玛丽特别喜欢她。还在适应新环境、新生活,并试着跟上大都市繁忙的步调,就听到阿姨去世的噩耗,对她想必是极严重的打击。罗斯也因这件事陷入忧郁。她的哥哥弗烈德瑞克在一九三五年的二月才刚过世,现在,阿格尼丝也走了。罗斯事后写道,"对女生来说,姐妹是最好的资产,就像弟兄对男生来说也是一样。我从自己的经验,还有我的众多子女身上发现,姐妹间的爱是一个人一生中最好的祝福。"但是现在她已经没有任何姐妹了。

担任罗斯玛丽的家教不过几个星期,阿曼达·罗德就发现,这不是件容易的差事。多年来的团体课程、个别课程,只不过把罗斯玛丽的数学和英语提升到四五年级的程度,但是她当时已经十八岁了。上舞蹈课时的罗斯玛丽力不从心,在许多其他科目也是。罗德的反应,和罗斯玛丽过去七年来的老师一模一样。"我觉得罗斯玛丽好像在利用她的弱点,把她的弱点当成是武器,让大家顺她的意。"二十一岁的罗德在十月写给罗斯的信中这么说。除了原本就是个不容易教的学生外,罗德表示,罗斯玛丽对课业的态度,以及对她的态度,让她们每天的互动都很头痛。"只要遇到必须用头脑想的事,她就会变得很不讲理。"罗德提出警戒,还说"爱做白日梦神游"是罗斯玛丽的一大问题,"她完全沉浸在自己的世界里"。罗德也强调:"大家都太让罗斯玛丽为所欲为了。她认为做白日梦比较有趣……她必须一点一点地回到现实。这将是条艰辛漫长的路,但是她做得到的。"

就像往常一样,肯尼迪夫妇总是期待新景况会比过去来得好。他们希望罗德可以把华特·迪尔波恩发展出来的教学计划,融入胡利根的日常学习中。迪尔波恩博士已经陪伴罗斯玛丽超过两年了,但是现在,他愈来愈担心她恐怕无法达成他预期的成果了。他发现,罗斯玛丽不只是在社交生活上与人格格不入,还对公共场合有焦虑感与恐惧感,"高压的社交环境……是造成她智力障碍"的可能原因。她的笨拙和欠缺能力可能引起"大家关注的眼光",这让她更加感到难为情与挫折。至于这个问题要如何解决,没有人知道。

再一次,罗斯玛丽无法达到父母亲想要的成果。在胡利根的学年结束时,罗斯玛丽依旧没有明显的进步。那年夏天,罗德回到艾奥瓦州苏城(Sioux City)的家去过暑假,罗斯玛丽的功课、练习,还有罗斯认为对"手指发展"很有帮助的"手作课程",都只能等到秋天新学期开始时才能恢复了。七月,肯尼迪夫妇把罗斯玛丽送到缅因州登马克镇(Denmark)的怀俄尼冈尼克(Wyonegonic)女子夏令营。这是罗斯玛丽第一次参加夏令营,陪她去的是迪尔波恩十七岁的女儿伊莱恩·迪尔波恩(Elaine Dearborn)。

罗斯和乔坚持,罗斯玛丽应该享有兄弟姐妹享有的福利,所以夏天结束前,他们送她和尤妮斯去了趟欧洲旅行,并请摩尔夫妇和家庭教师艾丽斯·卡希尔随行。她们两个当时分别是十九岁和十五岁。当时欧洲正面临经济压力和政治动荡的冲击,但两姐妹还是走访了许多地方,参观了许多历史景点。过程中,罗斯玛丽很守本分地写信和在海恩尼斯的爸妈保持联络,只不过明信片上的句子总是支离破碎。"我们坐船回德鲁克(Drock)。接着去埃德姆

（Edam），看奶酪制造的地方。坐船去沃伦丹（Volerdam），那里有很
多店。搭船去'品牌之间'（Bland of Markeh），看到很多荷兰服饰。
星期一我们去林布兰（Rombrant）、鲁本斯（Rubens）、凡·戴克（Van
Dyck）的美术馆。和平宫，皇后和她的姐妹住的地方。"她们这趟旅
行去了瑞士、巴黎、伦敦、奥地利、荷兰和德国。罗斯玛丽也写了信
给其他人，她跟博比和泰德介绍了她们搭的船，跟基克提到了纪念
碑、自然风光，还有她们住的旅馆有多漂亮。她还告诉妹妹们，"这
边的男孩子还不赖。我们遇见了一些瑞士男孩。有一个拉法叶船
（Lafayette）上认识的男生，说要带我去巴黎的欧陆饭店（Continental
Hotel）。他二十四岁。我每天都和约翰·阿德莫（Jonny Admour）在
健身房打桌球、玩套圈圈。"

　　一九三七年的秋季开学时，罗斯玛丽并没有如罗斯原先计划
的，回到胡利根学校。罗斯原本打算送她到曼哈顿维尔的圣心书
院，那里会有比较多和她一样，都是十九岁的女孩子，罗斯玛丽也以
为自己会去那里就读，但是考虑到在胡利根多准备一年对罗斯玛丽
比较有益处，所以作罢。没想到，莫莉·胡利根却在七月九日写了
一封信给罗斯，表示她认为直接去圣心书院，对罗斯玛丽是最好的
选择。"我们上次谈话时，您提到要安排罗斯玛丽到曼哈顿维尔就
读……罗斯玛丽告诉我们，她要离开时……我推想你已经做好了安
排。"胡利根已经联络过曼哈顿维尔的修道院院长达曼（Damman），
并告诉她"罗斯玛丽的学习计划，会由罗德小姐全权负责"。她告诉
达曼修女："我们每个人都和罗斯玛丽处得非常愉快，这个孩子让大
家都展现出最好的一面。"胡利根极力推崇曼哈顿维尔，说它比较适
合罗斯玛丽，在那里，罗斯玛丽"下午会有更多团体活动可以参加，

像是体育、游戏、合唱团等,参与的人也比我们这边多,而且会有大学生一起用餐,这可以让她有更多机会学习应对进退"。另外,曼哈顿维尔附设有托儿所,或许"罗斯玛丽会有兴趣陪那些小孩做些活动"。胡利根向罗斯保证,罗斯玛丽还是可以偶尔回来参加胡利根的活动,像是去看戏或看电影之类,但她最后还是以"圣心书院或许可以为罗斯玛丽带来快乐,也为您带来安慰"作为结尾。

几天后,罗斯回信了:"我收到您的来信了,非常谢谢您善意的建议。不过我认为让罗斯玛丽延续去年的学习会比较好,因为适应新环境对她来说,是很花时间的……或许,接下来这一年,罗斯玛丽可以偶尔到曼哈顿维尔去看看。我已经和罗德小姐谈过,她会搬到罗斯玛丽的附近,以便罗斯玛丽在上下学时不会那么突兀。"(并不清楚这里的"不会那么突兀"是指什么。)

但是胡利根的心意已决,她不打算让罗斯玛丽进入秋季班的新学期。她在七月二十三日又写了一封信给罗斯,从这封信的语气与用词,都可以明显感受出她对罗斯的不耐烦。"并不是我不愿意收她这个学生,"胡利根写道,"但是,坦白说,过去这一年来,我对她付出的心力远超过我原本的想象。不过,既然已经收了她,我们只好配合答应过你的要求,只是没多久后,我就发现罗斯玛丽随时都需要有人监督保护。"胡利根说,除了担任她的老师,老师还要充当她的保姆。接着她提到,罗斯玛丽的状况和实际生活能力,都和罗斯当初说的差很多。

罗斯并没有将罗斯玛丽最具问题、最难处理的部分据实以告,而是让老师、家教和助理自己去发现她的学习问题和情绪问题。这让胡利根有上当的感觉。她收的学生,必须在学习或情绪处理上,能够应付学校严格的学术课程才行，但罗斯玛丽不具备这样的能力。再加上肯尼迪家极具名望，让人很难开口跟她家人提这样的问题。眼见底下的工作人员就要再接受一年无法承担的教学难题，胡利根只好出面交涉。监督无法间断，"代表我们必须时时刻刻地看着她，不能有任何闪失。我们从来没有哪个学生像她一样可爱，但是肯尼迪太太，我得很坦白地说，我也从来没有为哪个学生或为学校，承受过这么大的压力。"胡利根认为，隐秘的修道院环境会让罗斯玛丽比较有安全感，在那样的学习环境中，她会更有收获，"在那边，她不必离开修道院，就可以接触到各色各样的人。"

　　事发突然，罗斯只好把罗斯玛丽送到曼哈顿维尔的圣心书院，在那里完成一九三七到一九三八学年的课程。罗斯和书院的修女们做了什么样的安排，我们无法得知，能确定的是，这又是不平静的一年。

第五章　短暂避风港：蒙特梭利学校

　　一九三〇年代初期，罗斯玛丽就学的事大多由乔安排，但是到了一九三六年，罗斯玛丽改读胡利根学校后，她的教育和医疗需求再度由罗斯全权处理。因为乔在专业上成就非凡，有机会以高姿态参与罗斯福总统在华盛顿特区的行政团队，于是他离开了住在纽约的家人，在华盛顿特区租了个房子。一九三四年夏天，罗斯福总统指派乔担任证券交易委员会（Securities and Exchange Commission）主席。这个由美国国会授权成立的新兴联邦机构，是罗斯福总统在大萧条之后，为了改革政府、工业和经济所提出的新政之一，宗旨在规范并改革华尔街的交易行为。

　　罗斯福知道，他需要一位立场坚定、不受到强势投资者与银行利益左右的人，来主掌这个机构。这项决定一开始并不被看好，因为肯尼迪本身在华尔街的历史并不怎么光彩，他曾经利用不当的交易手法和财务处理，大发灾难财。而今乔得负责起草并监督执行业界前所未有，而且迫切需要的重要法规与改革。罗斯福的支持者得知他要出任这个职务后，反对声浪四起，一名报纸编辑甚至以"荒唐"来形容这项任命决定。

但是罗斯福心里明白，肯尼迪绝对是担任这个职位的最佳人选：有谁会比一个在欠缺规范的华尔街中占尽便宜，当大家血本无归时，他却财源滚滚赚进大把钞票的人，更知道要怎么改变华尔街的运作方式呢？当然，这个职位同时也是在犒赏乔在他竞选总统时支持他。罗斯福有信心，也有决心，在乔的带领下，这个新机构一定可以有效改革金融业，重建市场的稳定性，让大家对市场恢复信心，进而赢得舆论支持。

乔成功完成三年的证券交易委员会主席任务后，再次受命担任海事委员会（Maritime Commission）主席，这又是一个新成立的单位；这个职务当然也是乔想要的。一九三七年三月，经由国会确认后，乔立即投入整顿年老且不适任的美国舰队。这份工作确实很适合乔：他可以把第一次世界大战期间，在马萨诸塞州昆西（Quincy）的福尔河造船厂学到的那套经营技巧派上用场。乔一心期待在担任公职后进一步拓展自己的政治生涯。艾迪·摩尔依旧是他的助理，一路跟着他到华盛顿担任秘书和参谋总长。

欧洲的战事没有停歇，美国的船队，不管是海军军舰还是商业船只都残破不堪，无法负起美国商业海运利益与国家安全的责任。百废待举的情况下，肯尼迪做的第一件事是延揽最聪明、优秀的人才，随即下令建造新船只，还建立了最低薪资、工作时数和安全的最低标准。腐朽的商业船只，不是肯尼迪必须面对的唯一问题，团队士气低落、船员之间秩序不良，已经不是一天两天的事了，有些船员甚至一到了国外的港口，就不再听从船长的指挥了。商业船只上的人员不属于美国海军，但是他们在国内外的工作成果，不管是对商业本身,或是提供美国海军应有的支持,都极为重要。肯尼迪威胁船员,只要有人不听从上级的命令,就用一七九〇年制定的叛乱法处置。这些规定让海事工会和他们的支持者非常不满,但是肯尼迪毫不退让。

一九三四年到一九三七年间,美国的经济状况持续改善,但是在罗斯福第二度就任总统时,他和国会突然终止并解散了许多政府资助的新政就业计划。大家原本期待这些计划可以加速经济成长的,现在一下子落空了,市场上的反应不但迅速,而且激烈。股市重跌,不出几个月,总市值就掉了将近三分之二。原本处境就艰难的经济情况,面对这样的骤变犹如雪上加霜,引起的连锁反应可想而知:企业获利大减、国民收入降低,失业率也从百分之十四,再度攀升到百分之二十。世界经济的前景也没好到哪里去。参战国的激烈行动,把羽翼未丰的世界经济再次打回原点。日本对中国东南部百般蹂躏、西班牙卷入了一场全面性的内战,意大利的墨索里尼(Mussolini)野心勃勃地想在非洲实行他的帝国主义,德国的希特勒则是在征服了莱茵河地区后,锁定奥地利和捷克斯洛伐克(Czechoslovakia)为下一个目标[1]。

肯尼迪率领团队深入检讨美国海军和商业船队,建议总统建造一支全新且现代化的海军舰队,还写了份昂贵的运输合约,来增进政府的利益。此外他提议,对劳工纠纷进行具有约束性和强制性的仲裁,这一点再次激怒了海员和他们的工会,以及具有相关利益的

---

[1] 捷克斯洛伐克是一九一八年,由捷克及斯洛伐克共同组成的共和国。一九九二年,共和国解体,并于一九九三年一月一日起,成为捷克共和国及斯洛伐克共和国两个独立国家。

产业。肯尼迪表示，国家如果因为工会过于强势，以至于劳工的工作停摆或怠慢，那么，再好的船只也无用武之地。过去因为海员罢工造成商业活动中断，已经使得国家损失无数金钱与就业机会了。他还强调，在经济疲弱之际，罢工的工会与顽抗的管理阶层，都必须强制协商，并接受强制性仲裁。罗斯福总统的劳工部部长弗朗西斯·珀金斯（Frances Perkins）极力反对肯尼迪的做法，但是肯尼迪还是成功让国会执行他所建言的事。

一九三七年底，成功完成总统任命的第二项任务后，肯尼迪亟欲在罗斯福总统的行政团队中，争取更有挑战性也更重要的工作，顺便帮儿子们未来的职业生涯打下些基础。罗斯福为了奖励肯尼迪再一次达成任务，在一九三八年一月，赏了他一个备受觊觎的官位——美国驻英国大使。这件事让肯尼迪欣喜若狂。对于一位爱尔兰裔的美国人来说，这是无比光荣的成就。虽然有人批评他根本不适任外交官，他也毫不在乎。

罗斯也很清楚，出任外使在社交上是极为崇高的成就，可以为整个家族带来各种契机。她开心地想象着旅居国外可以为孩子们累积的种种好处，包括认识当代举足轻重的政经人士等。但是相对的，接受这份外交任务，也代表他们将负起重大社会义务，其中有许多事是需要罗斯配合的。她必须举办和参与国宴等社交活动，她的表现会连带影响乔在世界舞台上的成功与否。当然，站在乔身边的这个角色，也代表着她自己在政治和社会上的成就。她下定决心要扮演好它。而表演的内容之一，就是和孩子们一起出现在公共场合，让那些穷追不舍的记者、摄影师有机会好好帮他们拍张照，记录这个大家庭的活动，一窥他们的生活。肯尼迪家中的每个成员，都有责任做好天主教徒应有的榜样。罗斯的形象是一位养育多名子女，并以他们为荣的母亲；乔则是在政治、经济和社会地位等各方面都春风得意，足以证明被当成次等公民的爱尔兰裔美国人，一样可以成就非凡。

罗斯以她照顾的这一大家子为招牌，将自己塑造成聪明、做事有效率的母亲和妻子，也为新时代的天主教女性建立了一个新形象。正因为这样，她吸引了英国大众的想象力。虽然罗斯经营家庭的方式，秉持的是天主教徒坚贞的信心和自豪，但是她还具有社交敏锐度和能说善道的天赋，她经常聊起孩子们的事，大大满足了国际新闻对美国人、有钱人、有名望的人的好奇心。由于罗斯的关系，他们全家人一到英国，就被当成好莱坞明星、美国王室成员般对待。不过还有一点对罗斯很重要，那就是：以往出风头的都是乔，这次终于也有她的份了。

说到面对镁光灯，肯尼迪家的孩子都已经有足够的训练与经验了。娱乐界的明星、社会名人、文学大师、新闻记者、商业上的领导者等，都是他们家的常客。大一点的孩子也都有丰富的出国经验，因此适应新的文化与社会，帮忙分担社交责任，对他们来说，一点儿也不困难。乔初次担任公职时，孩子们完全没什么特别的感觉，长期以来，他们的故事便偶尔会出现在新闻报道上。这为他们即将前去英国和欧洲，面对紧迫盯人的关注，做了一番准备。罗斯也解释道，孩子们"早已习惯看到他们外公的照片出现在报纸上"，人们毫不避讳地公开讨论他们的外公、父亲，让他们早就对受到媒体关注的好处和坏处习以为常。

报道孩子的故事会增加报章杂志的销售量，特别是在大萧条期间,媒体总是喜欢报道正面的家庭故事,像是某个家庭不畏金融风暴对社会和家庭带来的威胁,努力想办法克服的事迹,听了多少可以激励人心。一九三四年,加拿大发生了一件医学奇迹,安大略省的迪昂(Dionne)家,在完全没有借助助孕药物的情况下,顺利生下了五胞胎,立刻成为媒体宠儿。五姐妹在幼年时期就被带离父母身边,改交由医生和护士抚养。她们住的房子经过特殊设计,好让观光客和记者可以随时观察她们的一举一动。她们的日常生活作息、游戏时间和教育过程,都是大家关心的话题。被经济不确定性搞得疲惫不堪的民众,仿佛在她们身上看见一线生机。成为观光重点的五姐妹,也为安大略省带来了近五千万美元的收入。

除此之外,好莱坞电影也在这种现象当中掺了一脚:秀兰·邓波儿(Shirley Temple)、米奇·鲁尼(Mickey Rooney)和朱迪·嘉兰(Judy Garland)等童星拍的电影,都让大家暂时抛开生活上的烦恼和绝望。这些可爱又天真无邪的童星,是电影票房的最大保障。

像是秀兰·邓波儿就拍了好几部电影,扮演的经常是虽然身为孤儿,却机智过人、乐观进取的小女孩,就连百万富翁也抵挡不住她的魅力。她捍卫弱势者,而且对迷失的大人"进行道德劝说"。这类电影与故事让大家把焦点从残酷的事实移开,暂时忘记现实生活中,有成千上万名因为贫困而被无力抚养的父母遗弃的孤儿。过去的孤儿院里收留的,是真的失去父母的孩子,但是现在,这些孩子把孤儿院塞爆了。每五个纽约市的孩子里面,就有一个营养不良。矿区孩子的景况更是不堪,十个孩子中,有九个得忍受饥饿。通过电影、杂志、新闻的营销手法,激起大人们对孩子的情感,进而愿意对社会上最弱势的这群孩子伸出援手,让大萧条对他们的冲击尽量小一点。肯尼迪家的孩子吃得好、穿得好,个个是万人迷,而且生活富足,让大家对充满希望与理想的家庭生活有了憧憬。

报纸急于报道肯尼迪家搬到伦敦的事。罗斯和乔决定不全家一起过去,而是分几个梯次前往。一九三八年二月二十三日,乔搭乘 USS 曼哈顿号出发了。他原本预定更早出门的,但是由于罗斯盲肠炎住院,乔为了陪她,延后了两个星期。家人朋友纷纷前来道别,新闻界的工作人员更将乔团团围住。他曾经是成功的证券交易所主席和海事委员会主席,但是身为爱尔兰裔天主教徒,竟然能当上大使,才真的教人不敢相信。过去,有资格担任这个职位的,非新教徒中的精英不可,也难怪他会在媒体中引起这么大的骚动。

三月,罗斯带着几个年纪较小的孩子,包括帕特、博比、琼和泰德,以及家里新请来的护士露埃拉·亨尼西(Luella Hennessey),还有新的家庭教师伊丽莎白·唐恩(Elizabeth Dunn),一起从纽约搭乘 USS 华盛顿号出发。家里原本的全职护士凯瑟琳·"琪可"·康柏伊(Kathryn "Kiko" Conboy)并没有一同前往,这让孩子们很失望。琪可在肯尼迪家工作了将近十八年,是罗斯的得力助手,孩子们也都很喜欢她、把她当成自家人看待,这位爱尔兰女士也对肯尼迪家的每个孩子疼爱有加。罗斯玛丽将会非常想念琪可,对她来说,琪可就像母亲的替身,一直都在她身边守护着。唐恩则是在之前就取代了艾丽斯·卡希尔的职位,所以适应上比较没有问题,特别对几个年纪小一点的孩子来说。罗斯坚持家里的厨师玛格丽特·安柏罗斯(Margaret Ambrose)也一同前往,这样大家想吃个"家常菜或是草莓蛋糕、波士顿派之类的美国甜点",才不会没有着落。小乔和杰克会等到春天稍晚,哈佛的课程结束后,才过去会合。

基克已经从康涅狄格州诺罗顿(Noroton)的圣心书院毕业,开始在纽约美术及应用艺术学院(New York School of Fine and Applied Art)修室内设计的课。乔和罗斯显然没有太担心她,或是家里四个最小的孩子会有学业中断的问题,都是立刻从学校转了出来。至于尤妮斯和罗斯玛丽,则会在四月,由艾迪和玛丽·摩尔陪同前往。十六岁的尤妮斯当时寄宿在诺罗顿圣心书院,四月出发的话,她便可以把二年级的课程完成。

罗斯玛丽的准备稍微复杂一些。四月十六日的《波士顿环球报》报道,罗斯玛丽住进了波士顿新英格兰浸信会医院(New England Baptist Hospital in Boston)。家里的人表示,那只是例行的健康检查,"她父亲在出发前往伦敦前,也到波士顿的莱西诊所(Lahey Clinic)做了健康检查,她只是跟随父亲,照着做而已。"医院告诉记者,罗斯玛丽的身体无恙,不过得留下来观察一个星期左右。但事实上,她在三月的第三个星期就已经住院了。"罗斯玛丽还在波士顿,"艾迪·摩尔三月二十三日写了一封信给乔,"所有报告的结果都很令人振奋。"艾迪告诉乔,迪尔波恩医生会再通知他罗斯玛丽的最新讯息,另外有个乔登医师(Jordan)则建议罗斯玛丽在浸信会医院"住个十天,减重三到四公斤。"四月六日,阿曼达·罗德抵达波士顿,并告诉人在纽约的艾迪·摩尔,罗斯玛丽"很好、很开心",她"前几天非常不舒服",另外"还"感冒了,但吃了药后已经好转。罗斯玛丽一直到四月十三日才离开医院,究竟她当时健康上有什么问题,无从得知,或许是即将搬到国外这件事,使得一些原本就存在的生理或心理问题加剧了。十天内减重"三到四公斤",听起来如果不是这次住院的主要目标,也是次要目标。

《波士顿环球报》报道说,罗斯玛丽是"纽约曼哈顿维尔圣心书院的毕业生,目前是纽约泰瑞镇(Tarrytown)马里蒙特女子修道院(Marymount Convent)的学生",但事实上,罗斯玛丽从来没有从曼哈顿维尔圣心书院毕业;至于马里蒙特女子修道院,恐怕也只是寄宿在那里而已,并没有修习过她们在纽约第五大道的大学课程。住在那边的修女曾经要求包场看最新的动画《白雪公主》,艾迪·摩尔很积极地照办了,他告诉乔,因为"她们对罗斯玛丽真的很好"。

离开医院后,罗斯玛丽直接到纽约,与摩尔夫妇会合,同住在查达姆饭店(Chatham Hotel),等到尤妮斯也到了,才在四月二十日一起搭乘 USS 曼哈顿号出发。适应新环境的过程对罗斯玛丽来说,肯定是辛苦而漫长的路。或许是这样,家里才刻意安排她在其他事都安定下来后才抵达。这么一来,罗斯、家里雇用的人员和大使馆的人员,才能够在罗斯玛丽抵达后,全心配合她的需求。

美国大使馆坐落在格罗斯夫诺广场(Grosvenor Square)的公主门十四号(14 Princess Gate),这栋房子是实业家约翰·摩根(J. P. Morgan)捐赠的。房子的地下室是厨房,一楼则是公共空间:有一间宽敞的长方形餐厅、一间可以用餐的接待室、两间较小的接待室,还有一间私人会议用的小书房。二楼和三楼共有八间给家人用的卧房,最上面的两层楼则是大使馆和家中雇员的住处。六岁的泰德兴奋地搭电梯上上下下,玩起"百货公司"的游戏,这让使馆人员伤透脑筋。报业大亨威廉·伦道夫·赫斯特(William Randolph Hearst)已经提供一些他收藏的画作来装饰墙面了,但是罗斯还是以"简单"来形容大使馆内的装饰。除了上面印有美国徽印的伦诺克斯(Lenox)瓷器餐具外,罗斯对这个新住所没有太多评论。孩子们来到伦敦后非常忙碌，除了上学，还要陪同父母出席一些公开场合，所幸有家庭教师和大使馆秘书们协助，罗斯还算应付得来。

百忙之中，最叫人措手不及的，是罗斯玛丽抵达伦敦的两个星期后，就得和基克一起去晋见英国国王和王后，这对于肯尼迪家来说，可是天大的事。对英国上流社会年轻的单身女孩来说，到宫廷去见英国国王和王后是"元媛季"（Debutante season）的高潮，那之后的几个星期，她们的行事历上会排满派对、舞会、宴会和运动活动。参加了元媛季，意味着承袭家族血统与社会地位的这些名门望族女孩，已经正式步出家门，进入社交圈。借着这个正式而公开的机会，希望这些适婚年龄的女孩，可以找到门当户对的伴侣。这种模式的婚姻，在巩固大英帝国和欧洲地区贵族间的政治和经济关系上，扮演着重要的角色。大家都很慎重地看待元媛季，还有接下来几个月的相关活动。

到宫廷晋见国王和王后这项传统，可以回溯到数百年前，而且只有家里最富有、最具政治权力的女孩才有资格，即使是已婚的女性也渴望获得这样的机会，因为这项荣誉终身受用，可以一辈子参加王室举办的各项活动。这正是罗斯想要的：不管是在国内还是国外，她和女儿们都能拥有崇高的社会地位。不过，女儿有机会嫁给英国贵族的后裔，听起来固然不错，但这些人几乎都是新教徒，不管是天主教徒或是新教徒，都不赞成两种信仰的人通婚。这一点，罗斯也一样无法妥协。所以说，社会地位才是她让女儿在宫廷里正式出阁的目的，并不是要帮她们找丈夫。

但是正式出阁后，代表罗斯玛丽即将成为镁光灯下的人物，那种压力可想而知。家人和摩尔夫妇都很担心，她会不会说了什么不合宜的话,暴露出她智能不足。英国的贵族社会,向来不愿意将家中成员有智能不足或精神疾病的事公之于世,一般会将这些成员藏在疗养院、精神病院、乡下,或是英国小说家最喜欢的地点——阁楼里。

要让智能不足的罗斯玛丽在白金汉宫的元媛季公开露脸,晋见王室成员,可说是非常冒险的举动;特别是当时的人普遍对智能不足的未婚女性存有偏见,认为她们会将"缺陷"传给下一代。乔和罗斯已经下定决心要守住这个秘密,绝对要让罗斯玛丽在宫廷露脸时,被当成一般女生看待。

宫廷的正式介绍"非常隆重盛大,有许多繁文缛节",罗斯多年后写道。大部分的女孩子都花了好几个月,和家人一起筹划这件事。但是肯尼迪家的两个女孩子抵达英国的时间已经晚了,根本没有多少时间做准备。罗斯私底下曾经抱怨过这样的活动,再加上相关的派对、舞会、聚会等,真的很麻烦,而且挑在春天举行这些活动,害得她不能趁着春光明媚出游。在美国,大部分的交际活动都会选在长夜漫漫,又没有太多其他事可以做的秋天或冬天举行,这段时间,大家通常不常会安排出游。为什么要把"风光明媚,适宜出游"的大好春天拿来举办这些活动,罗斯百思不得其解。后来她才得知,在英国,秋天和冬天的社交活动主要是打猎,所以元媛出场的时间就只能排在春天了。

之前曾经晋见王室的年轻女孩们,也会被邀请来协助准备工作。她们的母亲,称号通常是某某英国女人,或是外交官夫人、军官夫人,她们会指导新进元媛的母亲,告知大家各项必须严格遵行的礼仪、程序和规定。大家的穿着打扮也有严格的规定:礼服的设计多遵循宫廷保守的样式，而不追随流行趋势；拖地的纱裙和长手套都是必备的；头饰也有必须注意的细节。进场的女孩们彼此必须保持一定的距离，所以大家必须穿着固定长度的纱拖裙，才不会被踩到而绊倒。女孩们会两个两个向前去晋见国王和王后；大家花上几个月练习屈膝礼，目的就是"不希望一个女孩起身时，另外一个女孩是弯下身的"。

罗斯一直是巴黎时尚的拥护者，她原本想要从伦敦前往巴黎，去帮基克和罗斯玛丽挑礼服的。但是有人提醒她，最好挑选英国设计师的作品，因为英国设计师才会知道"出席宫廷应该穿什么样的礼服、纱裙的长度要多长"等等。这件事让罗斯很不满，她长期以来帮自己和女儿们买的衣服，都是最新潮、最高档的。但罗斯即使不满，也不敢不把英国的标准放在眼里，于是她稍做妥协，帮自己和罗斯玛丽买了爱德华·莫里纳克斯（Edward H. Molyneux）设计的礼服。这位设计师几十年前在巴黎开了一家名气响亮的时装店，但好歹是英国出生的。一九三〇年代早期，他也在伦敦开了一家规模较小的分店，来服务英国的顾客。不过，罗斯的礼服是到巴黎挑的。虽然不合时宜，但是罗斯还是帮基克选了一件法国设计师吕西安·勒隆（Lucien Lelong）设计的礼服。

照惯例，如果父母有能力，住在美国的女孩子也可以到英国参加元媛季，不但如此，住在英国和欧洲的美国女孩也都有晋见的机会。因为这样，一些喜欢追求社会地位的美国公民，有时会对美国大使施压，希望让自己的女儿出席宫廷里的晋见仪式。

或许乔是要报复那些当初歧视他爱尔兰天主教背景的人，因此决定，只有当时的驻英使节妻子或女儿可以出席元媛季。这个决定引起大肆抨击，但是尽管负面舆论不断，乔却因为有罗斯福总统加持，拒绝改变这项决定。在他担任大使的前一年，有二十位美国女生参加了晋见仪式，而当年则只有七位，其中罗斯、罗斯玛丽和基克就占了三位。

罗斯说，那天晚上，她觉得自己就像"灰姑娘"一样，身上穿着以银线刺绣的莫里纳克斯礼服，衬着薄纱裙尾，还有"用珠宝加以点缀"的白色长手套。莫里纳克斯特别派了一位裁缝师来协助罗斯穿礼服，她选定好"最适当的角度"，在罗斯的头上别了三根白色羽毛，另外罗斯也为了这次活动买了个冠饰，上头镶满了珠宝，戴上它后，才完成了最后的打扮。罗斯事后写着："我进到丈夫的房间，让他看看我这一身打扮……他的蓝色眼珠瞬间亮了起来，接着他带着微笑，以最迷人的模样对我说：'你真是让人神魂颠倒。'这是我想象得到的最佳赞美了。"

罗斯玛丽穿着"一袭缎造礼服，披在外头的白纱上，有银色珠片点缀，看起来格外灿烂"，而且她还是所有元媛中，最受美国和英国报纸青睐的。凯瑟琳穿着法国设计师设计的白色绸缎礼服，罩着"有白色和银色玫瑰花饰"的薄纱，以及同款刺绣的纱尾裙。尤妮斯来年也参加了元媛季，她回忆起这件事时曾说："我这辈子从来没有这么开心、兴奋过。"罗斯玛丽和基克也有同感。未婚的女孩手上会拿"维多利亚式的花束"，像罗斯一样的已婚女性则是拿鸵鸟羽毛做的扇子。

大家先在大使馆一楼集合拍照，接着，肯尼迪大使便带着他的妻子和女儿，坐上在门口等候多时的礼车。车队经过聚集在白金汉宫周围观赏的群众后，肯尼迪一家人在外交人员入口处下了车，走上红毯，经由"专门为外交人员安排的入场路线"，穿过华丽的走廊，进入宫殿。九点半整，在国歌的奏乐中，英国国王乔治六世和王后伊丽莎白进入了大厅，并坐上了他们的宝座。王后头上戴着镶有光之山钻石（Koh-i-Noor）的王冠，这颗钻石重达一百〇五克拉，是一个世纪前在印度得到的战利品。乔治六世国王去年才获加冕，他穿的是深红色的陆军元帅制服。与会的元媛已经两两成对地排排站好，并以流畅的步伐走到王室伉俪面前。大厅的装饰以金、银、白三个色系为主，从天花板上垂下的巨型水晶吊灯闪闪发亮，与佳丽们身上佩戴的冠饰、项链、耳环、手环等，相映生辉。

罗斯玛丽的美惊为天人，更甚于妹妹基克。练习了几个星期的"圣詹姆斯式行礼"（Saint James bow）、微笑、握手和交际舞，结果只差那么一点点，就一切圆满了。在罗斯玛丽来到王室伉俪面前时，竟然差一点跌倒，把大家都吓坏了。还好，她立刻站稳了，没有真的跌倒在地，毁掉自己的名声。行完礼后，罗斯玛丽跟着妹妹基克进入了舞会大厅。所幸，她没有像其他人一样，把刚才差点跌倒的事太放在心上。这个晚上对罗斯玛丽来说，是成功的。她的舞姿优雅，说话得体，看不出和其他元媛有什么不一样。根据一些八卦专栏的报道，罗斯玛丽和基克当天晚上的舞伴，包括"普鲁士王子弗烈德瑞克（Prince Frederick of Prussia）、奇切斯特伯爵（Earl of Chichester）、克雷文伯爵（Earl of Craven）、邓坎农子爵（Viscount Duncannon）、纽波特子爵（Viscount Newport）、弗洛罗男爵（Baron von Florow）"。

多年来的训练和严谨的管教，让罗斯玛丽可以不露破绽地掩饰她智能上的不足，完全没有人看出她真正的模样。大家都以为，这位年纪稍大的姐姐虽然比较漂亮,但是个性害羞,所以没有妹妹来得大方。而之后在英国的报道上,最受瞩目的,正是穿着莫里纳克斯礼服的罗斯玛丽。罗斯对这件事稍有怨言,她认为英国报纸故意排挤凯瑟琳,因为凯瑟琳的礼服是法国设计师的作品,英国人出于偏见因而报道有所偏颇。

不过,她也不否认,大女儿的美貌确实足以让各大报纸杂志争相报道。《纽约时报》的报道则显得有些不怀好意,"有人注意到,肯尼迪太太竟然和她的女儿一样,穿着白色的礼服,在传统上,元媛们才能穿这个颜色的礼服。"她的丈夫失礼的程度,完全不逊于她。乔不愿意配合穿着传统的英国短裤,而是穿了"一般的全套式礼服"。

罗斯还计划在六月的时候举办一场派对,让女孩们一起亮相。她以娴熟的手法准备了一场八十人的晚宴,还有一场一百多人的招待会,来庆祝两个女孩进入社交圈的时候已经来到。大使馆的宴客厅闪耀着黄色灯光,桌上的银色烛台用了玫瑰和甜豌豆环绕装饰,客人们纷纷在指定席上坐了下来。凯瑟琳和罗斯玛丽的"礼服依旧是纯白色的,只有项链上的珍珠稍微带了点不同的颜色"。这对风姿绰约的姐妹,便在"粉红色和淡紫色花朵"装饰的大使馆舞厅上,婆娑起舞。这次活动被评为是伦敦该年"最棒的元媛舞会"。

罗斯玛丽除了随着年纪越大越具姿色,体态也越显丰满而性感(这并不是她的父母所乐见的),这让她的吸引力大增,当然也包括对男人的吸引力。平常可以把她藏在修道院里的学校,但是出了学校,就得靠罗斯、乔和其他兄弟姐妹帮忙监控了。罗斯玛丽现在动不动就和人调情,一点儿也不害臊。七月,名媛季的活动结束后,凯瑟琳曾经在日记里这么写:她和罗斯玛丽,还有另外两个女孩"在看完电影后,和六七个海军学校的学生出去"。他们在餐厅里唱歌,结账时,发现老板知道她们是大使的女儿,所以给他们打了对折。但是在接下来的一年,凯瑟琳再也没有在日记里提到罗斯玛丽。凯瑟琳的追求者不少,经常有年轻的军人、贵族的后裔等,邀她去参加派对或郊游,基克当然向往多彩多姿的社交生活。或许因为这样,让她厌倦起承担陪伴照顾罗斯玛丽的责任。

整个春天和秋天,大使馆不断收到寄给罗斯玛丽和基克的邀请函,渐渐地,罗斯玛丽出门时,改由其他家人、摩尔夫妇或是家里雇用的人陪伴。相反的,基克则是逐渐尝到自由的滋味。事实上,十八岁的基克很快便成了英国社交圈的新宠儿。她与英国贵族和政客之间交际频繁,很快就结交了许多朋友。现在的基克有时整晚在俱乐部跳舞,有时到政商名流乡下的别墅过周末,生活自由自在。这一点让罗斯玛丽颇为恼怒,因为她没办法享有同样的权利。

六月底,元媛季差不多要结束了,罗斯的父母乔茜和甜心菲茨在七月四日抵达伦敦拜访,并在那边待了将近三个星期。他们参观了历史景点,也参加了各种社交和运动活动,还会见了不少政治界的大人物,包括英国首相内维尔·张伯伦(Neville Chamberlain)和玛丽王太后。他们一离开,罗斯便带着孩子们前往法国南部度假,直到九月底,学校开学前才回到伦敦。

乔在戛纳附近的昂蒂布(Cap d'Antibes)帮全家人租了一栋别墅。罗斯见到别墅肮脏的游泳池时,非常不开心。于是,乔立刻在附近的旅馆帮大家订了一座小屋,让家人可以到那游泳、打网球等,从事各种户外活动。护士和家庭教师随后也过来会合,好让罗斯有自己的时间可以到巴黎等其他地方逛逛,乔偶尔也会陪着她一起去。当时,电影明星玛琳·黛德丽(Marlene Dietrich)和一些来自美国和欧洲的明星、显要,也都在当地度假,这让肯尼迪家的女孩们开心极了。罗斯依旧严格控制孩子们的体重,即使是度假期间,也一点儿不放松。"一讲到体重就让人想要发脾气……杰克愈来愈胖、小乔愈来愈瘦、帕特起伏不定,罗斯玛丽(体重增加了八磅)、凯瑟琳,还有尤妮斯都得想办法减肥。"

罗斯玛丽一有空,就和黛德丽的女儿玛丽亚腻在一起。十三岁的玛丽亚是独生女,她十分向往像肯尼迪家这样,有一大群兄弟姐妹做伴的大家庭,而不是只有她和四处搬家的母亲。玛琳的风流韵事众所皆知,玛丽亚也很清楚母亲长期以来的情事,没多久后,她也发现乔·肯尼迪来她家小屋的次数愈来愈频繁了。"这位驻英大使有点吊儿郎当的,"玛丽亚后来写道,"有个这么包容他的太太,还为他生了那么多孩子,我认为他的行为有点太轻浮了。"但是她实在太喜欢肯尼迪家的孩子了,甚至说过:"如果可以让我成为肯尼迪家的小孩,就算要我少一条手臂或一只脚,我都愿意。"玛丽亚注意到,基克"才是家中真正的大姐"、十七岁的尤妮斯"是个很聪明的人,但非常固执己见,千万别招惹她"、小乔"是个很帅气的足球员,有着爱尔兰人的笑容和善良的眼睛",杰克则"充满魅力",是每个女孩的"梦中情人",也是她"爱慕的对象"。虽然帕特"个性活泼",年纪也和她最相近,但是玛丽亚最要好的,却是二十岁的罗斯玛丽。罗斯玛丽"在这群生气勃勃、机智聪明的孩子中,样样不如人,却是我最好的朋友,"玛丽亚开心地回忆,"或许我们两个和其他人都有些格格不入,所以在一起时,反而觉得很自在。"

玛丽亚原本有点担心,罗斯会因为她母亲和乔之间关系暧昧,而不让她参与肯尼迪家中的活动。没想到，在发生了这么厚颜无耻的事后，罗斯依旧对她热情款待，仿佛什么事都没发生。不过，玛丽亚最后还是因为自己的母亲和大使发生婚外情而感到羞愧，停止和肯尼迪家的孩子来往。她也怀疑，就像她对母亲不知去向已经习以为常一样，肯尼迪家的孩子"对于他们的父亲也是如此"。

一九三八年的夏天结束前，尤妮斯、帕特、博比和罗斯玛丽，在摩尔夫妇和家庭教师伊丽莎白·唐恩的陪伴下，还去了趟苏格兰和爱尔兰。玛丽亚·黛德丽也加入了他们的行列，重拾她和罗斯玛丽间的情谊，虽然她们的年龄有不小的差距。尤妮斯向父母亲回报说，她们几个女孩子因为大使女儿的身份，获得了"许多关注"，有好几个人要求要跟他们说话和拍照。

因为孩子有人照顾，乔也因为前去巴黎处理一些外交事务，所以罗斯便单独留在夏纳。但是九月中，他要罗斯尽快回伦敦。"乔在前一晚的电话上说，伦敦发了一些让人十分不安的事，要我隔天早上就回去。"罗斯在九月十三日的日记中这么写。

大使馆长时间没有女主人，确实为乔的事业带来了危机。照理说，新到任的大使馆应该要有频繁的正式茶会、外交午宴、晚宴，还有各种私人社交集会等，而罗斯则是要负责张罗这些活动的女主人。但是罗斯一到伦敦，就忙着安排自己和孩子们的事，接着又要打理罗斯玛丽和基克谒见国王王后，以及元媛会的事。"我得在没有任何外交单位的协助下，先把小孩安顿好。"她后来在自传中这么表示。但是，接下来就到法国度假将近两个月，这恐怕不是面对战争即将开打的英国人可以接受的。罗斯心目中的大使馆夫人角色，显然和乔的期许有一段落差。

　　然而,将孩子在学校安顿好,依旧是罗斯回到伦敦后优先处理的事。天主教学校当然是最好的选择。一开始,罗斯将罗斯玛丽送到了伦敦自治区旺兹沃思(Wandsworth)的圣心书院,距离大使馆大约六英里。圣心书院女子进修学校主要招收十七岁以上、"即将步入成年"、"得开始对自己的人生负责,具有自主权,必须适应自己在家庭与社会中的新身份"的女子。泰德和博比念的,则是位于伦敦的吉布斯预备学校(Gibbs Preparatory School)。年纪小一点的女孩,包括帕特、琼和尤妮斯,则是念附近的罗汉普顿(Roehampton)圣心书院。罗斯原本打算让基克在伦敦念大学,但是做了一些研究后,发现英国女生念大学的情形不如美国来得普遍,于是作罢。或许是受到基克的怂恿,罗斯最后把她留在身边,帮忙"分担一些女主人的工作"。现在,孩子中只有基克、年纪最小的两个男孩,还有罗斯玛丽住在大使馆里,不过一到了周末,大家几乎都会回到大使馆,参与父母的文化、政治与社交生活。

　　罗斯玛丽就读的圣心进修学院,课程还挺难的。许多外交人员和外商领导人,都选择把女儿送到这所学校,所以学校里有来自欧洲、亚洲和美洲各地的学生。学校除了提供高中毕业后的进阶文学、外语、历史和艺术课程,也提供家政、社交和职技方面的训练,像是裁缝、烹饪、打字、速写、朗诵、歌唱和舞蹈等。罗斯玛丽的程度根本不足以参与这些课程,更别说和大家竞争了。罗斯只好请了一名助理来协助她。

　　但是没过多久,罗斯玛丽就转到另一所教会学校了。这一次是位于肯辛顿广场(Kensington Square)的圣母升天学院(Assumption School),从大使馆穿过海德公园就到了。

负责管理小学到高中等多个部门的，是院长尤金妮·伊莎贝尔（Eugenie Isabel）修女，她立刻就对罗斯玛丽的特殊状况充满了同情。到了一九三九年春天，罗斯玛丽已经有"很明显的进步，"伊莎贝尔修女这么告诉罗斯和乔，"罗斯玛丽最近有很大的转变。"因此，罗斯和乔并没有急着再帮她转学。比起罗斯玛丽的情况，七岁的泰德在学校里调皮捣蛋，反而更让修女们伤脑筋。

希特勒在欧洲的侵略行动愈发积极，但是乔依旧坚持美国将维持中立。他不认为追随英国和欧洲等国家卷入这场和德国的战争，可以为美国带来任何好处。面对势力庞大的德国军队，英国备感无助。一九三八年十一月，乔建议美国拒发签证给受纳粹逼迫的犹太人。英国曾经和美国商量过，看是不是可以"把六万人次的英国移民签证名额让给"这些德国犹太人，但是肯尼迪不但没有和美国政府商量，反而要求英国开放自己的殖民地来安置他们，就这样，他的孤立主义玷污了他在英国的名声。英国当时已经开始在为这场无法避免的战争做准备，但是肯尼迪确信，英国和法国绝对打不过德国，为了避免这场战争，拿他们在世界各地的殖民地来和日本、德国和意大利谈判，恐怕势在必行，随之而来的，将是"大英帝国瓦解"，肯尼迪这么解释。部分华盛顿的官员认为，肯尼迪的说法对希特勒太过通融了。一九三八年十一月底，罗斯福总统找乔回华盛顿，跟大家解释他对欧洲局势的看法。但是到了这个时候，罗斯福其实已经不怎么在意肯尼迪的看法了，两个人只有短暂会面而已。备受打击的乔于是和在哈佛念书的杰克一起到棕榈滩，在那里度了六个星期的假。罗斯则和其他孩子在瑞士的圣莫里茨（Saint Moritz）过圣诞节。罗斯玛丽和她的兄弟姐妹一起在那边滑雪、溜冰和滑雪橇。

"所有东西都好美……我多希望可以在这里住一个月",罗斯玛丽在信中这么告诉乔。另外,她也被迫再度节食,所以只能坐在"节食餐桌"吃她的减肥餐。她希望可以从乔那里获得一点支持,在信中提到:"我不想要变(胖)。我会。给你惊喜。"她以一贯涂鸦般的字体写道。她再三跟乔保证,会试着不让妈妈担心。

过完年,孩子们都回学校去了。这时,圣母升天书院开始采用意大利医生玛丽亚·蒙特梭利(Maria Montessori)研究出来的教育方式。罗斯玛丽告诉父母,她忙着在做一本"要给蒙特梭利医生的相簿,她三月要来",而且她认为那"真的是很辛苦的一件事"。她那时候上了演说课,同时也在考虑这学期结束后,下学期要修哪些课。她还修了一个"文凭",希望拿到这个文凭后,有机会成为合格的幼儿园老师。和罗斯玛丽一样,整个学校都为了蒙特梭利医生即将来访,感到兴奋不已。

学校采用的蒙特梭利教学计划,似乎很适合罗斯玛丽。这种教学方法强调动手做和个人化的学习,以及混龄的教育环境。不同智能程度的孩子可以一起上课,在开放的教室里,按个人的学习速度去学习。蒙特梭利的教学方法很快便风靡了整个欧洲,之后还流传到美国去。虽然公立学校也喜欢她的想法,但是采用这种教学方式的,大部分还是私立学校。伊莎贝尔修女亲自接受过蒙特梭利医生的训练,并成为创新且积极的支持者。

出生在一八七〇年的玛丽亚·蒙特梭利是个早熟的孩子,她的父母都受过良好的教育,并对头脑聪明的她鼓励有加。她在一八九六年取得医学学士学位,成了意大利最早的女医师之一。在医学院的训练过程中,她曾经前去罗马的贫民窟和孤儿院,在那里,她亲眼看见贫穷带来的影响，见到了最弱势、没办法接受教育的孩子们，特别是那些有身心障碍的孩童，特别让她感到心疼。他们有些智能有问题，有些则是情绪上有问题，他们这一生注定要在空荡荡、毫无生机的房间里度过。于是，她在贫民窟里开了一家托育中心，取名为宝贝之家（Casa dei Bambini），在当中，她发展出了儿童发展与学习的理论。蒙特梭利要求老师和照顾者，在跟孩子说话的时候，要带着尊敬和关怀，要记得，这些孩子虽然有各种程度的障碍或疾病、被忽略、贫穷，但他们还是有天生的求知欲望。

蒙特梭利相信，只要给这些孩子安全、鼓励他们尝试的环境（而不是一板一眼的教室），提供他们各种学习器材和道具，再加上一位温柔而善解人意的老师，就可以让他们变得想要学习。她也发现，在这样的环境中，年纪大的孩子会倾向于照顾年纪小的孩子，这一点可以促进孩子们间彼此学习、互相合作。蒙特梭利强调教授孩子们实用的技能，像是烹饪、木工、持家之道等，并将这些技能融入传统的文学、科学和数学教育中。出乎她意料的，这样做似乎对青少年最有帮助；他们变得更有自信，也不再对传统教育的目标那么抗拒。借着这个方法，不管是什么年纪、什么样资质的孩子，都可以尽情发挥自己的潜力。

一九一五年，也就是罗斯玛丽出生前几年，蒙特梭利首度传到美国，但真正被广为接受是好多年后的事了。要是罗斯玛丽在年纪还小的时候，就接触到这样的教育方式，也许会对她有很大的帮助，但事实就是这样，她一直到了伦敦，才接触到这套教育方式。学校里的修女们认为，蒙特梭利对善与恶的看法，很符合天主教的教义。她们认为："分辨善与恶，是孩子们必须具备的首要能力，有了这样的能力，他们才会愿意守纪律；教育者必须让孩子明白，安静不代表好，好动也不就代表坏，但是传统的规矩标准经常是这么定义的。"

罗斯玛丽在一九三九年获得"玛丽亚的孩子"证书，她很希望父母会为她的这项成就感到开心。罗斯玛丽知道这项成就对母亲别具意义，因为三十年前，她也曾经在荷兰布卢门撒尔的圣心书院，获得同样的头衔。她再三跟父亲保证，她很认真地在减肥。"伊丽莎白·雅顿的节食计划真的很好，我晚餐只吃色拉和蛋、一天只吃一次肉，有时候是鱼，然后吃菠菜和喝汤，现在已经瘦了五到七磅。等着瞧吧，杰克看到我时，一定会觉得我变瘦了。"虽然家里对体重和课业的要求为她带来压力，但是有老师的个别指导、不断地加强、反复地练习，再加上情感上的支持，罗斯玛丽的学习成果非常显著，这里的教学模式，比起她之前念过的任何学校都更适合她。

二月初，梵蒂冈的教宗庇护十一世去世。当时的梵蒂冈书记，红衣主教尤金尼奥·帕切利（Eugenio Pacelli）获选为继承者。帕切利在一九三六年的十一月，曾经和乔·肯尼迪会面。在那之前，乔也成功安排了帕切利和罗斯福总统一起讨论，如何重修美国与梵蒂冈间交恶多时的外交关系。十一月，罗斯福以压倒性的胜利连任总统，就在他当选的两天后，帕切利应邀到罗斯福于纽约海德公园内的宅第——斯普林伍德（Springwood）庄园，接受他款待的私人午宴。这项成功的安排，让乔·肯尼迪获得了帕切利的信任。在帕切利回梵蒂冈之前，肯尼迪还邀他到布朗克斯维尔的家中做客，这件事让乔和罗斯非常得意。现在，他成了新的教宗，乔于是向罗斯福总统请益，希望可以代表参加加冕典礼。

加冕典礼在圣彼得大教堂的露台上举行，底下的圣彼得广场上，有成千上万的观众观礼。这是首度有摄影，并且在广播上直播的加冕典礼，无数名来自世界各地的虔诚天主教徒，一起分享了这个神圣而喜悦的时刻。肯尼迪家的女孩们穿着保守的衣服和黑色面纱，男孩们穿着西装、打领带。父母兴奋的态度，除了让他们非常期待这场典礼，也感到与有荣焉。

这一天，肯定是罗斯生命中最重要的一天。只不过，当肯尼迪一家人与各国政要同坐上露台时，相关人员一时间错愕不已，因为梵蒂冈原本只安排了乔和罗斯的位子，并没有说过要留位子给他们的孩子、摩尔夫妇、露埃拉·亨尼西和伊丽莎白·唐恩。

或许是乔没注意到这件事应该先征询同意的，也或许是他根本没有打算询问，因为这么庞大的阵容被拒绝的机会肯定很高。不管原因如何，总之，他是带了一家子前去了。

意大利法西斯独裁统治者贝尼托·墨索里尼的女婿，同时也是意大利外交部长加莱阿佐·齐亚诺（Gian Galeazzo Ciano）也前往观礼，他抵达时发现，他的座位上竟然坐着一名肯尼迪家的孩子。齐亚诺大肆批评后，立刻调头走人，不参加这场典礼，这进而造成梵蒂冈和墨索里尼间出现嫌隙。梵蒂冈很快重新安排座位，典礼也顺利完成了。肯尼迪家的孩子们在这场盛事中出尽了风头。隔天，他们参加了一场新教宗的私人演说活动，还获赠教宗特别祝福过的念珠。两天后，七岁的小泰德在教宗的私人礼拜堂，领了他的第一次圣餐，伊莎贝尔修女也精心安排，让泰德成为第一位直接从教宗手上领取圣体的美国人。这对肯尼迪一家人来说，真是非比寻常的一刻。

那年夏天，肯尼迪的家人依旧去了法国的里维埃拉度假，这一次住的是夏纳附近的蓝郡庄园（Domaine de Ranguin）。一如往昔，依旧是明星和政要聚集的地方，玛琳·黛德丽也在其中。几个星期的时间里，大家不停地开派对、聚餐、跳舞和游泳。两件式的泳装虽然在西班牙被禁止了，但是在其他地方却大行其道。乔大饱眼福，但是罗斯却无法认同这种"小胸罩""中空"，搭配短到不行的"裤子"的穿着，当然也不准女儿们穿这"戏服般"的东西，只能穿着她从纽约买的一件式传统泳装。

在欢乐气氛的笼罩下，逐渐威胁欧洲大陆的战争危机，也仿佛与他们无关了。德国侵略性越来越强，野心也越来越大。但是乔依旧主张耐心等待的姑息政策，他也发现，越来越多人倾向阻止德国的侵略行动，这使得他几乎完全被孤立了。一九三九年的九月三日，法国和英国终于对德国宣战。肯尼迪认为把孩子们送回美国比较安全，于是基克、博比和尤妮斯在九月十四日搭船回华盛顿；为了分散风险，他们夫妻俩认为大家最好不要一同出发，免得遇上意外，全数遭殃。大西洋上不断有德国潜水艇出没，已经有好几艘英国船只被击沉了，所以他们的顾虑也不是没有道理。四天后，小乔搭RMS毛里塔尼亚号（Mauretania）前往哈佛，杰克则在隔天飞往纽约。再晚一天，泰德、帕特，还有琼，则和家庭护士露埃拉·亨尼西搭曼哈顿号离开。

他们决定，先把罗斯玛丽暂时安置在圣母升天学院。学校在夏天稍早，就把学生送到贝尔蒙校区（Belmont House）。这个校区位于赫特福德郡（Hertfordshire）的波克穆尔（Boxmoor），距离伦敦西北边三十英里，隶属于一个占地广大的天主教庄园，照理说不会遭受德军空袭。或许是少了来自家里的压力，又不用费心于大使馆的生活和外界的舆论，罗斯玛丽在那边开心极了。肯尼迪夫妇雇用了一位叫多萝西·吉布斯（Dorothy Gibbs）的年轻女孩来陪伴她。九月十三日，大家为罗斯玛丽举行了生日茶会。多萝西提到："罗斯玛丽在她的生日茶会上向贝尔蒙致意，说这是她待过'最好棒'的地方了，说完后，每个人都热烈鼓掌，罗斯玛丽看起来是那么的迷人。"在贝尔蒙校区，罗斯玛丽身旁一定有一个老师或助理陪伴，有时甚至有两个。她每个星期往返贝尔蒙和大使馆间，周末时大多待在大使馆，这时候，她只能任人摆布，配合参与众多社交活动，过肯尼迪家典型的忙碌生活，这为罗斯玛丽带来了无比的压力。

多萝西·吉布斯总是在她左右，陪伴她学习、协助她的社交活动，有校外活动时，也一定随侍在侧。在受到庇护的环境里，每天过着充实的生活，让罗斯玛丽心满意足，十分开心。但是她偶尔也会发脾气，有时候是对新朋友、修女或老师，有时甚至是对年纪比她小的学生。学校修女在写给乔和罗斯的信中表示，她们很清楚罗斯玛丽有能力不足的地方，但是自从到贝尔蒙后，二十岁的她不论是在学习还是态度上都"进步很多"。不过修女们也提到，她们得经常提醒罗斯玛丽，不要对其他学生那么"凶"。

乔确保学校里有电话可以用，在战争期间，这是身为大使的他可以立即提供的福利。这么一来，他可以比较安心，对住在学校的修女和其他学生们也是如此。除此之外，他还给了学校不少好处，包括私人的交通系统和消防系统，以便"应付燃烧弹"。

摩尔夫妇也还留在伦敦，他们偶尔会去看看罗斯玛丽，陪她度个周末，带她出去走走，就像他们一直以来所做的。周末时，乔有时也会住到沃尔会馆（Wall Hall）。这栋建筑同样位于赫特福德郡，是约翰·摩根借给美国政府,让美国大使偶尔可以远离城市喧嚣,喘口气的地方。乔半开玩笑地告诉罗斯玛丽,"现在只有你可以跟我做伴了",因为其他人都已经回美国了。他也告诉罗斯玛丽,因为他周末住的地方离学校很近,如果她想要的话,可以邀她学校的朋友过来看看电影。"这让她开心得不得了。"他写信给人在纽约的罗斯时这么说。乔还多聘了一个人来照顾女儿,让多萝西每个星期都能够休假。罗斯玛丽显然很喜欢和父亲独处的时光,他们会到附近逛逛、买买东西等。

其他人对罗斯玛丽这样的安排大概也很满意。尤妮斯后来表示,她父母不是唯一顾虑罗斯玛丽的人。"没有人可以照顾罗斯玛丽一辈子,她都已经是个大人了。"尤妮斯事后这么说道。她和兄弟姐妹们也都担心"妈妈忙于公事,无暇看着罗斯玛丽时,她会不会不小心做了什么危险的事。她会不会上错公交车,然后在错综复杂的伦敦街道中迷路呢?会不会有人侵害她?家庭教师不在身边时,她有能力保护自己吗?"就连七岁大的泰德,都看得出罗斯玛丽的智力有问题,说她"头脑空空"。他曾经在信上告诉母亲:"虽然我比罗斯玛丽小十四岁,但是我会照顾她的。"

罗斯玛丽在贝尔蒙住了几个星期后,乔写信给玛丽·摩尔,信上说:"我从来没在她的生命看到这么大的转变。"乔感觉像是松了一口气,他告诉罗斯:"再明白不过了,现在的生活方式非常适合罗斯玛丽。"终于,他们找到了一个适合她的地方了。

多萝西·吉布斯也认为未来值得期待。"亲爱的天父,"她在祷告里说,"希望有一天,罗斯玛丽可以得到完全的医治,让她的家人因而感到喜乐。"原本只是战争期间,为了让罗斯玛丽可以避开空袭

警报、逃难演习的暂时居所，没想到却成为一份祝福。贝尔蒙校区
幅员广大，有着美丽的田园风光，修女们和多萝西·吉布斯，都乐于
为罗斯玛丽付出满满的爱，再配合上蒙特梭利的教育方式，罗斯玛
丽一天比一天更开朗、更快乐。

　　充满热情又愿意创新的伊莎贝尔修女，手上仿佛握了一把"通
往学习的钥匙"。她相信蒙特梭利的方法可以建立一种自信："这种
自信不会因为错误的竞争方式而折损，学生不会嫉妒，也不会有自
卑感。"撤离伦敦后，这所学校现在变成了完全寄宿学校，伊莎贝尔
修女必须付出的心力也更多了。与她共事的人都很清楚她无私奉
献的精神，她拥有一种温暖却坚定的风范，可以抚平所有孩子在这
段混乱时期内可能遭受的难处，而不是仅仅安抚罗斯玛丽。"罗斯
玛丽在这边，协助伊莎贝尔修女一起指导学校里年幼的孩子，过得
十分惬意，一点儿也不觉得寂寞，她的气色也从来没有这么好过。
大家在信中说她真是太幸运了，可以待在这么好的地方，她听了好
开心（还说要大家继续这样写），"乔在十月时写给罗斯的信上这么
提到，"她很喜欢在这里当老大，从来没有造成麻烦或压力……我在
想，是不是该让她就待在这里，我们可以经常来看她，我想其他人也
会愿意这么做。我考虑了好久，愈来愈确定这就是我们长期以来在
找的答案。"但是，接下来这句话就显得冷酷无情："硬是把她留在家
里，不管对她，或对其他家人来说，都没有好处。"

　　乔还发现另外一件需要注意的事。当时，往来美国和英国间的
每一封信，都会交由信件检查员检查。乔很担心罗斯玛丽孩子般的
字迹和内容会给人发现，让家庭蒙羞。为了避免不必要的流言蜚
语，他决定用受到法律保护的美国外交公文袋，来装罗斯玛丽写的

信。"我觉得没有必要让她写的信成为大家的话柄,"他这么写道,"我这么做没什么大不了。"

圣诞节时,他们做了第一次试验,看看和家人分开来,是不是真的对罗斯玛丽比较好。乔获准回美国拜见总统和其他政府官员。离开英国前,他写了一封信给罗斯,解释为什么罗斯玛丽应该留在英国:

> 关于这个圣诞节,我认为不管怎样,都应该让罗斯玛丽留在这里。首先,一旦回去美国后,她就没有机会回来了,因为现在根本申请不到护照。她在这里远比在美国开心,带她回去不但对她没有好处,反而可能害了她。昨天,她又有一位朋友过来和她度周末。这些女孩都很善良,她们和罗斯玛丽在一起时,不会有谁比谁聪明的问题。现在的罗斯玛丽只要做自己,就被认为是很棒的事了,这让她愈来愈有自信。没有其他孩子陪伴的时候,她也很好。她和玛丽·摩尔在一起时非常开心,相处融洽……总之,我认为一切都很顺利……祈祷我不在的这段时间,一切能平安无事吧!

"她需要的是平静而规律的生活,"伊莎贝尔修女在圣诞节前夕,这么写信告诉罗斯,"我也很高兴肯尼迪先生告诉了你,关于罗斯玛丽的种种好消息。他非常满意她的表现,我们也是。罗斯玛丽在这里很健康、也很开心,各方面都进步不少。"罗斯曾经寄了一本"谈写作的书"给伊莎贝尔修女,希望她可以劝罗斯玛丽学好这本书，"然后再去教其他孩子"。写作仍然是罗斯玛丽最常遇到的困难，虽然她"很高兴地收下了"那本书，但是伊莎贝尔有一个更实际的请求。她要艾迪·摩尔去找一张"画了双行黑色隔线的纸，让罗斯玛丽垫在她的笔记纸下面。这么一来，她就可以照着透出来的黑线，写出很直，甚至大小一样的字……我跟她说，我自己也得一张这样的纸，才能把字写得很整齐！"

罗斯玛丽完成了许多她以前无法做到的事："她必须帮忙看着在院子里玩的孩子，还要在固定时间读书给他们听；上午时，她得协助准备孩子们的午餐；除此之外，她还有许多必须靠自己独立完成的家事，像是把餐具摆回餐橱之类。"

伊莎贝尔修女知道，罗斯玛丽很在意父母对她的称赞。"她想念你们，也非常爱你们，她喜欢收到你们寄来的信，也渴望得到您和父亲的认可。"她这么提醒罗斯。

罗斯玛丽还是没有办法控制怒气或挫折感。"罗斯玛丽也对自己的个性尽了很大的努力。"伊莎贝尔修女写道，"有一天，她问我她有什么缺点，因为缺点会让一个人不好。我大吃一惊，原来她有在思考这些问题。我们聊了好多次，她很努力地想要做到'把别人的快乐摆在自己的快乐之前'，还有，'当她觉得别人对她不好时，她还是可以对别人好。'她一旦心情不好，就会来找我，我们便试着'把它发泄'出来。"多萝西·吉布斯的祷告仿佛有了响应，罗斯玛丽几近"完全治愈"。

圣诞节结束了，但是乔过了三个多月才回到英国。现在罗斯玛丽受到了无微不至的照顾，让他很放心，所以在三月初回英国之前，他还和当时的情人——身兼作家和记者的克莱尔·卢斯（Clare

Boothe Luce）到意大利玩了几天。他这位美国大使的声望，在英国已经跌到了谷底，大家都认为美国不加入战争、不愿意大方提供物质支持，是背叛。乔的和平政策和对希特勒的姑息主张，让他在英国政治圈里逐渐被边缘化。这时，罗斯福总统也受够肯尼迪了，他派副国务卿萨姆纳·韦尔斯（Sumner Welles）到欧洲去谈有没有可能和平解决时，肯尼迪也沉痛地领悟到，自己已经失宠了。

回到伦敦后，乔就开始和伊莎贝尔修女讨论，如何在可预见的将来，让罗斯玛丽继续待在贝尔蒙校区。"我一回到家后就和罗斯玛丽见了面，还一起吃了晚餐。她稍微变胖了一点，但是看起来还可以。伊莎贝尔修女也告诉我，她持续有进步。"乔在三月十四日写信给在布朗克斯维尔的罗斯："我明天会再去见她们，我想思考一下日后怎么安排罗斯玛丽。当然，有很多事是要看战争对英国造成什么影响而定。"这话说完的两天后，德国轰炸机攻击了苏格兰的斯卡帕湾（Scapa Flow），迫使英国海军舰队得暂时迁移。接下来的三个星期内，德国先攻占了挪威和丹麦，接着势不可挡地接连攻陷西欧各国。乔原先为罗斯玛丽做的规划，也受到了威胁。

乔到贝尔蒙的访谈算是顺利："我和伊莎贝尔修女谈了让罗斯玛丽继续待下来的事，她说她已经在办理了，而且也在说服罗斯玛丽留下来。"罗斯玛丽到伦敦看医生时，乔和她一起用了午餐，他表示："即使是单独和她在一起，也不觉得麻烦。她当然不是完全没有问题，但不难应付。"他送罗斯玛丽回学校，还给了她糖果等，一些在战时被视为奢侈品的东西。复活节时，乔并没有如罗斯玛丽期待的，陪她一起度过，而是在他位于温莎圣伦纳德（Saint Leonard）的新居所，和克莱尔·卢斯一起过的。其他家人则去了棕榈滩。

　　罗斯玛丽似乎也很喜欢待在英国，她的表白让乔更加肯定。"亲爱的爸爸，"她在一九四〇年三月这么写，"伊莎贝尔修女说，还好有我一直在你身边，可以给你带来安慰。我觉得好荣幸，你选择让我留下来。我想一定是其他人不乖……另，我好喜欢你。我好爱你。"隔月，乔再度写信给罗斯，告诉她罗斯玛丽依旧表现得很棒："她的气色非常好，显然在这边过得不错。我有试着要她节食，因为她又胖了些。我不觉得会成功，不过我会试看看。"肯尼迪夫妇书信往来时，经常提及孩子们的体重。罗斯玛丽知道他的父亲不满意她在冬天那几个月，体重又多了几磅，明明前一阵子用伊丽莎白·雅顿的方式，体重一直控制得很好的。"我好喜欢你，"在春天的某个周末和父亲见过面后，罗斯玛丽以她笨拙的文字写了信给父亲。"对不起。觉得我胖。你。觉得。"乔也以颇为严厉的语气写信给多萝西·吉布斯，要她协助罗斯玛丽减重："我上个星期天和罗斯玛丽见了面，非常开心。她看起来很健康，也很幽默，但我真的觉得她实在太胖了。我已经很直接地跟她说了。可以的话，我希望你能劝她减肥。我告诉她说，她母亲一定会对她失望透顶，也跟她说了，如果她再这样胖下去，我就不帮她拍照寄回美国了。"吉布斯立刻回复了乔，说罗斯玛丽完全明白他的意思。"你星期天讲的话，她肯定相当在意，"吉布斯告诉他，"她自己说了，我真的很胖，对不对……你觉得我该怎么办呢？"那个月稍晚，罗斯玛丽立刻写信给她的父亲："大家都觉得我变瘦了。"

　　肯尼迪的工作内容和在英国的处境，让他深感挫折，很想调回美国去。随着战事逐渐逼近英国岸边，他的政治前途也愈显得岌岌可危。过去这个冬天，德国军队已经横扫欧洲，他们占领了荷兰、比利时和卢森堡,还入侵了法国。乔和罗斯心里有数,他们迟早得让罗斯玛丽离开舒适的贝尔蒙校区,如果没有乔在身边,他们还是不放心让她一个人待在英国。至于什么时候把她送回美国,则还没有定案,但是他们已经告诉罗斯玛丽了,应该就这几个月。罗斯玛丽一点儿也不想离开,她哀求父亲让她再多待一年。一九四〇年五月,德国人以迅雷不及掩耳的速度攻入巴黎,乔立刻写了信给罗斯,告诉她情况真的很不乐观,他决定"把罗斯玛丽和摩尔夫妇先接到爱尔兰或里斯本。这边应该很快就会遭到严重轰炸了,我自己一个人的话,会比较好应付。"

学期结束了,罗斯玛丽领到了她的结业证书,但天不从人愿,她还是和摩尔夫妇在六月初飞回美国了。与贝尔蒙校区的修女和朋友们分离,对她来说是件重大的打击。

"这里的每个人都很难过我要离开了,"罗斯玛丽在四月时,写了信给父亲,"尤其修女们,她们对我特别好……大家都很喜欢我……我真的很难过必须离开这里……我一定会哭得很惨。"

六月十四日,德国军队攻进巴黎;德国轰炸机飞抵英国上空,罗斯玛丽是不是该留下来这件事,这下没得迟疑了。九月,尤妮斯、帕特和琼之前念的那所伦敦附近的教会学校被轰炸了两次,大使馆也成了德国空军的目标。从此,罗斯玛丽远离了她在英国的避风港。

第六章　竞争激烈的家,是她的战场

罗斯玛丽原本要搭乘 USS 罗斯福总统号 (USS President Roosevelt) 轮船回美国的,但是却在最后一刻改变了计划。德国潜艇的突击让海上行驶的风险大大提高,即使是客船也没有例外。一九四〇年五月二十八日,比利时投降了,许多住在比利时边境的法国人都急着逃往英国。艾迪和玛丽·摩尔带着罗斯玛丽,从伦敦飞到了里斯本。他们计划在那边等待搭乘泛美航空 (Pan Am) 的班机回纽约,这段时间他们当然非常不安。在这动荡的时刻,尽管乔很需要摩尔在身旁协助,但是把罗斯玛丽平安地送回家,才是身为父亲的当务之急。

西欧各国一一沦陷,计划在最后一刻离开的摩尔夫妇心情可想而知,偏偏天公不作美,恶劣的天气和浓雾,让他们原本就紧张的心情更加忐忑不安。他们的飞机从葡萄牙起飞,不料却因为天气的关系,被迫绕行到百慕大。终于,他们三人在六月一日星期六这天,安全抵达纽约,比预期晚了一天。几天后,罗斯玛丽写信给她的父亲,信中完全没有提到这趟旅行的惊魂记,不过倒是提到,艾迪·摩尔说,他永远"忘不了这趟旅程"。六月中,巴黎的香榭大道上,到处可见德国坦克和军人,开始德军为期四年的占领。几个星期后,德国空军也开始轰炸英国。

乔写信给人在美国的罗斯,表示罗斯玛丽和摩尔夫妇能安全回到美国,让他大大松了一口气,他也跟罗斯确保,即使德国不断轰炸,但是他很平安。乔确信德国最后一定会入侵英国,"到时候,我想罗斯福总统应该会调我回去……因为这里已经没什么我能做的事了,我的任务完成了,是回家的时候了。"他也相信,"不管最后打赢仗的是谁,一旦事情稳定下来后,罗斯玛丽就可以再回到圣母升天的修女那儿了。修女们一定会张开手臂欢迎她,她也一定会又跑又跳地回到她们怀抱。世界局势总不可能永远这么紧绷。"看来,乔对于英国会不会被纳粹打败并不在意,而且他也不排斥罗斯玛丽可能回到法西斯政府极权主义统治下的国家,甚至相信这样的国家可以容忍有缺陷的孩子,这代表着他和英国人,还有自己国家的民主政府都已经脱节了。

五月底,罗斯玛丽十二岁大的妹妹琼告诉乔,纽约布朗克斯维尔家里的人,都很开心她回家了。但是和家人分开一年后,要重新适应美国的生活,对罗斯玛丽其实是困难重重的。她想念在英国的朋友,想念贝尔蒙校区的修女们。或者说,她想念让她担任小学老师助理那种既人性、又实际的教育训练。回到肯尼迪一九二九年在布朗克斯维尔买的房子,一个她鲜少住在里面的家时,罗斯玛丽已经二十二岁了,但是仍然需要很有条理的环境,以及紧迫盯人的监督。只不过,现在做这些事的,不是专业而有爱心,可以为她带来安全感与成就感的修女们,而是她那要求严格、个性急躁的母亲。现在也不再有专业而热忱的多萝西·吉布斯,来引导她日常生活的每件事、陪她散步和分享生命。在贝尔蒙时,她更没有八位兄弟姐妹和她竞争来自他人的关注。

刚回到美国的那两个星期,罗斯玛丽的行程排得满满的,除了四处拜访亲戚,还参观了在纽约市举行的世界博览会、看了牙医,另外由于她一直有穿鞋不合脚的问题,所以去看了足科医生,做了新的足弓垫。她见人就谈她在欧洲的所见所闻。她和罗斯去波士顿参加了弗朗西丝·奥基夫的婚礼,这是她在纽顿学校的好朋友玛丽的姐姐。她们的母亲露丝·埃文斯·奥基夫,则是罗斯的儿时朋友。就像在英国一样,罗斯玛丽在参加这些活动前,都得事先排练好,因为罗斯和乔当然不希望外人知道罗斯玛丽能力有缺陷。肯尼迪一家人说起话来往往机智风趣,但外人早就注意到罗斯玛丽不是这样,不过即使是熟识的人,都以为那是因为她个性羞怯所致,现在依旧如此。

虽然罗斯玛丽的模样已经很成熟了,但是心智成熟程度顶多像个青少年。反观她的朋友都已经是成熟的年轻人了,就算她再怎么努力,也融不入他们现在的生活。

六月初,肯尼迪一家人悄悄去了他们在海恩尼斯的家避暑。一开始,尤妮斯还跟父亲抱怨说,她担心他们会不会是那个夏天唯一赛船的人;因为那时还没有其他的人到。罗斯玛丽没办法自己驾船,所以尤妮斯和博比有时会和她同组。天气太冷,没办法游泳时,她最小的妹妹琼也会陪她去看看电影。

六月二十日,杰克从哈佛毕业,这也代表着肯尼迪一家人在海恩尼斯的夏天真正开始了。在杰克和他在哈佛的朋友过来会合之际,计划在当地避暑的人也陆续抵达,亲戚、朋友、熟识的人等,不断涌进肯尼迪的住处。罗斯玛丽在贝尔蒙的规律环境中好不容易培养出来的使命感与自主性,全付诸流水了。外在生活让她忙得不可开交,光是在肯尼迪自家,就有各种体育活动和竞赛,占了生活的一大部分。而且大家现在进行这些竞赛时,都已经是成年人的级数了,罗斯玛丽根本跟不上他们;大家在餐桌上热烈讨论政治时事、战争,还有罗斯福的决策时,她也完全插不上话。

兄弟姐妹们的生活愈来愈复杂、愈丰富,也愈多彩多姿了。尤妮斯到处参加网球比赛,有时候大半个夏天都不在家,所以罗斯玛丽经常落单。她和尤妮斯间那种挚友般的情感,无法从年纪更小的弟弟妹妹身上得到。杰克则因为他的第一本著作《英国为什么沉睡》(*Why England Slept*)声名大噪,忙着办签书会等社交活动,还要准备秋季进法学院就读的事,所以也没有空陪罗斯玛丽参加派对,或开车带她四处去。热衷政治的小乔获选为马萨诸塞州代表,参加了芝加哥的民主党全国代表大会(Democratic National Convention)。基克也完全投入自个儿的生活,并担任红十字会的志愿者。此外,随着德国军队逐渐逼近英国岸边,她也很关心欧洲战况,以及那边朋友的消息。

大家都很尽力要帮助罗斯玛丽融入群体。长期在肯尼迪家担任家庭教师的露埃拉·亨尼西发现,大家都对罗斯玛丽"非常好",尤其是杰克和小乔,总是不忘"帮她在各种家庭活动留个位子"。但是罗斯玛丽经常被迫和年纪小的弟弟妹妹同组,而不是和年纪相仿的孩子在一起。亨尼西认为,她"和弟弟妹妹的兴趣比较相像;这些弟弟妹妹对她的依赖,也让她有安全感和责任感"。但是这么做没能满足罗斯玛丽,她还是比较想和哥哥或年纪相仿的人在一起。

小乔和杰克的社交生活和基克有交集,但是和罗斯玛丽却没有。"由于罗斯玛丽有缺陷,基克从小就被当成……家里的大女儿看待。"罗斯事后这么说。聪明、迷人、有竞争力又充满自信的基克,非常受到爱戴,不只自己的朋友众多,连哥哥们的朋友也对她有好感。基克从小就活在掌声中,是个"人见人爱的小女孩、少女、小妇人,"罗斯这么说道,"我从来没有见过哪个女孩子有这么多的恩赐……她容貌姣好、懂得生活乐趣、广受大家欢迎。"二十岁的基克,比罗斯玛丽早了几个月离开英国,这让她可以好好把握难得可以独自行动的机会。她和哥哥们去参加了派对,也和几个杰克的好友约会。

让罗斯玛丽偶尔也有机会参加同年龄人的聚会,而且不落单,是基克的责任。因着她个性友善而外向,要帮姐姐安排些有趣的活动并不难,加上有小乔和杰克帮忙,罗斯玛丽永远不用怕没有舞伴。"杰克会……带她去跳舞……他和莱莫恩 · 比林斯(Lemoyne Billings)[①]会轮流陪她跳舞,"尤妮斯回忆道,"夜深了,杰克会先送罗斯玛丽回家,然后自己再回去跳舞。"不过罗斯玛丽也发现,她通常都只和哥哥,或是几个哥哥的好朋友跳舞而已。她也会问:"为什么其他男生不请我跳舞呢?"就算基克很可能已经尽力了,罗斯玛丽还是觉得自己像是灰姑娘的姐姐一样,不受人欢迎。罗斯的一位密友米丽娅姆 · 芬尼根(Miriam Finnegan)曾说,"基克太出色了……我想,罗斯玛丽可能也有点自觉,认为自己没有像她那样受重视。"

[①] 莱莫恩 · 比林斯是杰克在乔特中学认识的挚友。

　　基克和尤妮斯会帮罗斯玛丽化妆打扮,罗斯玛丽都已经二十二岁了,照理说应该自己打理这些事。因此她们这么做,也让罗斯玛丽觉得有些怪怪的。她的妹妹们整个晚上都得留意着她,看看她有没有把东西弄洒了,确保她"没有自己涂口红之类的"。妹妹们为什么这么紧张,可想而知——万一罗斯玛丽把口红乱涂一通,就会成为舞会上的笑柄。

　　虽然基克对于要照顾罗斯玛丽已经习以为常,但很可能也对这样的关系开始感到不耐烦了。一位跟杰克很要好的朋友就说:"和罗斯玛丽在一起时,有时候会有点尴尬。她偶尔会在餐桌上做出一些奇怪的举止,她哥哥和妹妹为了掩饰自己的尴尬,肯定很不好受⋯⋯有时候,大家都在快速移动,但罗斯玛丽就只是穿着礼服杵着。我不觉得她和杰克、小乔的生活搭得上线,完全没有。"

　　尤妮斯比基克小三岁,个性不如基克大方,自从她在伦敦和罗斯玛丽培养了感情,监督和协助罗斯玛丽的重担,便落到她身上了。但是罗斯玛丽似乎不喜欢这样的改变;她是家里的大姐,这一点她是知道的。现在,她既没有朋友,同伴也都是年纪最小的几个弟弟妹妹。她的身份就像个保姆,而不是开始在成人世界中拥有自我生活的女性。

　　另一方面,罗斯玛丽也对于和父亲分离有深切的感受。这段时间,乔还留在英国担任美国大使。就只有她和父亲两人留在英国的那几个月,罗斯玛丽觉得自己是特别的,是被需要的。现在少了父亲的支持,和母亲之间的关系也不像小时候那样亲密,这些都让她感到不安,觉得被孤立。乔从英国写给罗斯的一封信里,很清楚地提到:"不要太常和其他兄弟姐妹在一起,或许对她好些。这么做对大家都好，对她个人更是如此。也尽量不要让她和兄弟姐妹一起度假。"但是在一九四〇年的夏初，是不可能这样安排的；罗斯玛丽既然回到家了，当然要帮助她融入大家的生活。那个夏天，杰克在查特学校认识的好朋友莱莫恩·比林斯，和肯尼迪一家人在海恩尼斯度过。他还有印象，罗斯玛丽"似乎明白，她不管再怎么努力，都不可能达到"哥哥或妹妹们的成就。罗斯玛丽变得"相当不开心，每当她没办法达到其他兄弟姐妹的成就，就会变得很暴躁、沮丧"。

露埃拉·亨尼西还记得，家里的人喜欢玩"竞争激烈"的大富翁、地理常识机智问答、拼字游戏等，来保持"头脑灵光"。"家里的人一多……难免就会有竞争，"罗斯这么告诉传记作家罗伯特·柯赫兰（Robert Coughlan），"借着运动比赛，让孩子学会他们要成为赢家，而不是输家……我们会不断激励他们……若是输了，就要去分析为什么输。"但是，罗斯玛丽显然没有办法达到这样的期待与标准。比起其他兄弟姐妹，她遭遇的困难明显多了许多。"在这个家里，"罗斯承认，"如果你没有好的表现，就会被晾在一角。"

露埃拉·亨尼西还记得，某个夏天，肯尼迪家要举办派对，当天，罗斯请亨尼西把罗斯玛丽带到她住在附近的姐姐家去。亨尼西也只好答应了，她请家里的司机戴夫·迪格南（Dave Deignan）开车，载她们到位于二十英里外的巴萨得湾（Buzzards Bay）的姐姐家。亨尼西从罗斯玛丽十八岁时，开始受雇于肯尼迪家，和几个年纪较小的孩子很要好，但是和罗斯玛丽的感情就不怎么样了。事实上，罗斯玛丽连她的名字露埃拉都没办法讲好，所以一直管她叫"劳拉"，另外她也抱怨亨尼西"管太多了"。

到了亨尼西的姐姐家，罗斯玛丽表现得就像是有教养的贵族女孩,家里原本就这么教她,在英国受过两年洗礼后,更是如此。喝茶时,她会将茶杯稍稍倾斜,动作十分优雅,看起来聪明伶俐,一点儿也没有平常笨拙的样子。亨尼西的姐姐表示,家里的四个小孩在罗斯玛丽的一声令下,就跟着她到海边去了,她们在那里玩水嬉戏了好几个小时。孩子们玩累了,于是罗斯玛丽宣布"故事时间"到了。她挑了《小熊维尼》(Winnie-the-Pooh)里的几篇故事,缓慢而仔细地读了起来。这是少数她读起来很有自信的书,刚好也是孩子们的最爱。

戴夫·迪格南来接她们回去的时候,罗斯玛丽很得体地跟亨尼西姐姐的家人道别,挥手的姿态仿佛是位贵夫人。回到海恩尼斯后,罗斯玛丽立刻坐下来,费尽千辛万苦地写了一张谢卡给亨尼西的姐姐。从邮局寄完卡片回到家后,她再也压抑不住了,怨怒、疲惫、沮丧一股脑儿全宣泄了出来。尤妮斯立刻冲过去安慰她。亨尼西记得,尤妮斯是唯一可以让罗斯玛丽冷静下来的人。莱莫恩·比林斯也记得:"尤妮斯对罗斯玛丽有一种很特别的责任感,感觉罗斯玛丽比较像是她的女儿,而不是姐姐。她过于成熟的个性有时会让人心生畏惧,但是也因此凸显出她与众不同的气质。"

家里的人开始注意到,罗斯玛丽在英国的进展,不管是智能上或是情绪上的稳定性,都在快速瓦解。她变得愈来愈容易紧张、烦躁和不讲理。肯尼迪家这种缺少自由风气、要求严苛的生活方式,显然让她承受不起。尤妮斯很清楚,罗斯玛丽的挫折比过去还要多。"她的情况逐渐恶化,"尤妮斯事后回忆道,"无法适应家里的生活。"

罗斯和莱莫恩·比林斯都有相同的感觉,他们认为那个夏天罗斯玛丽很容易生气,常常莫名其妙就不高兴。"她有时候会突然大发脾气,一气之下,甚至会摔东西,或是动手打人。她很壮,暴怒起来,后果往往不堪设想。"比林斯的印象中,"可怕的意外事件接二连三发生,罗斯玛丽会对着人拳打脚踢,把人打伤"。她还有痉挛的现象。这些痉挛有可能是癫痫发作,也可能是其他非癫痫性的精神因素引起的。后者的状况通常发生在接近二十岁,或是二十出头的年轻女性,有些患者还会伴随有学习障碍等状况;心理或情绪问题,经常是这类非癫痫性痉挛发作的起因,忧郁和焦虑是常见的导火线。究竟罗斯玛丽的情况是癫痫性或非癫痫性,无从得知,但不管是哪一种,都很可怕、很麻烦,也很伤身体。当时的治疗方式就只有像鲁米那之类,吃了会上瘾的苯巴比妥酸类镇静剂,这很可能就是罗斯玛丽已经服用多年的红色药丸,作用是帮助她在痉挛发作后镇定下来。此外,癫痫性和非癫痫性发作的治疗,在当时可以说非常有限,而且大多是无效的。

漂亮的五官、甜美的笑容、丰腴的体态,罗斯玛丽美丽的外貌持续吸引着男人的注意。那年夏天稍早,她很得意地告诉父亲:"有个男生说,他觉得我是肯尼迪家中长得最漂亮的人。"在一个男性性欲可以高调、女性则必须压抑的家庭,罗斯玛丽的美成了一种非同寻常的威胁。

莱莫恩·比利斯跟记者伯顿·赫什(Burton Hersh)说了另一个可能的诊断:罗斯的问题是"欲求不满",这当然是比利斯自己的看法,但也是一般人对有智能障碍或心理疾病的女性的看法,同时也是罗斯玛丽的父母最担心的事。女性虽然在二十年前获得投票权了,但是挥之不去的十九世纪思想,还是通过社会、宗教和科学等途径,企图控制女性愈来愈显开放的情欲。这种想法为国家里最弱势的女性,带来了毁灭性的后果,许多有精神疾病或智能障碍的女性被迫绝育,住进收容所。

有趣的是,基克虽然活泼外向、身材纤细,却没有罗斯玛丽来得性感。基克在交谈时,感觉对性颇为开放,但事实上,她并没有过度亲密的性接触。她的男性朋友都知道她的宗教背景,所以不会要求跟她有婚前性行为。身边的朋友——"配对成功",步入婚姻,但基克却跟她最要好的朋友夏洛特・麦克唐内尔(Charlotte McDonnell)说,她希望一辈子单身,夜夜笙歌。但是没有男性朋友会用"欲求不满"来形容爱参加派对的基克,反倒是外形明显性感的罗斯玛丽,令她父母觉得比较危险。

海恩尼斯的夏季活动达到高潮时,罗斯帮自己找到一个与世隔绝的地方,可以远离那些热闹喧天的人群、音乐和狗。她帮自己在空地上盖了一座小屋,只要请人来帮她看着家里的状况,她便可以躲在一旁,安静地看书、写信或休息。

罗斯也为罗斯玛丽另外做了安排,让两个人的需求可以达到平衡。罗斯已经习惯罗斯玛丽不在她身边,她也同意乔的看法,和那些活跃、喜欢竞争的兄弟姐妹在一起,只会给罗斯玛丽带来困扰。在罗斯玛丽回到美国前,她先调查了几家夏令营,希望可以帮她找到能提供有组织的课程和细心照顾的地方。但是这时罗斯玛丽已经要二十二岁了,这年纪参加夏令营真是有点太老了。通过熟识的人介绍后,罗斯自认为找到了还不错的替代方案,那是位于马萨诸塞州西部的芬伍德营(Camp Fernwood)。她去找了营队的老板和主任,格蕾丝·苏利文(Grace Sullivan)和卡罗琳·苏利文(Caroline Sullivan)姐妹,和她们讨论罗斯玛丽的事。这对姐妹的父亲麦克·亨利·苏利文(Michael Henry Sullivan)是律师,曾经当过波士顿学校委员会的主席,并在一九〇九年成为马萨诸塞州最年轻的法官。

　　位于辛斯戴尔(Hinsdale)普伦基特湖(Plunkett Lake)湖畔的芬伍德营,是个天主教夏令营,招生对象是六岁到十六岁的女孩子。罗斯玛丽对于参加这个夏令营,还有她即将在夏令营做的事,似乎挺兴奋的。她一直以为自己是去那边当"小辅导员"的,就像她在英国时,教年纪小的孩子一样。结果"一点儿也不有趣",她七月四日从营地写信给在伦敦的父亲时,这么说道:"不过,我第一次当小辅导员。他们以为我在欧洲教过美劳,所以我现在教美劳。我教年纪小的女生。另一个女生是艾丽斯·希尔,她教大女生。所以,我们两个一起教。"

　　罗斯应该事先跟苏利文姐妹解释罗斯玛丽的状况的,像是工作人员必须确保罗斯玛丽有好好休息、吃东西、完成她该做的事,并且好好与其他孩子相处,但是她显然没有告知;她也没告诉苏利文姐妹,罗斯玛丽发脾气时,要安抚她、经常鼓励她、赞美她,还要盯着她的一举一动。

　　肯尼迪家持续编织着罗斯玛丽受雇到夏令营去当小辅导员的神话,但是苏利文家的记录显然不是这么写的。一九四〇年春天,罗斯玛丽还在英国时,罗斯其实就已经开始和苏利文姐妹接洽了,但她们对于罗斯玛丽的身心障碍程度毫不知情。她们只知道,罗斯有个二十二岁的女儿,曾经在英国受过蒙特梭利助教资格的训练,她想要看看这个女儿有没有机会到夏令营当助教。罗斯确实有提到，罗斯玛丽需要一位特别助理随时陪着，但是并没有特别解释为什么必须这样做。卡罗琳·苏利文的女儿特丽·玛洛塔（Terry Marotta）表示，她母亲后来才恍然大悟：“当初肯尼迪太太没有带着女儿，而是独自前来时，就应该要知道这个女儿没有她说的那么‘能干’。”苏利文姐妹答应让罗斯玛丽参加夏令营时，罗斯肯定松了一口气。

七月一日，罗斯的秘书及家庭教师伊丽莎白·唐恩，写了一封信给苏利文姐妹，要夏令营的工作人员“确认她的足弓垫一直放在她的鞋子里”，并“鼓励罗斯玛丽去坐在节食餐桌”。另外，罗斯玛丽最好可以“经常去美术用品店，练习买东西。上愈多网球课愈好”，并且“多做一些足弓运动”。这些，都是罗斯认为“很重要”，必须交代清楚的事，但她却没交代，要如何处理一个很容易发怒的成年女性，还有她可能会对孩童很“凶狠暴躁”，对日常生活或环境的变动感到不安。很显然的，罗斯虽然给了一些指示，但完全没有为参加夏令营的学生着想，也没有考虑过芬伍德的工作人员，是不是有能力应付罗斯玛丽。

没多久就出状况了。一位肯尼迪家的朋友回想起这件事时说，一直到罗斯玛丽的脚流血了，芬伍德的工作人员才发现，她的鞋子不合脚。由于没有其他办法，苏利文姐妹只好带罗斯玛丽去马萨诸塞州的皮茨菲尔德（Pittsfield）看足科医生，帮她纾解一下疼痛。

也许罗斯有交代罗斯玛丽在外要尽量维持良好形象，不要太常抱怨，但是这一次她显然客气过头了。当苏利文姐妹发现，罗斯玛丽竟然把用过的卫生棉放在她的置物箱，而不是好好丢进垃圾桶时，她们简直不敢相信。她不会讲卡罗琳的小名“卡儿”，所以都叫她"靠"。她们很担心罗斯玛丽会乱跑,只好让她自己睡一个房间,然后用床把门顶住,免得她半夜起来跑出去。

三个星期后,苏利文姐妹终于受够了,她们要求罗斯过来接罗斯玛丽回家。罗斯回复说她没有办法去带罗斯玛丽,或许她们可以想办法把她带到纽约,艾迪和玛丽·摩尔可以在七月二十二日过去和她们会合。在苏利文姐妹还没有要求送罗斯玛丽回家之前,罗斯原本打算在七月二十七日过去看女儿的。伯克希尔(Berkshires)那时候,刚好有一些年度的夏季音乐会,罗斯可以顺道来趟文化飨宴。但是现在,她人在缅因州贝尔格莱德郡(Belgrade)的伊丽莎白·雅顿美容水疗中心度假,实在走不开。光想到她又得负责照顾罗斯玛丽,而且没有乔在一旁协助,罗斯就巴不得找地方躲起来。

在一个"酷热"的七月天,卡罗琳·苏利文陪着罗斯玛丽来到纽约,接下来的两天,她得负责打理罗斯玛丽的一切。在中央公园南路(Central Park South)的巴比松广场饭店(Barbizon-Plaza Hotel),把罗斯玛丽交给艾迪和玛丽·摩尔后,她立刻通知姐姐格蕾丝,告诉她"我在晚上七点十分顺利解决那个麻烦了"。

过了九个月后,罗斯才付了罗斯玛丽在芬伍德夏令营的费用。一九四一年四月中,苏利文姐妹终于收到罗斯寄来的支票,只不过上面没有罗斯的签名,苏利文姐妹发现信封里还有一封信,而内容竟然是在质疑收费,让她们简直无法相信。"我看到收费单上写的夏令营费用一期是两百美元,我想这样的收费还算合理,但我想说的是,罗斯玛丽只在你们那里待了三个星期。我都没有跟你们讨论过费用的事,不过我认为收费应该有调整才是。我只是想请问一下,你们是不是忘了考虑到罗斯玛丽的特殊状况了。"苏利文姐妹把

那张支票退回去请罗斯签名,同时也对罗斯的态度表示遗憾,内容中特别提到,她们确实有"考虑"到罗斯玛丽的"特殊情况":

> 我们的费用,是以四个星期为一期计算的。如果参加的时间不满一期,仍然会以一期计算……一般状况下,一期的收费是一百美元,但是我们确实跟罗斯玛丽收了两倍的费用,那是因为你要求要有一位助理随时看着她,我们的确照做了。但是我们后来发现,她还是很难融入年幼的学员中,于是我自己也一起帮忙照顾她,虽然我原本的责任就已经很繁重,但是实在没办法,只好这么做了。不过,就在我们尽了所有力量,做过各种尝试后,还是认为没有办法承担这样的工作,所以才请你让她提早结束夏令营。护送罗斯玛丽到纽约,也是件压力很大的事,我觉得让其他助教承受这种压力不公平,于是只好自己做。过去,我和姐姐从来不在营队开放的期间离开营地的。

苏利文姐妹跟罗斯重申,罗斯玛丽是个"善良可爱"的孩子,但是她对参加夏令营的孩童,还有工作人员带来的影响,却是负面的,她们也觉得"实在不应该让她在夏令营待这么久的"。几年后,卡罗琳·苏利文还是对罗斯没有事先告诉她们罗斯玛丽的健康情形,还有事后的态度,感到难以置信,而且愤愤不平。

艾迪·摩尔当时根本来不及安排罗斯玛丽的事。他在七月二十一日接到乔从伦敦传来的电报,说罗斯玛丽提早离开夏令营了,现在伊丽莎白·唐恩正要从海恩尼斯出发前往纽约,跟他一起接应罗斯玛丽。他和唐恩必须在七月二十二日晚上,在纽约和罗斯玛丽,还有卡罗琳·苏利文会合。所幸,打从罗斯玛丽从伦敦回来后,摩尔就着手寻找可以安置她的地方。他曾询问贝尔蒙的修女,在美国有没有哪家天主教学校,也采用蒙特梭利的教学方法。他去参观了费城附近的雷文希尔圣母升天学院(Ravenhill Academy of the Assumption),认为比起凯瑟琳和尤妮斯念的诺罗顿圣心书院,这所的"规划比较好"。学校院长是安·伊丽莎白(Ann Elizabeth)修女。摩尔提到,伊丽莎白修女和英国圣母升天学院的修女们很熟,学校里有一位修女来自英国,她和贝尔蒙校区的某个修女还是姐妹。她们听说了罗斯玛丽的事,也都愿意敞开胸怀接受她。学校位于费城附近的德国城,环境优美,摩尔也表示:"那边的修女人都很好。"他也跟罗斯保证:"罗斯玛丽会喜欢这个学校的,因为她可以继续接受蒙特梭利的教学。"摩尔之后也写了一封信给在伦敦的乔,问他是不是该请伊莎贝尔修女写个信,给伊丽莎白院长,稍微介绍罗斯玛丽的能力和潜力。摩尔原本是打算让罗斯玛丽在秋天入学的,但是由于她被夏令营退学,不得已只好调整计划。他在六月和伊丽莎白院长会谈,很快安排罗斯玛丽到雷文希尔,把她交给修女们去照顾。

罗斯在缅因州待到八月五日才回家,比预计的时间晚了一个多星期,对于罗斯玛丽得再次为了适应新环境而受苦,她似乎一点儿也不以为意。罗斯玛丽原本很开心地出发,前往芬伍德去担任"小辅导员",希望可以通过责任来提升自尊的。没想到,现在得匆匆离开芬伍德,立刻转到雷文希尔去,连打包的时间都没有,两大袋的衣服、书、枕头,还有网球拍,都留在芬伍德。七月二十五日,罗斯玛丽寄了两张明信片和一封四页长的信给苏利文姐妹,还有营队的孩子,表示她对必须仓促离开营队感到难过和失望。

"我想要回去看看你们,但是摩尔先生说我们没有时间。"她这么写道。另一方面,她也担心父亲会因为她离开营队而生气;她多么希望父亲看到她有好的表现。"为了我的爸爸,我一定要很努力,"她这么告诉营队里的朋友,"他绝对值得我这么做。""我完全不知道"要离开营队的事,"一直到我父亲从国外发电报……不是我的错,亲爱的朋友……我哭了好久。我知道你们都很爱我。"罗斯玛丽很希望营队的朋友和工作人员写信给她,如果可以的话,大家明年可以到纽约或费城相见。乔在电报里告诉她,她即将恢复蒙特梭利式的训练。"我这个夏天和秋天都有好多要学,我会很累,"她告诉朋友,"请为我祷告。愿上帝祝福你们。"她把对所有人的爱意和感谢,在信中表露无遗,也拜托苏利文姐妹"请尽快写信给我,我好想念你们"。

雷文希尔学院设立于一九一九年,地点在一栋某人捐给天主教费城总教区的维多利亚式宅第内。学校提供小学一年级到高中的课程,在这边就读的学生中,有许多当时政经社会名流的女儿,像是后来嫁给摩洛哥王子的著名好莱坞影星格蕾丝·凯利(Grace Kelly),就是这所学校的学生,罗斯玛丽入学时,她才十岁。暑假时,学校里的修女会到位于怀尔德伍德(Wildwood)的雷文希尔别墅(Ravenhill Cottage)避暑。这个地方距离新泽西州的大西洋城(Atlantic City)与开普梅(Cape May)不远,一些没办法回家过暑假的寄宿学生,会和修女们一起搬到这。罗斯玛丽就是其中一个,她的后半个夏天,就是和其他学生一起在游泳、散步和学习中度过的。

雷文希尔学院在九月十七日开学,学校答应,如果罗斯玛丽有人陪伴,就像在贝尔蒙时的多萝西·吉布斯一样,就可以在秋季班开学时入学。于是,罗斯洽谈了几个可以担任私人家教的人选,一直到八月底,她都还跟其中几个人书信往来。究竟罗斯是不是雇用了私人家教,不得而知,但是罗斯玛丽入学不到两个月,就离开了。雷文希尔并没有像贝尔蒙一样的蒙特梭利课程,也有没有像伊莎贝尔修女一样的老师。贝尔蒙学校的环境显然可遇不可求,雷文希尔的修女们,实在没办法复制出罗斯玛丽需要的环境。

罗斯没有对雷文希尔抱太大的期望。九月中,罗斯玛丽还在适应新学校,罗斯就已经开始考虑把她送进精神病院了。这所紧邻着雷文希尔的罗森尼斯农场疗养院(Roseneath Farms Sanitarium),设立于一九二〇年代,里面约有五十个床位。从它的地理位置来看,推测建议把罗斯玛丽送进这边的,很可能就是雷文希尔的相关人士。备受尊崇的心理医生詹姆斯·卫古德(James J. Waygood),担任这所疗养院的主任将近十年了。罗斯显然需要参考一下他人的看法,于是耶稣教士会的神父,同时也是费城圣何塞学院院长的托马斯·洛夫(Thomas J. Love),受卫古德医生的请托,写了信给罗斯,提到:"过去十年,或十二年间,我们曾经送过几个学生到这所疗养院……这边有良好的硬件设施,配合杰出的专业人员,几乎无可挑剔。我敢保证,一旦把女儿送到这儿,你也会感到满意的。"来自康涅狄格州哈特福德(Hartford)的律师爱德华·戴(Edward Day),也在九月二十日写的一封推荐信中说:"卫古德医师经验丰富,是个善解人意、医术高明的医生。"他本人曾经因为"一场严重的疾病",在罗森尼斯住了一年,"在医生的照顾下,我完全恢复健康了,现在好得不得了"。

他谨慎地提醒,罗斯玛丽"会需要花一点时间适应,"但她也会发现这边的工作人员都"非常善良,格外贴心"。"只要和卫古德医生好好配合,有耐心地练习……她一定会好起来的。"

在雷文希尔就读的那几个月,肯定发生了什么事。会这么快决定把罗斯玛丽送到疗养院,表示她的精神状况一定是严重走下坡了。尤妮斯记得罗斯玛丽"开始变得很情绪化……很敏感,而且经常大发脾气",住院恐怕是势在必行了;没想到,这时候乔和罗斯又改变了主意,罗斯玛丽并没有住进罗森尼斯农场疗养院。

十月的第三个星期,罗斯进入圣格特鲁德艺术学校(Saint Gertrude's School of Arts and Crafts),这是一家位于华盛顿特区的本笃会(Benedictine)[①]教会学校。有些历史学家认为,罗斯玛丽是到那里当助教,但事实上,罗斯和乔是付了学费的。就和在芬伍德夏令营的情况一样,她们那时也是付了钱让罗斯玛丽去当"小辅导员"的。罗斯在十月二十九日的日记上写道,乔已经被从伦敦召回了,她和乔"去华盛顿见了总统"。面对希特勒的侵略时,乔只是一味地采取孤立主义,这让罗斯福和他的幕僚都失去耐心了,于是罗斯福决定要肯尼迪下台。乔和罗斯福在白宫吃了晚餐,谈过话后,去了纽约,罗斯则到圣格特鲁德去看罗斯玛丽。

这所学校是由本笃会修士托马斯·维纳·穆尔(Thomas Verner Moore)在一九二六年设立的,他原是保禄会(Paulist)[②]的神父,为身心障碍或发育迟缓的孩童设立学校,一直是他的梦想。此外,圣格

---

① 本笃会是公元五二九年,创立于意大利中部山区的天主教隐修会。
② 保禄会是一八五八年,创立于纽约的天主教传教组织。

特鲁德也提供在华盛顿特区的天主教学校,还有它的姐妹校三一学院(Trinity College)中学习护理或社工的修女或天主教女同学实习的机会。

圣格特鲁德的学生年纪介于七岁到十二岁,智商则在六十五到九十之间。穆尔修士曾说,他希望"提供给这些身心障碍的孩子一个可以抚慰他们,同时具有宗教影响力的环境,让他们可以快乐成长,将来成为对社会有贡献的人;在这个环境里,孩子们可以有效学习如何面对外在的环境;能力足够的话,还可以学习从事自己感到开心,也对别人有益处的工作,以达到自立的目标"。除了一般学科课程,圣格特鲁德还多加了手工艺、音乐、舞蹈、戏剧和家政技能等课程,每个班级的人数很少,所以师生比例很高。穆尔除了是神父,也是精神科医生,他拥有天主教大学的心理学博士学位,而且是很受尊敬的教授,他认为,针对"心智有缺陷的孩子",采取新的精神与心理治疗方法,再搭配深层的信仰指导,可以让他们得到较全面的治疗。他也认为,尽管孩子的进步可能很微小、很缓慢,但这是值得尝试的新方法,应该被列为天主教社会关怀,及教牧工作的一部分。穆尔带着一群共事伙伴,希望可以"整合先进的世界观点与传统信仰",借此服务人群。

穆尔认为在这些患者中,女孩子的处境更是危险,因为这些有精神疾病或是智能障碍的女孩,经常被放着自生自灭,最后没有办法,只好沦落到卖淫求生。穆尔修士成立圣格特鲁德学校,就是希望让社会中最弱势的一群,得到应有的照顾与服务。

一九一七年,穆尔有这样的想法时,天主教会提供给这些身心障碍孩童的协助还相当有限。但接下来的十年,穆尔愈来愈清楚

"天主教会应该提供这些孩子什么帮助",也下定决心,要促使天主教大学成为达成这个目标的开路先锋。他知道,在科学和信仰的十字路口上,站着最新的医疗方法和社会服务,可以提供身心障碍者,还有他们劳苦的家人最有效的治疗和支持。邻近就有天主教大学和三一学院,这些学校的学生可以在穆尔修士的圣格特鲁德学院实习,验证这些特殊教育的新方法,受训完后,他们便可以带着他们的所学,到各地天主教学校或机构工作。

然而,教会高层对这个想法的反应并不热烈。巴尔的摩的大主教,也就是穆尔和天主教大学的顶头上司,一口回绝了穆尔的提议:"你可以尽管去找人来协助你在圣格特鲁德进行的工作,但是别打天主教大学和三一学院的主意。"穆尔工作虽然受阻,但是没有轻言放弃。他的理念,还是吸引了一些愿意到圣格特鲁德担任志愿者实习的老师。天主教大学和三一学院的同事,还有护理系的学生,都鼓励他设立一个医疗中心,为有精神疾病和智能障碍的学生提供更多的服务。

一九三九年,洛克菲勒基金会提供了穆尔一笔为数不少的经费,再加上一些天主教徒慷慨奉献,他得以奠定儿童中心的基础。这个中心,也成了天主教专业人士进行开拓性研究,还有"情绪和行为障碍治疗"的训练基地。另外,穆尔和邻近的圣伊丽莎白医院(Saint Elizabeths Hospital)建立了合作关系,请医院的精神科医师到天主教大学,教授新成立的精神病学课程。罗斯玛丽进圣格特鲁德时,学校和儿童中心的关系已经很稳固了。在罗斯和乔看来,圣格特鲁德可以说完全符合罗斯玛丽和他们的需求:罗斯玛丽可以在这里担任助教,这不管是对她的自尊,或是对于外界怎么看她,都是件好事。

罗斯事后回想那段时间,发现罗斯玛丽"那时开始出现一些让人担忧的症状"。她的心理和生理的稳定性,都"明显退化",而且她"个性原本不错,如今也越来越常失控,脾气变得很暴躁"。她大发脾气的次数越来越频繁,个性也越来越变化无常。

罗斯的外甥女,也就是罗斯的妹妹阿格尼丝的女儿安·嘉甘(Ann Gargan)提到,圣格特鲁德里根本没有人管得动罗斯玛丽。她完全不把那边的修女或工作人员看在眼里,也不肯遵守学校的规定。嘉甘告诉历史学家多丽丝·卡恩斯·古德温:"好几个晚上学校打电话来说她失踪了,结果发现半夜两点了,她还在街上游荡。"将她带回去后,修女们还得帮她梳洗干净,然后让她上床睡觉。她会解释她去了哪些地方、做了哪些事,不过那些事,要不是听起来完全不合逻辑,就是合逻辑却惊悚可怕。

嘉甘回忆起这些事时说:"得知你的女儿三更半夜竟然还在街头游荡,你可以想象那是什么样的心情吗?万一遇到占她便宜的男性怎么办呢?"乔的孙女阿曼达·史密斯(Amanda Smith)记得,乔曾经告诉孩子千万"别上新闻"。他很担心罗斯玛丽的事会闹上新闻,这促使他和罗斯决定,要把她藏得更好一点。究竟罗斯玛丽在那段时间发生了什么事,外界的线索非常有限,大家只能推测。即使是家庭成员,也多被蒙在鼓里,没有人知道她在圣格特鲁德真正的状况。

一九四一年一整年,罗斯玛丽都待在圣格特鲁德。这时的乔已经不再是驻英大使了,他住在棕榈滩的别墅,整天打高尔夫球,一边关注欧洲的战事。他曾经考虑让罗斯玛丽参加一九四一年夏

天，在缅因州登马克镇的怀俄尼冈尼克夏令营，但最后应该没有去
成。七月，乔也去询问了纽约市圣帕特里克大教堂（Saint Patrick's
Cathedral）的卡西主教（Monsignor Casey），希望可以帮罗斯玛丽找
一个新的教会学校。但就像他和家人预期的一样，卡西也没办法
帮这个有智能障碍、情绪又不稳定的二十二岁女生，找到适合的去
处。所以，罗斯玛丽只好继续在圣格特鲁德就学。这时候，穆尔医
生也因为担心"罗斯玛丽的状况，以及她的行为会对其他人造成不
良影响"，似乎对她要重返学校感到有点为难。十月，乔试着说服
罗斯玛丽，去看看费城的另一所学校。在这之前，他们很可能也再
次考虑了罗森尼斯农场疗养院，另外费城的圣母升天学校和圣心
书院，也都表示无能为力了。"我心爱的女儿，今天好吗？"十月十
日，他从海恩尼斯写信给罗斯玛丽。"艾迪和玛丽要过来，他们想，
也许可以带你到费城去，看看那边怎么样。"他很清楚，罗斯玛丽肯
定不愿意再转学，所以他稍微给了点好处。"你觉得穆尔医生和学
校修女们，今年秋天会不会想看部电影呢？你想，那边的孩子会喜
欢看什么样的影片？"

　　一九四一年十一月的第二个星期，穆尔再次对罗斯玛丽的行
为，还有她对其他孩子的影响，表达了忧虑。他们雇了年轻的斯莱
文小姐（Slavin）来协助罗斯玛丽，并陪伴她。"我相信有她在会大有
帮助。"穆尔这么告诉肯尼迪，并恳求他捐两万五千美元给学校。但
是最后，这位小姐并没有帮上太多忙，乔也没有捐款给学校。

　　十一月八日，乔原本计划要带罗斯玛丽、杰克和基克去巴尔的
摩，看一场圣母大学（Notre Dame）和海军官校的足球比赛，但是不清
楚罗斯玛丽最后有没有去成。罗斯在她的回忆录《记忆中的时光》

(*Times to Remember*)中说,她和乔已经达成共识,罗斯玛丽受的苦不只是智力障碍而已,而是"一种精神紊乱",这问题"已经将她完全吞噬,而且情况愈来愈严重了"。

第七章　一劳永逸的方法

　　或许家里其他人还没想这么多，但至少乔是注意到了——罗斯玛丽的行为，已经开始为肯尼迪家在政治、经济和社会上的发展，带来了威胁。她在圣格特鲁德时，会半夜偷跑到外头去，暴露在受到性侵，或是与来路不明的人勾搭的危险中。乔自从一年前从伦敦回到美国，卸下驻英大使的身份后，便不再具有政治光环了。现在的他把重心摆在做生意和投资上，经常得出差到纽约和华盛顿特区，另外，他也开始为大儿子日后从政铺路，在这种情况下，他可不容许有个女儿未婚怀孕、染上性病，或是其他有损名誉的事发生。家里的护士露埃拉·亨尼西认为，乔"很怕罗斯玛丽惹上麻烦，或是被绑架之类的。另外，最好也不要让她到公共场合，免得她逃跑"。但是完全不让她在公共场合出现是不可能的。"最好有个'一劳永逸'的方法，"亨尼西回忆起乔当时的态度，"这么一来，就没有困扰了。"从圣格特鲁德寄来的报告，让乔再次对家族的声誉深感忧虑，也愈来愈担心女儿的心理和生理健康状况。

　　据说，乔还在英国的时候，就曾经和医生讨论过，一种针对严重精神疾病采取的实验性大脑手术,手术名称为白质截断术(leucotomy),或前额叶白质切断术(prefrontal lobotomy)①。但这项手术并不是在他担任大使的任期内进行,代表他当初还没有真正遇到这方面的专家。比较有可能的状况是,他回到美国后,才通过托马斯·穆尔的介绍,认识了几个这方面的先驱,特别是乔治·华盛顿医学院(George Washington University Hospital)的华特·弗里曼(Walter Freeman)医生,和他的合作伙伴詹姆斯·瓦特(James Watts)医生。他们两人是美国当时执行这类精神外科手术的权威。弗里曼和瓦特是乔治·华盛顿医学院的教员,在华盛顿地区的精神病与神经外科领域,颇享盛名。穆尔和圣伊丽莎白医院的精神科医生,有合作尝试一些治疗儿童精神疾患的新方法,而弗里曼和瓦特也在圣伊丽莎白医院进行研究,所以乔很可能是通过穆尔与他们接洽的。

　　乔跟罗斯提了这个可能的治疗方法,或许可以"治愈"罗斯玛丽的智能障碍,以及愈来愈频繁的情绪波动和无法预测的行为。罗斯和乔或许也读了一九四一年五月间某一期《周六晚间邮报》(Saturday Evening Post),上头有一篇文章,大肆赞扬了弗里曼和瓦特等人从事的这项手术,表示这种治疗方法可以将"原本给人带来麻烦、制造困扰"的精神病患者,"变成对社会有用的人"。但是这篇文章也提到,有些神经学方面的专家是"完全否定"这种技术。过去二十年来,为了让罗斯玛丽在社会正常而独立的生活,罗斯不断寻找解答,她咨询过普通科医生、精神科医生、老师和各种专家,得到

①　一般译为脑前额叶切除术,但执行方式主要为切断神经连结。——编者注

了无数答案和建议,有人建议永久住进疗养院、有人建议吃药,或是其他生理和心理治疗,但是没有一个方法达到她期望的结果。这个过程让她筋疲力尽,也变得格外谨慎。

这一次,罗斯请基克帮忙调查这种精神外科手术是否可行。一九四一年春天,基克在纽约完成学业后,便搬到了华盛顿特区,在《华盛顿时代先驱报》(*Washington Times-Herald*)的总编辑弗兰克·沃尔德罗普(Frank Waldrop)手下工作,担任社会专栏作家。有一个名叫约翰·怀特(John White)的记者曾经和基克共事,他后来告诉历史学家劳伦斯·莱默(Laurence Leamer),那年夏天和秋天,他刚好在研究一系列与圣伊丽莎白医院有关的,精神疾病患者接受治疗的故事,基克对这议题显得很有兴趣。

基克向怀特透露她姐姐智能不足,而且有其他精神方面的问题,也询问了关于前额叶白质切断术的事。在美国,这种实验性大脑手术实施不到三年,接受过这项手术的病人不超过一百人,而且几乎都是由弗里曼和瓦特医生在附近的乔治·华盛顿医学院操刀的。怀特可能告诉了基克,圣伊丽莎白医院虽然支持弗里曼和瓦特的研究,但是并没有进行这项实验性手术所需的设备。手术过程中,医生会切断与额叶和其他大脑部位相连的白色纤维状结缔组织①,借以改善某些精神病患者严重暴怒的情形,并缓解他们在心理与生理所受的各种痛苦。怀特告诉基克,手术的结果"并不好";他亲眼见过,有些患者在手术后"不再那么忧虑,但是却失去了自我,

---

① 如今将这种组织称为"白质",它连接不同脑区的神经细胞,协调各脑区正常运作。我们要到二十岁左右,白质才逐渐发育完全,它的生长时机与成熟程度,会影响学习和自我控制等诸多行为。——编者注

原本的人就这么不见了"。

基克很快把调查结果告诉母亲。"母亲,不要,我们不想要罗斯玛丽发生这种事。"基克这么说。"谢谢你告诉我这些。"罗斯的外甥女凯莉·麦卡锡记得,罗斯是这么回答的。

如果罗斯告诉过乔,她对这项手术感到不安,那么,乔显然没有听进去。她后来告诉多丽丝·卡恩斯·古德温:"这件事是乔独自做的决定。"他询问了各领域里的杰出专家,也在该年秋天,直接和弗里曼医生接洽,讨论这个前卫实验的进展。乔是不是还有寻求过其他治疗方式,无从得知,一九四一年的新兴疗法还有电击、胰岛素诱发昏迷等,也都逐渐受到精神科医生和神经外科医生拥戴。肯尼迪家聘的护士亨尼西在几年后提到,乔通常会跟她询问与孩子的健康问题,但这次他没有这么做。"我想,他已经知道我的答案了。"她这么解释。

虽然弗里曼不断向同侪们吹捧这项技术,但是那个时候,地方性与全国性媒体对前额叶白质切断术的研究,仍非常有限。由于看不下去《华盛顿时代先驱报》那篇一面倒支持这项手术的文章,《美国医学会期刊》(*Journal of the American Medical Association*)在一九四一年八月发文警告大家,在还没有进一步证实之前,不建议大家采取这种手术。那年稍早,弗里曼曾经参加了美国医学会在克里夫兰举行的年会,并在小组上讨论了前额叶白质切断术的成效。针对弗里曼的报告,期刊编辑委员会的反应是"虽然这个手术改善了某些精神病患的情况,但是也有证据指出,这类手术可能造成严重缺陷"。《里士满快报》(*Richmond Dispatch*)首先报道了美国医学会的警告,在一九四一年八月的报纸上指出:"科学上对额叶的确切功能,了解还很有限。"这项手术应该被列为试验阶段看待。

虽然前额叶白质切断术不被建议用来治疗智能或发展障碍,但是弗里曼跟乔确保这项大脑手术的效果。"医生告诉我父亲这是个好方法。"尤妮斯告诉传记作家罗伯特·柯赫兰。弗里曼的共事伙伴瓦特也表示,这个方法可以减缓罗斯玛丽"激躁不安的忧郁情形"。手术后的罗斯玛丽会变得温顺,不再情绪化。

弗里曼和瓦特医生当时是在乔治·华盛顿医学院,教导和执行这项实验性质的精神外科手术,因为邻近的圣伊丽莎白医院虽然是治疗精神疾病的前锋,却不愿意让他们在医院里动这种手术。圣伊丽莎白是联邦政府于一八五五年成立的医院,原本的名字是政府精神病医院(Government Hospital for the Insane),在南北战争期间被称为圣伊丽莎白医院。当时,有成千上万受伤的军人涌入这家医院,接受紧急治疗。战争结束后,整个十九世纪到二十世纪初,圣伊丽莎白医院持续治疗南北战争的退伍军人,以及有精神问题或是有神经创伤的人,最终成了一个杰出而且颇具规模的公立精神病医院。医院治疗过大约七千名患者,它在精神学科的研究与训练,还有长期看护的设备,都是世界各地临床计划和机构的典范。但是医院院长威廉·怀特(William A. White),不愿意让弗里曼和瓦特以他们的精神病患进行实验。他认为那是具有高风险的手术,不但这些患者没有办法自己做决定,他们不知所措的家人也没办法替他们做决定。最后,医院只答应让弗里曼和瓦特在病房观察病人、解剖去世的病人遗体。

精神外科在当时并不普及,在美国,只有少数医疗单位在这个领域有所涉猎。乔和弗里曼谈论这事的当时,只有马萨诸塞州的州立综合医院（Massachusetts General Hospital）和麦可伦医院（McLean Hospital），以及特拉华州、宾州、明尼苏达州、纽约州、密苏里州、新泽西州和康涅狄格州的州立精神病医院，用部分病人进行试验。再者，弗里曼医生其实只是精神科医生，不是外科医生。他不认为精神疾病的手术治疗需要多精辟的外科训练，需要神经外科医生花那么多年学习。神经外科医生虽然不同意他的说法，但是当时这项手术也还没有认证的方法，所以当时的外科医生就算想阻止弗里曼，也无从下手。和弗里曼合作的瓦特医生是外科医生，一开始的手术多是由弗里曼指示，由他操刀的，但是到了一九四○年代中叶，弗里曼也亲手做前额叶白质切断术了。

在那个时代，大家对大脑的发展与运作机制背后复杂的科学，都还尚未明白，但是弗里曼和少数几位来自世界其他角落的医生确信，前额叶白质切断术，正是大家一直以来在寻找的答案，认为它可以治愈重度忧郁症、精神疾病，还有暴力、情绪不稳和多动行为。但是，从来没有人认为这个方法可以适用在智能发展不足的人身上。这项手术可能为病人生理与心理带来不同程度的副作用，而且绝大部分的患者都吃了不少苦，治疗的成效也非常有限，从业者宣称的效果显然只是个例，和集结起来的结果差距颇大。

华特·弗里曼医生和他的同僚们大肆宣传少数成功的例子，避而不谈失败的个案。在失败的例子中，患者可能完全失去认知能力，甚至死亡，而且发生的概率高得令人害怕。这些专业人士却表示，手术会失败都是患者的错，可能是他们生理状况不良，或是已经受损的心理状况造成的。然而，一九四一年夏天，就在美国医学会对前额叶白质切断术提出警告，要求更多研究结果的同时，弗里曼和瓦特依旧没有停止为病人安排前额叶白质切断手术。"太不可思议了,"《美国医学会期刊》写道,"彻底破坏这个部位的大脑的手术,竟被认为是让患者恢复成完全正常的方法。"一直以来,乔的强项就是懂得收集信息,并利用搜集到的信息,做出正确的分析判断。就算弗里曼和瓦特没有很诚实地将可能发生的副作用全盘供出,他也一定对这项手术的风险颇为了解。

虽然这是一项有死亡风险和一定破坏程度的手术,但是当时的美国医疗或法律系统,还没有要求病人要签署知情同意书。所以像罗斯玛丽这样的患者,应该是被强迫住院,并施以未经她本人同意的手术的。一直要再等几十年,这种强调病人也有权力决定自己要采用什么医疗方式的法律,才会落实。精神病院里的女性比率要高过男性,因为做决定的通常是她们的丈夫或是父亲,他们的决定权往往高于当事人。一直到一九六〇年代,医生才有充分告知病人治疗潜在风险的医疗与法律责任,但即使到了一九七〇年代和八〇年代,依旧还有争议。

弗里曼和瓦特把病人当成个案研究。在他们利用病人进行实验的过程中,既没有任何保护措施,也没有通过医生制定的标准流程或要求。第一桩前额叶白质切断术发生在一九三五年的欧洲,做这项手术的,是葡萄牙的神经外科医生埃加斯·莫尼斯(Egas Moniz)。虽然备受批评,但是莫尼斯仍坚信,阻断额叶与大脑其余部分的连接,是一种有效的疗法。他的第一批实验对象,是有妄想型思觉失调症与抑郁症的患者,手术之后,病人的状况似乎有了改善,也因为这样,莫尼斯才会想要继续朝这个方向研究。但是事实上,这些患者的病情都只是暂时纾解而已。慢慢地,手术的后遗症开始浮现,患者的病情甚至比手术前还要严重。很讽刺,也很令人难过的是,一九四九年,莫尼斯获颁了诺贝尔医学奖,截至那时,世界各地已经有数千名患者接受了这样的手术,有些人因而终身残障,还有些人甚至因而死去。

就只是少数几个精神科医生的看法,再加上一个缺乏正规程序的医疗系统,既没有统整的分析医疗过程,也没有评估手术风险。大家对于哪些疾病可以受惠于前额叶白质切断术,根本没有共识。但是由于当时没有太多治疗选择,一些精神科医师和神经外科医生,于是将前额叶白质切断术,视为精神疾病、忧郁症和智能障碍的神奇疗法。除了患有重度忧郁症的病人,前额叶白质切断术和其他神经外科手术,也被用在有不明暴力倾向、思觉失调症、强迫症、长期疼痛和躁郁症等情绪问题的患者身上。

另外,习惯性犯罪的人、犯罪的少年,还有行为异于传统常规和保守界线的人,都被视为接受这种治疗方式的候选人。有医生甚至尝试,用它来治疗一般认定的认知缺陷,像是同性恋、慕雄狂(nymphomania)、犯罪行为,以及大麻或是药物上瘾。弗里曼称这些人为"无法适应社会的人"。在接受前额叶白质切断术的患者中,女性占了多数。有忧郁症、躁郁症,或是以当时的社会与文化标准来看比较淫荡的女人,像是性欲较外显的单身女性,都被认为是接受这种手术的人选。

马萨诸塞州贝尔蒙的麦可伦医院是美国顶尖的精神病院,一九三八年到一九五四年间,在这里接受前额叶白质切断术的病人中,有百分之八十二是女性。如果以整个美国来看,虽说精神病院的患者以男性居多,但是在所有接受前额叶白质切断术的病人中,女性还是占了百分之六十到八十。

乔没有告知罗斯和其他孩子,就擅自帮罗斯玛丽安排了这项手术,而且希望愈早进行愈好。除了不人道的弗里曼急欲进行手术,迫切需要控制罗斯玛丽的行为,也促使乔私自做了这个决定。

一九四一年十一月十日,圣格特鲁德的托马斯·穆尔再度写信给乔,告知一些罗斯玛丽一直有的问题。十一月二十八日,乔在写给某个朋友的信中提到,他要前往华盛顿,"去探望我在那边的两个孩子",但事实上,他住在华盛顿的孩子,应该有杰克、基克和罗斯玛丽三个。二十三岁的罗斯玛丽,这时已经住进了乔治·华盛顿大学附设医院。一九四一年的后九个月,弗里曼和瓦特帮包括罗斯玛丽在内的二十八位患者,执行了手术。截至那时为止,他们已经给将近八十位患者做过手术了。

乔有没有告诉罗斯玛丽,她将要接受手术?罗斯玛丽有提出任何疑问吗?乔有照实回答吗?他有没有告诉罗斯玛丽,那是他想要她做的事,但是决定权在她呢?乔知道罗斯玛丽很爱她的"爸爸",不会让他失望的。乔有告诉女儿,她的行为让他失望吗?罗斯玛丽知道她的母亲、兄弟姐妹都很担心她、害怕她出事吗?她做何感想呢?我们只能凭想象去猜测这些问题的答案了。

当初不知道是谁带罗斯玛丽到医院的,或许是乔,或许是艾迪和玛丽·摩尔,也可能是圣格特鲁德的人。到了医院后,医生和护士应该会跟她解释必须把她的头发剃掉,那个爱漂亮、也喜欢人家称赞她漂亮的罗斯玛丽,现在竟然得剃掉头发,她有说不要吗?弗里曼的十号病人就是这样子——弗里曼说她因为"过度重视"她的卷发,所以一直不愿意接受手术。在瓦特医生一再保证会"竭尽所能……保住她的头发",这个病人才答应接受手术。弗里曼认为这样的考虑根本不重要,因为手术结束后,这些病患就不会再"过分"重视外表了,那时候他们和别人谈起这件事时,将会落落大方地提到他们曾经剃光头发。

手术过程中,罗斯玛丽会被绑在手术台上,然后在头骨接近两侧太阳穴的地方做局部麻醉,接着,瓦特会在这两处钻洞。根据弗里曼和瓦特的说法,只有极其不安和陷入"恐慌状态"的患者,才得动用镇静剂。病人恐慌反应肯定会随着手术进行愈来愈明显,但是医生们却认为,患者在手术过程中最好是清醒的,这样医生才能随时监测手术的效果。弗里曼和瓦特当然也注意到,大部分的患者都对这项手术感到紧张害怕。在他们的描述中,患者"必须承受无法言喻的折磨,他们的手脚会被绑在手术台上,头发一直剃到头顶,然后眼睛用毛巾或布包起来,让他们看不到外界"。接着,"会听到仪器发出的声响,抽吸装置发出的噪音、用电灼烧冒出火花的声音等"。有患者表示,他们巴不得生命在当下结束,有些人则大叫救命。但是医生们却表示,这些害怕的状况都是有益的,当病人承受的痛苦达到某个境界,"就不会再注意到手术带来的其他痛苦了"。

瓦特照着弗里曼的指示,在罗斯玛丽的两侧太阳穴附近开始凿洞。罗斯玛丽可以清楚听到,手术器材在她的头骨上"开洞"的声音。"或许是因为头骨直接承受了压力,所以一旦开了洞后,患者的恐惧会更加明显,"两位医师这么描述,"而且这种穿凿的声音,一点儿也不输给在牙齿钻洞的声音。"毫无疑问,罗斯玛丽可以感受到"白质切断器"(leucotome)划过大脑硬膜时造成的疼痛,这个白质切断器是弗里曼和瓦特自己研发的,专门用来做额叶切断术。

瓦特事后回忆起,在帮罗斯玛丽动手术时,他也是采用例行的方法:"穿过头骨后,我在大脑上开了一个切口,位置比较靠大脑前面一点。这个切口很小,不超过一英寸长。"接着,瓦特拿起一支宽约四分之一英寸,可以弯曲的特制刮刀,从侧边的凿孔穿进罗斯玛丽的大脑,在额叶的部位,一边刮、一边转动刮刀,并往大脑的更深处挖去。弗里曼要罗斯玛丽唱一首歌,背一些《圣经》经节、讲一些关于自己的事、数数,或反复念十二个月的名称等。手术进行到这个阶段,患者会觉得疼痛已经比较缓和了,但他们还是明显非常恐惧,呼吸也依旧急促。有些病人会想要挣脱双手的束缚,或是用"可以弄痛人"的力道抓住护士的手。瓦特表示,罗斯玛丽有配合要求,唱了几首歌,讲了几个故事。看一切顺利,于是瓦特大胆地剪断更多连接额叶与其他大脑部位的神经末梢。不过,就在他剪了第四刀,也就是最后一刀后,罗斯玛丽开始语无伦次。渐渐地,她不再说话了。

不用多久,顶多几个小时吧,医生们就发现这次手术出了差错。做了额叶切断术后的罗斯玛丽,几乎完全失能了。弗里曼先前宣称,这项手术会让她的个性变得比较温和,比较不情绪化。但是手术的结果显然不是这样。罗斯玛丽没办法走路,也没办法说话了。经过几个月的物理治疗和细心照料后,罗斯玛丽好不容易可以移动身体,但程度仍然非常有限。她的一只腿和脚,向内弯成奇怪的角度,所以走起路来非常吃力。她只剩下一只手臂可以稍微活动,也不大能说话了。这个手术显然破坏了罗斯玛丽大脑中某个非常重要的部分,彻底拭去了她多年来的情绪、生理与智能发展,留下的是完全没有自理能力的罗斯玛丽。在一旁协助手术的护士被这个情形吓坏了,立刻离开了护理工作,一辈子受这件事的阴影笼罩。

患者切断额叶后的反应,在几个小时、几天、几个星期内,可以有很大的差异。有些人会呕吐不停,有些人会有几个星期、几个月,甚至更长的时间受尿失禁所苦。他们时而焦躁不安,时而沉静,大多数的病人都面无表情,眼睛呆滞无神。有些病人会去拉扯头上敷的药,或是因为困惑害怕,变得很容易激动,经常失控地大哭或大笑。另外有些人,吃饭、梳洗、穿脱衣服都需要他人效劳,就像罗斯玛丽一样。肯尼迪的外甥女安·嘉甘在一九六〇年代,搬来和肯尼迪一家人同住,也在那时候和罗斯玛丽熟识,她表示:"医生们一看到就知道手术失败了。光从外表看,就知道有问题,她的头往一边倾,而且几乎完全丧失了说话的能力。"

一年后,也就是一九四二年,弗里曼发表了他们在前额叶白质切断术的研究报告,罗斯玛丽是数十个案例中的一个。报告里没有写出病人的名字,只用案例号码表示,所以没有办法确认罗斯玛丽是当中的哪一个。但是失败的案例,也只有在批注的地方草草带过。这篇报告的作者有弗里曼、瓦特,以及在大学做研究的希尔玛·亨特(Thelma Hunt)医生,报告表示,有几项试验的结果在统计上是有正面意义的,像是改善情绪、缓解忧郁、缓解强迫性或破坏性的个人行为、改善恐惧或焦虑。

然而,他们并没有提到负面的长期副作用。根据他们自己的记录,还有公开发表的研究结果,有许多患者因而变得更好斗、更刻薄,更难有正面的社会互动。还有些人变得健忘、自我,通常也比较没有情绪,有时候甚至连对身边爱他的亲人也漠不关心。有些人会性欲高升,甚至像色情狂一样。有些患者首次出现暴饮暴食、幼稚的行为、失眠、爱哭和强迫症等。还有些人会开始有类似癫痫发作。病人的尿失禁、紧张症,无法走路或使用手和手臂等自理问题,都为他们的家人带来无比困扰,但是这份研究却声称"有百分之六十三的案例结果令人满意",另外"有百分之十四的存活者结果也不算差"。对于有百分之九的病人因为手术死亡,作者们只是轻描淡写地带过,至于剩下百分十四那些手术结果"差"的病人,他们则没有多提。在一九四一年十二月研究报告完成之际,也就是罗斯玛丽手术后的一个月,有两名病人还属于"有争议"的状况,所以没有列入上述分类。尽管结果看起来很糟,却一点儿也没有影响弗里曼和瓦特的看法。而且很令人不可思议的是,他们和亨特竟然下了这样的结论:

> 大部分的病人都可以过着相当活跃、正面的生活,他们的生命不再受之前病痛带来的疑虑与恐惧干扰,他们的智能完好,也开始对外界生活燃起了兴趣。当中有许多人在他们迈入成年以来,从来没有适应得这么好过。有些人担起了新的责任,也具备了充足的能量和想象力向前迈进,不再受过去的不安所束缚。所有病人几乎都发现他们的生命比以前欢乐,他们也更融入生活环境了。

在美国,接下来的二十年,有成千上万名病患被迫接受前额叶白质切断术,一直到一九五〇年代,抗精神病和抗忧郁症的药物问世后,才逐渐取代这项手术。瓦特后来离开了弗里曼,但是弗里曼依旧如火如荼地从事这项手术。他犹如渴望他人注意的秀场人物,带着自以为是的救世主信念,想要借由这项手术,来拯救无辜患者的生命,即使其他医生和医学专家不断呼吁,要严加管制与监控,他仍一意孤行地继续他的实验。弗里曼有自信,自己可以做得和神经外科医生一样好,于是他研发了一些新的手术工具,来缩短执行前额叶白质切断术所需的时间。接下来的二十年内,他又做了数千次前额叶白质切断术,有时候一天甚至可以做二十几个手术。他修改了"冰锥",让它能直接从病人的眼窝钻进额叶。

第八章　再见了，罗斯玛丽

那年秋天，乔和罗斯把他们在布朗克斯维尔的房子卖了，之后就海恩尼斯和棕榈滩两地轮着居住。罗斯玛丽在乔治·华盛顿大学附设医学院等待复原；尤妮斯、帕特、博比、琼和泰德在学校念书；乔继续担任公职；杰克和基克在华盛顿，所以排在感恩节的搬家行程，就只有罗斯一个人留下来监督打包和搬运。"这座房子已经没有用处了。"十二月五日，罗斯在纽约市的广场酒店（Plaza Hotel）写了一封信给孩子们。虽然他们"曾在这个地方度过欢乐的童年、春天和秋天在院子的草地上嬉戏、冬天从白雪覆盖的斜坡滑下……但是现在的我对它毫无挂虑，我的心中就只有那蓝天下的棕榈滩别墅"。

发生在罗斯玛丽身上的事，乔是不可能隐藏太久的。看得出来在事发不久后，罗斯写信的习惯就大大不同了。之前，罗斯经常会将家人的近况先写成一封信，再交由秘书打字成好几份后，分别寄给每个孩子。但是在这封信里，罗斯没有提到罗斯玛丽。罗斯曾经说过，她"差不多一个星期会给孩子们写一封信，信的前两页写的是全家人的近况，然后交由秘书去打字"，每一个孩子的状况"大概占一两段"。然后，她会再亲手写给每个孩子私人的信。但是接下来的二十年，罗斯在写这些冗长的信件给孩子们，或其他近亲好友时，绝口不提罗斯玛丽。她的孙女阿曼达·史密斯（Amanda Smith）在写一本关于乔·肯尼迪的书时发现，这段时间内，大家都不再提罗斯玛丽了，就算是有，"也都只是间接提起"。

圣诞节时，全家人在棕榈滩相聚，独缺罗斯玛丽。那个圣诞假期对肯尼迪一家人，或是广大的美国民众来说，都很扫兴。十二月七日，日本偷袭了珍珠港，美国在隔天对日本宣战，到了十二月十一日，美国国会也宣布，同时对日本的盟国意大利与德国宣战。美国终于加入战争了，与乔当初想的背道而驰。

圣诞节一过，基克和帕特就到纽约去找朋友了，尤妮斯则是前往加州，进入斯坦福大学就读。小乔去了佛罗里达杰克森维尔（Jacksonville）的空军基地接受训练，杰克则是到华盛顿的海军情报室工作，和罗斯留在棕榈滩的就只有琼、博比和泰德。乔现在已经不管政治了，改把注意力转向儿子的前途。虽然说他们的正式户籍在佛罗里达，但是他打算让小乔和杰克成为马萨诸塞州居民，并且希望小乔可以尽快进入政坛。整个冬天，一直持续到一九四二年的春天，罗斯都还经常写信给大家，报告各个成员的近况，此外还聊了一些亲朋好友间的八卦。在罗斯玛丽接受手术后的一年内，罗斯和家庭成员间仍有众多书信往来，但是当中就只有一封提到了罗斯玛丽：信中，乔告诉当时和尤妮斯住在加州的罗斯，他"去看了罗斯玛丽，她的状况很好。看起来很好"。这整件事，乔对家人一向是报喜不报忧的。乔很少提及罗斯玛丽的事，就算有，也都是很含糊地带过,而且对象通常是小乔、杰克和基克。一九四二年到一九四四年间,他们四个人间的书信往来,也只有六封讲到罗斯玛丽,但是都没有提及她接受手术的事,也没有说她现在住在哪里。

罗斯玛丽接受手术后的二十多年,都没有罗斯去看过她的记录——当然,也不会有她在手术后的早些年去看过她的记录。安·嘉甘事后回忆起罗斯玛丽接受前额叶白质切断术这件事,表示那"真是一件惨案,不过做都做了,乔决定要竭力保护罗斯,不让她知道女儿的状况,否则她一定会心碎,况且让她去探望女儿,对罗斯玛丽也不会有什么益处,因为她已经不认得人了"。但事实上,罗斯玛丽并没有失去所有认知能力,和父母和兄弟姐妹失去联络,让她的恢复过程是既痛苦,又孤单。

没有去看罗斯玛丽,不代表心里就不挂念她。罗斯只是选择了私底下承受心痛。在她于一九七四年写的回忆录里,罗斯只说罗斯玛丽接受了一种无法公开的神经手术。多年后,她才对多丽丝·卡恩斯·古德温据实以告,罗斯痛心疾首地说,乔"以为额叶切断术会对罗斯玛丽有利的,没想到,竟然让她失去所有,我多年来的苦心也付诸流水了。一直以来,我都认为她可以就像个肯尼迪家的女儿一样,只是稍微迟缓了些。但是这一切,在刹那间全被摧毁了"。罗斯的坦诚表露无遗:额叶切断术带给她的伤害,一点儿也不亚于对罗斯玛丽的伤害。

我们不知道他们是怎么告知罗斯玛丽的兄弟姐妹手术和手术的结果,但可以确定的是,他们知道的不多。罗斯玛丽最小的妹妹琼当时十三岁,她以为罗斯玛丽"搬到美国中西部了,在那边担任老师,或是助教"。小泰德对于罗斯玛丽突然消失最是不安。当时九岁的泰德认为，他"最好乖乖听爸爸的话，要不然，自己也会离奇失踪"。乔告诉过泰德和其他兄弟姐妹："家里不准有人哭。"所以不管有什么害怕的事，他都闷在心里。对家里的孩子们来说，父亲的命令是至高的权威。"绝对不要侵犯别人的隐私。"他也曾经充满威严、不可妥协地下了这样的指令。

尤妮斯的儿子蒂莫西（Timothy）在他的回忆录中提到："因为大家平时各忙各的，所以过了好一阵子，才有人注意到家中少了一个姐姐。"琼的看法也是这样："事情依旧一件接着一件临到，大家只能继续前进。"

回想起过去罗斯玛丽放假在家时，总使得家里的气氛变得很紧张，她的兄弟姐妹或许会认为，罗斯玛丽还是不要跟他们在一起比较好。或许乔告诉过他们部分事实，至少基克绝对知道父亲做了什么事，而小乔和杰克就算不知道事情的全盘经过，也略知一二。

基克留下来的信件和日记透露的并不多，但是其中有一封信，她几乎就要触犯底线了。"亲爱的爸爸，"她在罗斯玛丽接受手术的四五个月后写道，"我昨天晚上本来要跟你说一个关于华盛顿的笑话：有一个人头很痛，所以他去找了一个保证可以治好他的医生。治疗的方法是把他的大脑挖出来，接下来每天掸灰尘，持续一个星期后，再把它放回去。一个星期过了，那个人却没有来把他的大脑领回去。两个星期后，医生在街上遇到了那个病人，便问他：'你不要你的大脑了吗？我每天帮你掸灰尘，你应该不会再头痛了。'那个人回答：'啊，我都忘了。不过我现在不需要大脑了，我已经在华盛顿找到工作了。'"

罗斯玛丽突然失踪这件事，对尤妮斯的影响最大。或许在罗斯玛丽接受手术前的几个月，基克就已经把父亲打什么主意告诉她了。手术前的两个月，尤妮斯进曼哈顿维尔的圣心书院就读，这所学校已经开始提供女性全面的大学课程。一九四一年的秋季，同学们发现尤妮斯看起来病恹恹的、很忧郁，也很有距离感。圣诞假期结束，大家回到学校后，发现尤妮斯的房间已经清空，而且新学期不会再回来上课时，都很惊讶。尤妮斯的说法是罗斯想要她回斯坦福去，她一开始答应了，但是后来又说她"在斯坦福时，并不开心……那个地方不适合她"。罗斯表示，去斯坦福对她的健康比较有利。或许，罗斯觉得离得远远的，会让尤妮斯比较能够适应没有罗斯玛丽的日子，然而斯坦福的同学都注意到尤妮斯不但消瘦了，还老是蓬头垢面。罗斯很担心尤妮斯的健康，所以在一九四二年的春天搬到斯坦福和她同住，甚至陪她一起上课。从一九四二年和一九四三年的照片可以看到，当时的尤妮斯有多么消瘦、虚弱。尤妮斯后来说，她有至少十年的时间，不知道罗斯玛丽人在哪里。虽然尤妮斯后来被诊断出患有爱迪生氏症（Addison's disease），然而失去姐姐的压力，恐怕加重了她的病情。

罗斯玛丽只有短暂待在乔治·华盛顿大学附设医院，没多久，就转到克雷格之家（Craig House）这所私人精神疗养院。这所疗养院位在哈德逊河上，距离纽约市北边约五十英里，是许多有钱人家藏匿他们有障碍、有成瘾问题，或严重精神问题的家人的地方。因为距离纽约近，有地利之便，所以这所医院就成了纽约市，甚至美国各地商业界、娱乐圈、政治家和艺术界名流的首选。著有《了不起的盖茨比》的美国文学巨擘弗·斯科特·菲茨杰拉德（F. Scott

Fitzgerald)的太太泽尔达·菲茨杰拉德(Zelda Fitzgerald)，就曾经因为严重的精神问题与忧郁症，一九三四年时在这里住了几个月。一九五〇年初，名演员亨利·方达(Henry Fonda)的第二任妻子弗朗西斯·西摩儿·布罗考(Frances Seymour Brokaw)，也在这里住了几个月，最后在她的房间里自杀。

住在克雷格之家的病人，每天都有严谨的语言治疗课程、各种休闲活动、健康的食物，以及宁静的环境。当时的精神科医师都认为，对这些家境宽裕的精神病患者和有残疾者，这个地方再适合不过了。护士和受过训练的工作人员众多，与患者的相对比例高，是让克雷格之家最引以为傲的事。罗斯玛丽住进克雷格之家时，院里有大约三十名病人，他们可以在院里游泳、打网球场、打高尔夫球，还可以从事各种室内活动，非常符合上流人士对交际与娱乐的需求。然而，这个地方虽然拥有占地三百五十英亩的花园绿地、树林和步道，以及训练有素的工作人员和舒适的环境，却还是没办法把罗斯玛丽治好。现在她不但智能减退了，生理状况也很糟糕。

罗斯玛丽必须学习控制她的身体，重新学会吃、喝、沟通、走路，然后和他人互动。这些物理复健和治疗，都不是克雷格之家有能力提供的，这样的地方只适合让罗斯玛丽暂时修养，但是，她却在那边待了七年之久。

从证据上来看，罗斯玛丽住在克雷格之家的前几年，只有乔去探视过她，罗斯和其他兄弟姐妹都没有去过。即使是乔，在这七年当中去探访的次数也是少之又少。罗斯玛丽见到乔时的反应并没有留下记录。反倒是玛丽·摩尔去探视罗斯玛丽的次数还比较频繁，她扮演的角色是乔的好友，负责把罗斯玛丽的需求，以及照护的状况转告给乔。罗斯玛丽受的个人与医疗照顾还是很周到的,乔帮她额外请了护理人员和随侍人员,她在克雷格之家有"私人的值班护士、洗衣人员、美发师、药剂师和裁缝师等"。住在克雷格之家的费用每年是五万美元,为了这些额外的福利和资源,乔每个月还得多付两千四百美元,在医疗保险尚未成熟的年代,这种天价,也只有乔这样的大富豪才负担得起。

乔和克雷格之家的医生和工作人员还是有沟通,但通常是通过他的秘书进行的,这些秘书会把乔交代的事转告克雷格之家,同时也负责支付每个月的账单。乔在一九四二年和一九四三年间,写给杰克的信中有大略提到,罗斯玛丽每天都会游泳,这对她来说是一辈子的习惯了,她的母亲也是如此,另外"她很开心""看起来很好""有比较好一点了"。一九四四年二月二十一日,乔在一封写给小乔和基克的信上提到,"罗斯玛丽的状况也很好",最后,他以"全家人都过得很开心"总结家人的近况。从一九四四年夏天到之后的二十多年间,罗斯玛丽就不再出现在肯尼迪家书当中了。

多年后,罗斯称罗斯玛丽不幸的遭遇为肯尼迪家的第一件悲剧。一九四〇年代,也就是罗斯玛丽隐居在克雷格之家的这段时间,肯尼迪家遭遇了更多危险、死亡和伤痛。一九四一年秋天,杰克加入美国海军。他先升上中尉,之后担任 PT－109 鱼雷艇的指挥官。一九四三年的八月二日清晨,杰克和他的船员在所罗门群岛巡逻时,一艘日本籍的驱逐舰,撞上了他们体型相对较小的木船,两名队员因而丧生,杰克和几位受伤的船员保住了性命。他们在海上游了几个小时,过程中,杰克还得拖着一位受伤的士兵前进,好不容易来到一座附近的小岛，在当地居民的协助下，杰克和他的属下获救了。乔并没有立刻让家里的人知道杰克失联的事，他打算等到事情的结果确认时，再告诉罗斯和家里的其他成员。只是没想到，《波士顿环球报》竟然抢先一步，报道了杰克获救的消息，把罗斯和其他人都吓坏了，也对乔隐瞒这件事抱怨连连。短暂休息后，杰克便再度回到南太平洋了。

战火很快地让肯尼迪家再度陷入愁云惨雾。一九四四年八月，担任美国飞行员，驻军在英国的小乔，被指派一项飞越英吉利海峡，闯进法国北部的秘密任务，小乔明知道这项任务有多么危险，却还是答应了。这项秘密行动名为"阿佛洛狄忒行动"（Operation Aphrodite），按照计划，他们要将老旧的 B－24 轰炸机改造成飞行炸弹 BQ－8，上面装载超过十吨重的炸药。然后，由小乔和另一名飞行员威尔福德·托马斯·威利（Wilford Thomas Willey），驾驶这部轰炸机跨越英吉利海峡，在靠近他们的目标——位于法国北部米摩耶克斯（Mimoyecques）的一处纳粹军事基地时，他们必须跳伞离开，这时和他们同时行动的两位 B－17 飞行员，将利用遥控引导飞行炸弹撞向目标。但是这两名飞行员竟然早了十分钟启动操纵，小乔和威利当场毙命，两名操纵飞行员驾驶的 B－17，也差点就毁于一旦。

小乔殉难的时候，基克住在伦敦。她原本待在华盛顿，持续为《时代先驱报》写社会专栏的，但是她想念在英国的朋友，又见大家几乎都积极投入战事，为英国效力，她也很渴望加入，但是她的父母当然不同意。为了规避他们的反对，基克加入了红十字会。最后，父母也知道他们无法阻挡基克上前线服务的决心，就像她的哥哥们一样，只好让她在一九四三年的六月，搭船前往英国。

很快地,基克就和她的前男友威廉·"比利"·哈廷顿(William "Billy" Hartington)重新搭上线。哈廷顿是德文郡(Devonshire)公爵与公爵夫人的公子,加入英国军队后,驻守在伦敦,因而得以时常和基克见面。两人很快论及婚嫁,但是比利不愿意放弃他的新教徒信仰,另一方面,基克也无法抛弃自小到大所受的天主教教导。这道裂痕为彼此都带来了伤害,只是两人之间的爱意,也随着时间逐渐加深。几个月后,基克和几位朋友,还有她在伦敦认识的一位耶稣会神父讨论过后,答应嫁给哈廷顿,并以新教徒的方式教养他们的孩子。然而,她的父母和家人对这件事的负面反应,远大于她所预期,罗斯和乔坚决反对这门婚事。一直等到婚礼的前几天,乔才勉强默许了这件事,他拍了电报给基克:"因着对上帝的信心,我想你不会做错误的决定。要记得,你仍是,也永远会是我珍视的孩子。"

和比利结婚后,基克成了哈廷顿夫人,也就是未来的德文郡伯爵夫人,但是罗斯仍然无法释怀。在好友同时也是《纽约每日新闻》(*New York Daily News*)发行人的约瑟夫·帕特森(Joseph Patterson)建议下,罗斯住进了位于波士顿的新英格兰浸信会医院(New England Baptist Hospital),报道上提到,她"因为身体不适,无法谈论这件婚姻"。对罗斯来说,天主教的教导再清楚不过:与非天主教的人通婚是滔天大罪,天主教会不会承认,也不会视基克的婚姻为圣洁。基克的妹妹们,特别是尤妮斯,也和母亲站在同一阵线。就连十九岁的博比也不谅解基克,他觉得基克背叛了他们,更认为基克大逆不道的行为,将无法获得天主信仰的饶恕。

小乔当时驻扎在东德文(East Devon)的邓克斯维尔(Dunkeswell)空军基地,距离伦敦东南边的普利茅斯(Plymouth)海岸，大约两百二十英里处。他已经获准去参加基克于五月六日在切尔西市政厅（Chelsea Town Hall）举行的婚礼，同时也是唯一一位出席婚礼的肯尼迪成员；三个月后，他将死于战场。乔在这些年来和基克变得很亲密，他挺欣赏比利的，决定不顾罗斯的反对，公开支持基克。这场婚事让罗斯伤心欲绝，她既"惊恐又心痛"。举行婚礼的那天，她办理了出院，接着从纽约飞到了弗吉尼亚州的温泉城（Hot Springs），好让身体在那里得到"应有的休息"。"这件事对我们家的声誉损害太大了……我们应该想办法和她脱离关系。"住在温泉城时，罗斯在她的私人日记中这么写。小乔大概明白家人可能会因为担心舆论，而决定牺牲掉他的妹妹，所以这么告诉他的父母："别人要怎么说就怎么说，管他的。"但是罗斯始终不愿意回信或电报给他和基克。"沉默的力量太可怕了。"无助的小乔在发给父亲的电报上这么说。

结婚当时，哈廷顿已经是少校了，婚后没多久，他便前往欧洲前线去作战。九月九日，就在他的大舅子出任务身亡不到五个星期后，哈廷顿也在解放被纳粹占领的比利时城市黑彭（Heppen）时，被射杀身亡。仍在为哥哥守丧的基克，当时暂时在纽约与家人同住，再次受到这样重大的打击，让她感到无比悲痛与孤立。她没办法从教会得到安慰，因为她嫁给了非天主教徒，所以无份同享圣餐了。

基克在九月底回到英国，和比利的家人一起为比利举办告别式，而且从比利的家人那里得到了自己家人无法给她的爱与安慰。比利的姐姐伊丽莎白回忆起说："我从来没有见过这么不开心的人。她的母亲不断告诉她，这是因为她在婚姻上犯了罪造成的。除了失去丈夫，她还担心会失去自己的灵魂。"

基克再度回到英国的红十字会工作，一直到一九四五年日本投降，战争正式结束为止。在英国的这段日子，大大改变了她；家人的疏远让她决定，在伦敦的史密斯广场（Smith Square）买一座小房子，重新开始生活。

在美国的杰克则积极为参选国会议员铺路，这原本应该是小乔要走的路的。天主教徒的选票对杰克十分重要，所以基克嫁给新教徒的事，带给他很多困扰。家人讨论后认为，如果基克可以参与助选活动，并且和他们一同上教堂，就可以证明她再次回归天主教的信仰。经过乔几个月的劝说后，基克终于在一九四五年秋天回到纽约。家人对外表示，基克决定搬回美国了，但事实上，基克心里还没有底。

基克想要过自己的生活，所以没有和家人住在一块，而是住在纽约的一家旅馆，但仍然逃不过压得人喘不过气的家庭责任，以及大家对她的期待。父亲依旧握有掌控权，老是干涉她的私生活，对她交的朋友和男朋友充满意见；母亲则依然疏远而冷淡。

没多久，她就不再参加竞选活动，或是任何肯尼迪的家庭活动了。新闻媒体也注意到了，但是到了一九四六年冬天，基克就再也不愿意配合了。肯尼迪家选择以杰克和小乔在战争期间的英雄形象，作为竞选宣传，对于同样在战场上牺牲的比利·哈廷顿，则绝口不提，这让基克很不是滋味。谢绝了父母的苦苦哀求后，基克搬回伦敦去了。身为肯尼迪家的女儿，一旦行为逾越了社会标准后会发生什么事，她再清楚不过了。她花了两年的时间重拾友谊，也和诚挚款待她的婆家相处得非常好。她再度出现在戏院、派对上，以战后遗孀的身份重建她的生活。

　　基克后来与彼得・菲茨威廉(Peter Fitzwilliam)伯爵间产生了浪漫情愫。菲茨威廉是一名获颁勋章的战时英雄，他富可敌国，在爱尔兰和英国都有产业，其中包括英国最大的私人住宅温特沃斯(Wentworth Woodhouse)。菲茨威廉已婚，有一名十二岁大的女儿。就在他四处周旋于女人之间的同时，他的妻子奥利芙(Olive)也染上了酗酒的毛病；他这些拈花惹草的行为在欧洲到处流传。然而，基克和菲茨威廉还是义无反顾地陷入爱河，菲茨威廉也决定要和他的妻子离婚，然后迎娶基克。虽然两个人都想要低调，但是流言还是在战后的伦敦传开来了。

　　一九四八年的春天，基克回到美国和家人过复活节。得知基克决定要在菲茨威廉一离婚便嫁给他，罗斯再次感到痛不欲生，而且大为恼火，甚至威胁要把她从此逐出家门。由于怕乔会再度站在女儿那边，继续资助她金钱，罗斯甚至以她要离开乔，让他"丢尽颜面"作为威胁。她相信，女儿会为了父亲，离开菲茨威廉。

　　但是罗斯错了。搭船回到欧洲的基克心确实碎了，不过这也更让她下定决心，要嫁给她所爱的人。罗斯还是做了最后一搏，尾随基克到了伦敦，希望可以改变这位二十八岁的女儿的心意。她出现在基克的公寓门口，告诉她，如果她这么做，就再也见不到她母亲或她的兄弟姐妹了。她将失去家人，得不到家里的金援，菲茨威廉真的值得她这么做吗？

　　基克还是对父亲的支持抱有一线希望。她和彼得・菲茨威廉计划五月要到法国南部的戛纳度假几天。乔在那时候刚好会到巴黎出差，他答应会在他们两个人返回伦敦前，和他们碰面。五月十三日，基克和菲茨威廉搭乘私人飞机，从伦敦出发前往戛纳。菲茨威廉和基克原本只预定在巴黎停留半小时,后来临时决定和城里的朋友一起吃饭,所以拉长了停留的时间。这顿悠闲的午餐花了他们两个小时,但是原本的好天气也被他们消磨掉了。赛文山脉(Cavennes Mountains)附近的天气快速恶化。他们的飞机驾驶看了天气预报后不是很放心,反对起飞,但是菲茨威廉执意要出发。于是,他们向着暴风雨驶去,撞上了可兰峰(Le Coran),飞机上的基克、菲茨威廉、驾驶和副驾驶当场罹难。

人在巴黎,预计几天后就要和基克见面的乔,在隔天得知消息。在美国的家人知道后错愕不已。乔承受不起这样的打击,于是把基克的后事,交由德文郡公爵和公爵夫人去办理。他们将基克埋葬在位于查茨沃斯(Chatsworth)公爵宅邸旁的哈廷顿家族墓,长眠于比利身旁。当天有两百人来参加葬礼,乔是肯尼迪家族的唯一代表。其他人则在海恩尼斯低调地举行了一个小型告别式。

一九四〇年代结束前,克雷格之家与纽约间的地利,以及它与城里政商名流的关系,开始让乔感到不安。成为战时英雄的杰克,在一九四七年的马萨诸塞州众议员选举告捷,并以参议员为下一个目标,万一被发现他有个重度智能障碍的妹妹住在疗养院里,恐怕会大大打击他的公共形象,不利于家里的政治企图。乔不愿意解释,为什么罗斯玛丽需要接受额叶切断术的治疗,对于什么时候接受治疗的,以及手术后发生的事,也不愿意多谈。很讽刺的是,接受手术后的罗斯玛丽,为肯尼迪家族的前途带来的威胁,远超过手术之前。

把罗斯玛丽搬到马萨诸塞州或佛罗里达,会让家人比较方便探望她——如果他们真的有心想去探望，或者说，可以去探望她的话。但是这两个州，实在没有适合安置罗斯玛丽的私人机构，到处都有病人遭受虐待的传闻。

位于马萨诸塞州贝尔蒙的麦克伦医院，是由建筑师弗雷德里克·劳·奥姆斯特德（Frederick Law Olmsted）设计的。院区有住宿照顾的服务，但这个选择并不适合罗斯玛丽。就像克雷格之家一样，这所私人疗养院有最好的精神科医生和专家，吸引了全国各地的名门望族，但是他们不收有肢体障碍的患者。在接受额叶切断术之前，罗斯玛丽曾经因为情绪反复无常，还有暴力倾向愈来愈明显，在这边接受过检查，但是，对于接受了额叶切断术，身体与智能的障碍都愈趋严重的罗斯玛丽，这家医院已经不适用了。

一九四八年，乔去请教了波士顿的天主教大主教理查德·库欣（Richard Cushing）。库欣是乔的好友，也是他精神上的导师。过去几十年来，天主教不断在各地兴建提供寄宿治疗的医院、疗养院和各种特教学校，其中包括在威斯康星州杰弗逊（Jefferson）的圣科莱塔学院（Saint Coletta School）。这所学校由圣方济会（Saint Francis of Assisi）的修女们经营管理，院内大约有两百名孩子，但是他们也照顾有精神状况的成人。库欣曾在一九四七年，寻求密尔沃基（Milwaukee）圣方济修女会的协助，希望可以在马萨诸塞州也盖一所圣科莱塔学院。

最后，库欣在马萨诸塞州汉诺威（Hanover）的海边盖了他的学校，校区占地一百七十六英亩，有两栋建筑物，只收了为数不多的住宿学生。后来，乔建立了一个纪念小乔的非营利慈善基金会，取名小约瑟夫·肯尼迪基金会（Joseph P. Kennedy Jr. Foundation）。一九四八年,乔通过这个基金会捐款超过十万美金,帮学校盖了一座礼拜堂、一间游戏室、三间教室,还有一栋可供四十位学生住的宿舍。不到十年,他又通过肯尼迪基金会捐了一大笔经费,现在,学校拥有好几栋住宅、增设的教室,以及给孩童和成人使用的休闲设施。然而这时候,库欣大主教很直截了当地告诉乔,马萨诸塞州的这所学校不适合罗斯玛丽。倒不是他们不想提供罗斯玛丽所需的照顾,而是在这里"很难避开大众的注意"。乔明白,也认同大主教的看法。库欣鼓励乔把罗斯玛丽送到威斯康星的杰弗逊校区。他向乔保证:"能解决你面临的问题的,是杰弗逊,而不是汉诺威。"

乔通过一位朋友,同时也是长期生意伙伴约翰·福特(John Ford)的协助,做了必需的安排。"杰弗逊校区的玛丽·巴托洛姆(Mary Bartholomew)修女已经答应,他们将全力配合,协助安置罗斯玛丽,"汉诺威校区的莫琳(Maureen)修女在给福特的信上这么写道,"我相信我们的安排会让肯尼迪先生非常满意。"一月时,乔派福特前往勘查那边的设备。"出差到芝加哥时,不知道你有没有时间去帮我找杰弗逊的巴托洛姆修女谈谈……你知道我心里盘算的事,在检视过学校后,帮我和那边的修女谈谈,我想,你一定可以告诉我你的感觉。晚点,我也会自己去一趟,可能是三月或四月时,"这是乔在一九四八年除夕,写信给福特的内容,"这是我尚未完成的工作中,最重要的一件。"

一九四九年初夏,罗斯玛丽搬到了杰弗逊。在密尔沃基的两位修女陪同下,她离开了熟悉的克雷格之家,搭上火车,前往一个小时车程外的圣科莱塔学院。接下来的十五年,福特担任起乔和修女们间的联络人,他持续探视罗斯玛丽,每个月该付给圣科莱塔的费用,也是通过他来支付的。至于乔,从此没有再见过罗斯玛丽。

　　圣科莱塔书院建立于十九世纪中叶,原本是圣方济修女会的修道院,后来演变成宗教性的女子寄宿学校。一九〇四年,在密尔沃基教区的支持与修女会的管理下,这所学校转变成圣科莱塔落后生学院(Saint Coletta Institute for Backward Youth),到了一九三一年,再度改名为圣科莱塔特殊生学院(Saint Coletta School for Exceptional Children)。学校表示,之所以一再改名字,一方面是大家对智能或身体障碍者的了解已经有所不同,另一方面,"是因为学校里有个孩子提到:'我们又没有倒退(backward)着走。'"校园占地超过两百英亩,另外还拥有一个超过五百英亩大的农场,修女们在农场上养了猪、鸡、牛、鹅等,可以生产自己的乳制品,还种了蔬菜水果等。这些食物大多是给她们自己,或是学校里的病人吃的。年幼的孩子上的,是符合他们程度的学科课程,至于年纪大一点的孩子和成人,则有机会在小区内进行职业培训。

　　罗斯玛丽住在圣科莱塔的后期,负责照顾她的玛格丽特·安(Margaret Ann)修女表示,她在一九四九年转院的过程并不顺利。她曾经听到早些年照顾罗斯玛丽的修女们谈起,罗斯玛丽"刚到这里时,完全不受控制"。一位照顾她的修女事后说,她非常不开心,而且感觉"自己永远不如兄弟姐妹们",不过她最后终于明白,"在上帝的眼里,她也是有价值的,而且被视为珍贵的。她真是个了不起的女性"。乔帮罗斯玛丽盖了一座只有一层楼的农舍小木屋,还请两位受过专业训练的修女陪她同住。这栋被昵称为"肯尼迪小木屋"的房子,位于学校的艾尔维诺之家(Alverno House)旁边,距离圣科莱塔的主校区大约一英里。艾尔维诺之家照顾的,也都是像罗斯玛丽这样,一辈子需要他人照顾的成人。罗斯玛丽在这里一待就将近六十年。

一切都上了轨道后,罗斯玛丽从修女、工作人员和其他患者身上,得到了慰藉和安全感,甚至滋生了友情。修女们说,受到专业照顾的她过得很快乐。这些修女最后和罗斯玛丽都像家人一样,她们平时会带她出去走走,但也会负责保护她不受闲杂人干扰。有些喜欢挖人秘辛的记者很希望找到罗斯玛丽,将她的故事公之于世。但是这些修女很机灵,她们不让任何人有机会和罗斯玛丽交谈或拍照。"有个叫鲁迪·荷尔斯坦(Rudy S. Holstein)的先生……来过这里,想要找罗斯玛丽,"安娜塔西亚(Anastasia)修女从圣科莱塔写信告知约翰·福特,"我们已经告诉他,除非有她父母的同意书,否则罗斯玛丽谁都不见。荷尔斯坦先生说,他是小乔的同袍。"这件事让乔气坏了。"我们根本不认识鲁迪·荷尔斯坦这个人,我也不管还有什么其他人、去那里做些什么事,总之,一切就照着你们现在的规矩做。"他这么回信给安娜塔西亚修女。

除了接受个人治疗,罗斯玛丽也参与了各种社交活动,偶尔还会和圣科莱塔的其他病人和职员一起用餐。接受肢体训练和语言治疗,依旧是当务之急。一九五八年,担任沟通窗口的安娜塔西亚修女告诉福特,她们会请专门的治疗师和医生来协助罗斯玛丽。乔表示他会支付所有费用。"你尽管去做,然后把账单寄给我就是了。"他告诉安娜塔西亚修女。他在早些年就帮每个孩子设立了信托基金,罗斯玛丽在学校的开销,都是由这笔基金支付的。不过就算没有这笔信托基金,乔也一定会想办法,让罗斯玛丽得到最好的照顾。他帮照顾罗斯玛丽的修女们买了一部车,好让她们可以带女儿到城里逛逛,也让罗斯玛丽可以用皮草大衣和漂亮的衣服来证明,她依旧是个肯尼迪家的女孩。此外,乔每年都会捐款给学校。

罗斯告诉她的外甥女安·嘉甘,罗斯玛丽做了额叶切断术这件事,她被蒙在鼓里二十年,一直到罗斯玛丽在圣科莱塔住了好些时间,她才知道。嘉甘表示,罗斯"把事情一件件拼凑起来后,终于明白真相"。这件事让罗斯有如大梦初醒,她伤心欲绝,而且悲愤不已,到处拜托朋友和家人的亲信告诉她,究竟发生了什么事。她问道,为什么都没有人告诉她呢？每个人给她的答案,和家庭护士露埃拉·亨尼西给的都一样:"因为我也不知道。"

然而,罗斯的声明显然和事实有些出入。她在一九七四年写的回忆录中提到,她和乔咨询了几位"优秀的医学专家",他们认为罗斯玛丽的状况大概就是这样了,要不,就"试试一种神经外科手术"。乔曾经和她讨论过这项手术,而且她应该也请基克进一步研究了这项手术的可行性。或许乔没有征询罗斯的最后同意,但她显然不是如她所说的,完全被蒙在鼓里。只不过,虽然有少数书信的内容可以证明,罗斯知道罗斯玛丽发生了什么事,也知道事发的大略时间,但罗斯还是可以装作什么都不知道,就像她声称的一样。

就这样,罗斯玛丽完全脱离了她原本的身份,和家人没了瓜葛。她口齿不清,智力也严重受损。诚如一位修女描述的,现在的她没有必要和兄弟姐妹较劲,所以不太"追求目标",她"接下来的人生,就只要做她喜欢的事就可以了,像是到城里逛街之类的"。罗斯玛丽的块头还是很大,身高有五尺八寸(大约一百七十三厘米)。过去的她虽然稍显丰满,但是现在,由于受限于身体活动,体重总是居高不下。除了四肢不灵活之外,罗斯玛丽可以说挺健康的。

慢慢地,罗斯玛丽也把圣科莱塔当成永久的住所了。她和几名病人成了朋友。其中有一位叫葛萝莉亚,她在前往高中毕业舞会的路上发生车祸,大脑严重受损,智能也受到影响。葛萝莉亚很会弹钢琴,虽然车祸造成的失忆,让她连几分钟前发生的事都记不得,所以没有办法学习新的曲子,但是她依旧可以演奏那些她在车祸前就学会的曲子。她们俩成了好朋友。葛萝莉亚认为她们两个会成为朋友,是因为罗斯玛丽喜欢音乐,喜欢听她弹琴,或许就像她还小的时候,喜欢罗斯弹琴给她听一样。

乔在写给安娜塔西亚修女的一封信上,向修女们表示了深深的谢意,谢谢她们给罗斯玛丽的爱,还有无微不至的照顾。完全出于坦诚的这一刻,乔告诉安娜塔西亚修女,圣科莱塔"为罗斯玛丽的问题提供了解答……正因为有她们的付出,肯尼迪家的其他人才能回到工作岗位,像她们那样,尽力把事情做好"。

第九章　因为她,他们决定改变社会

杰克在政治道路上平步青云,入主白宫不再是遥不可及的梦想。肯尼迪家再度成了媒体宠儿,大家争先报道着这个家庭的消息。不管是结婚、社交活动、慈善活动或是竞选活动,都牵引着大家的目光。杰克在一九五二年,打败了长期担任马萨诸塞州参议员的共和党党员亨利·卡伯特·洛奇(Henry Cabot Lodge),当上马萨诸塞州参议员。来年,他和杰奎琳·布维尔(Jacqueline Bouvier)在长岛的纽波特(Newport)结婚。四个月前,尤妮斯也才刚和萨金特·"萨奇"·施赖弗(Sargent "Sarge" Shriver)结婚。施赖弗是乔聘请的律师,负责管理家中最大的房地产投资事业——位于芝加哥的商品市场(Merchandise Mart)。一九五○年,博比还在弗吉尼亚大学念法律时,就和埃塞尔·斯卡克尔(Ethel Skakel)结婚了。

帕特则是在一九五四年,嫁给了演员彼得·劳福德(Peter Lawford)。随着这个富裕而光鲜亮丽的家族掌握越来越大的影响力,罗斯玛丽的景况,也就越来越显纸包不住火。一直以来,大家的说辞都是:罗斯玛丽在中西部一家收身心障碍的孩子的学校教书,不希望受到干扰。

　　国家儿童发展迟缓协会（简称 NARC, National Association for Retarded Children）的马萨诸塞州分会里，其实有很多人知道罗斯玛丽智能障碍的事，他们自己的孩子或是手足，也都有同样的问题；但是他们并不知道罗斯玛丽做了额叶切断术。一位 NARC 的家长伊丽莎白·博格斯（Elizabeth Boggs）说，一九五五年，NARC 马萨诸塞州分会曾经通过库欣大主教，商请肯尼迪家族资助 NARC，并为 NARC 发声。"我们通过在波士顿的渠道，试图联络肯尼迪家族，但是没有得到任何回应。"博格斯记得，NARC 马萨诸塞州分会的主席约翰·费廷格（John Fettinger）这么说。博格斯强调："再怎么说，肯尼迪是马萨诸塞州选出来的参议员，我们自然会想要请他帮忙。"两年后，杰克再次让博格斯失望了，他没有支持第一次提出的"心智迟缓法案"（mental-retardation bill），也没有去这项法案的公听会听证词，包括博格斯提出来，寻求大家支持这项法案的证词。"又没有人要他昭告世人，说他有个智能障碍的妹妹，所以才支持这项法案，但他什么也没做。"

　　一九五八年，杰克再度角逐马萨诸塞州参议员的同时，在父亲的引导和鼓励下，他开始为一九六○年的总统选举做准备，这时，他偷偷去了趟威斯康星州的杰弗逊，首度拜访了住在疗养院的罗斯玛丽。他原本就知道罗斯玛丽做了额叶切断术，但是对结果不是很清楚——眼前所见的情景把他吓坏了。与罗斯玛丽面对面，亲眼目睹她的状况后，杰克顿时发现，自己有责任支持有关残障者的立法。

　　一九五八年，大伙儿还在为杰克得以参与总统竞选兴奋不已时，尤妮斯给了父亲一个建议，她希望肯尼迪基金会拨更多资金，来研究智能障碍的病因与治疗。截至那时为止,有百分之八十以上的肯尼迪基金,都是通过天主教机构,或是少数的新教徒机构,去帮助贫穷或有需要的人,剩下的才用在智能障碍的孩子们身上。一九四七年,这个基金会成立时,尤妮斯也是董事会的成员。虽然她的名字没有经常出现在年度报告上,但她确实在基金会的运作上扮演着极为重要的角色。现在,她很清楚地表示,希望将基金会的焦点放在智能障碍的孩子身上,特别是研究发展障碍和智能障碍的成因上。

尤妮斯在大学时期,就开始对社会工作感兴趣,毕业后,便开始在社会服务机构工作。她在司法部的国家少年犯罪防范委员会(National Council on Preventing Juvenile Delinquency)工作时,也开始关心起问题少年的议题。不过,由于她还是比较喜欢直接面对人的工作,所以又换到西弗吉尼亚州奥尔德森(Alderson)的联邦监狱工作,在那边辅导被收押的妇女。最后,她回到芝加哥,通过少年法庭协助触法的青少年,同时也在天主教的好牧人之家(House of the Good Shepherd)担任义工,在那边认识了未来的伴侣萨金特·施赖弗。两人在一九五三年结婚,婚后,尤妮斯把大部分的时间,投入在照顾逐渐壮大的家庭,但是她仍积极参与杰克的竞选活动。

现在,尤妮斯把目光放在肯尼迪基金会上,决定通过这个基金会,来抒发她的社会正义感。在父亲的支持下,尤妮斯在一九五八年开始调查造成智能障碍的原因,到处拜访照顾、治疗或教育智能障碍者的医院和疗养院等机构。一九五八年八月,她访问了马萨诸塞州汉诺威的圣科莱塔之家,以及位于布赖顿,专门照顾残障儿童的约瑟夫·肯尼迪纪念医院(Joseph P. Kennedy Memorial Hospital)。

后者的服务对象,在该基金会早期关注的议题中是个异数。尤妮斯很兴奋地写了一封信给她的父母亲,告诉他们,从这家医院着手研究智能障碍再适合不过了。她在信上说,这家医院"做了好多事,而且做得很好,他们可以尽管拿我的钱去用"。她跟医生们提到了做研究调查的事,她相信,有那些"优秀的修女"协助,这地方将会是一个"研究的宝库"。

萨奇也在尤妮斯的影响下跟着投入这些研究,两人的效率非常快,立刻在基金会设立了一个医学暨科学顾问团,并邀请约翰·霍普金斯大学的小儿科主任罗伯特·库克(Robert Cooke)担任顾问团主席,针对研究策略提出建议。库克本身就有两个智能障碍的孩子,他认为大家不应该以眼不见为净的态度,来看待有障碍的孩子,而是要把他们当成小儿医学必须正视的问题。他也提出,在治疗上应该采取"药物和照护"双管齐下的方式。施赖弗夫妇向国家神经系统疾病暨失明研究院(National Institute of Neurological Diseases and Blindness)的院长理查德·马斯兰(Richard Masland)建言,希望可以在约翰·霍普金斯成立一个以儿童健康为宗旨的研究中心与临床计划。在咨询了多位医生和科学家后,肯尼迪基金会的一个新愿景与新使命,就此诞生。

尤妮斯相信,他们会为这个领域带来重大影响。社会对身心障碍者的歧视、误解与缺乏认识,让相关的研究与设施非常短缺。尤妮斯决定改变基金会的方向,并提供经费研究智能障碍的成因、产前与产后的护理,以及教育和医疗服务。教育推广、支持服务、为障碍者盖居所、提供研究经费和设立研究中心等,成了基金会财务支出的一大部分。一九五七年,也就是基金会成立后的第十年,基金会的支出中,只有百分之十七用在心智发展障碍的研究与相关计划上,但是到了一九六〇年,它的比重已经翻为三倍。

乔从来不会放弃任何可以为肯尼迪家打知名度的机会,他心里很清楚,这些作为可以让肯尼迪的名字在新闻中不断出现。他捐钱是事实,只不过有很多捐款都是匿名,或是低调进行的。现在基金会有了这个新愿景,也就是尤妮斯的愿景,乔乐观其成地把基金会的主导权默默转交给了她和萨奇。

杰克最后表态支持残障法案,和基金会的新使命不谋而合。一九五八年,有参议员提案修法,要增加联邦政府对地方政府的协助,以扩大对身心障碍孩童的研究与教育,他就是这十一位参议员中的一员。这项法案在众议院和参议院通过,成为编号 85－924－926 的公共法案,之后又成了美国联邦政府在一九六五年通过的《高等教育法案》(Higher Education Act)下的第三标题(Title III),内容是联邦政府支持特殊教育的计划。

杰克在竞选期间,并没有多提罗斯玛丽的状况。一九六〇年七月,《时代》杂志刊登了一篇与总统候选人杰克有关的文章,内容提到"罗斯玛丽——肯尼迪家的大女儿,因年幼时感染脊髓膜炎生病,现在住在威斯康星州的一家私人疗养院"。这篇文章没有直接讲到罗斯玛丽有智能障碍,也没有提到额叶切断术让她的病情更加严重。文中表示,乔·肯尼迪曾说:"过去,我一直觉得这是件不可告人的事,但是我后来发现,几乎我认识的每个人,都有个亲人或好友有这样的问题。我想,该是把这些问题搬上台面讨论的时候了。"这篇文章只在脚注提到罗斯玛丽的诊断:

罗斯玛丽的不幸造就了肯尼迪家族的慈善事业：小约瑟夫·肯尼迪基金会。自从一九四八年成立以来，这个基金会已经花了一千三百五十万美金，在马萨诸塞州、纽约州、伊利诺伊州和加州等地，为智能障碍者建盖了十几家疗养院和医院。今年，他们将再花一千万美金来延揽顶尖的医师、心理学家和精神科医师，以进行更先进的研究计划。

《纽约时报》也在同一个星期的肯尼迪竞选新闻中提到"罗斯玛丽住在威斯康星州的一家疗养院"，但是并没有提到原因。

任职《田纳西纳什维尔报》(*Nashville Tennessean*)，负责报道总统竞选新闻的记者约翰·西根塔勒(John Seigenthaler)在那年七月，很难得地取得了访问乔·肯尼迪的机会。"那时《时代》杂志才刚透露罗斯玛丽有'智能障碍'的消息，"西根塔勒回忆道，"乔说：'我不懂为什么有八个孩子的头脑这么灵光，却有一个这么驽钝。我猜想，这一切都是上帝的作为吧。我们只能尽可能地去让事情好过一点。'"乔很得意地告诉西根塔勒，尤妮斯"比任何人都知道怎么帮助有智能障碍的人"。

一九六〇年的十一月，杰克·肯尼迪在和来自加州的尼克松(Richard Nixon)打了一场激烈的选战后，当选美国总统。两个人的得票，差距是有史以来最少的，只差了百分之零点二。肯尼迪成了美国史上最年轻的总统，也是第一位天主教徒总统。不到一个月，NARC发行的报纸《受限的孩童》(*Children Limited*)上，刊登了一张照片，是杰克·肯尼迪和NARC宾州分会会长的合影，一旁的说明文字是:"新任总统有个智能障碍的妹妹,目前住在威斯康星州的一家疗养院。"内容还是没有提到罗斯玛丽接受过额叶切断术,不过已是第一次对外公开她智能障碍的事。但是肯尼迪家还没打算多谈罗斯玛丽的事,所以 NARC 只好立刻发文给相关单位,要他们不要再重复这项讯息。"不要再提这件事。"这是伊丽莎白·博格斯从NARC 收到指示,确切的文字是:"肯尼迪家的人不想要提这件事,所以我们将尊重他们的意见,就像我们尊重其他家庭的意见一样。"

杰克当选总统后,尤妮斯立刻把握机会,说服哥哥成立"智能迟缓委员会暨国家儿童健康与人类发展研究院"(简写为 NICHD,Committee on Mental Retardation and the National Institute of Child Health and Human Development)。国家卫生研究院(National Institutes of Health)认为没有这个必要,并不赞成为儿童健康与发育另设单位。但是在施赖弗夫妇、库克医生等人的游说下,肯尼迪上任不到几个月,就发布行政命令,成立了 NICHD。有乔的指示,再加上尤妮斯坚强的意志力,这个新成立的机构很快就开始运作了。

一九六一年春天,《阴暗角落》(*The Dark Corner*)这部得奖纪录片在白宫播放,片里的主角是马里兰州的智能障碍病人。电影内容是由记者罗尔夫·赫兹加德(Rolf Hertsgaard)撰写的,并由他担任旁白,制片公司则是巴尔的摩的 WBAL 电视台。这部电影给大家带来了相当大的震撼。那年夏天,总统智能迟缓小组的二十七位成员开始动工,预计在一年后将研究结果呈报总统。这件事工程浩大,一年的时间实在不算长。

杰克当选总统后,任命萨奇到刚成立不久的和平队(Peace

Corps)担任队长,于是施赖弗夫妇从芝加哥搬到了马里兰。这个和平队也是肯尼迪总统的新政绩,希望可以借此号召国家的年轻人,到世界各地做两年的志愿服务,提供技术、经济和社会上的协助。将重心放在身障孩童身上的尤妮斯还记得,那些年,她和母亲,还有其他兄弟姐妹陪伴罗斯玛丽的情形。他们经常打网球、游泳、驾驶帆船、跑步等等,那些活动对罗斯玛丽的生理和心理,都有很大的帮助。

尤妮斯发现,一般残障儿童可以从事的活动,可以说少之又少。这些活动大多是 NARC 提供的,全国也只有几个小孩受惠。不管是住在疗养机构、家里或学校,这些智能障碍的孩童很少有机会从事运动,或是训练体能。尤妮斯丝毫不浪费任何时间,立刻在一九六一年举办了第一届施赖弗夏令营(Camp Shriver),招生对象是有身心障碍的孩子,地点则是他和萨奇位于马里兰州廷柏隆恩(Timberlawn)的房子。过程中,孩子们可以尽情在户外游戏和游泳。一九六二年,第二届的施赖弗夏令营大爆满,附近的大学生们也纷纷前来担任小辅导员,帮忙照顾几十位身心障碍的孩子。这些孩子们奔跑、跳跃、游泳、爬绳索、骑马、跳舞和打球等等,处处充满了欢笑声。

一九六一年十二月十九日,就在杰克上任还不满一年时,老乔中风了,身体因而瘫痪,从此失去了清楚说话沟通的能力,终身得坐在轮椅上,直到死去都需要他人照顾。八年后,乔因为无法掌理自己的事业、参与社交活动,或者帮孩子们打理政治生涯,于是陷入沉默,将自己封闭起来,任凭世界运转。"他还是很有精神、很有活

力,"罗斯在一九六三年春天的日记里这么写,"他会表达意见,但是
我们没弄懂他的意思,或照顾他的方式不如他意时,他也会生气。
他会用手臂或腿去推打护士。"失去健康的乔,现在没有办法走路,
也没办法好好说话,情况就像他的大女儿一样无助。

　　一九六二年秋天,就在大家引领期盼的总统智能迟缓小组的报
告出炉前,尤妮斯写了一篇文章刊在《周六晚间邮报》(*Saturday
Evening Post*),标题为"迟缓儿童的希望"。文章里,尤妮斯将罗斯玛
丽从小到大面临的各种生理、智能和情绪需求,以及家人饱受折磨
的历程,娓娓道来。"她长得很漂亮,"尤妮斯写道,"但是她从小就
和大家不一样。她学会爬……走路、说话的时间,都比一般人晚。"
父母希望她可以和大家一起住在家里,不想要把她送到疗养院。
"但是,在家照顾迟缓孩童,是件非常辛苦的事。母亲曾说,最困难
的地方,是说服其他孩子跟她玩,另外她还得找时间陪她,给她所需
且应得的关注。"全家人都很担心罗斯玛丽随时会发生意外,像是不
小心走丢之类的。尤妮斯也坦承,罗斯玛丽到了二十二岁时,确实
变得比较"暴躁而难以相处"。如果可以找到一个地方,"每个人的
能力都和她差不多……让她不用'一路追赶',或纳闷为什么她不能
像其他人一样参加活动,"或许就可以解决这个问题。分析智能与
发展障碍相关的数据,了解他们欠缺的,是创造"有价值的生命"的
资源后,尤妮斯便就研究、教育和职业训练几个方面,提出了看法。
她在文章中指出,借着适当的训练、恰当的照顾、社区的支持,以及
国家和私人的资源,身心障碍者还是有机会过充实快乐,而且独立
自主的生活。然而,尤妮斯还是没有提到,罗斯玛丽因为接受额叶
切断术,情况严重恶化的事。

一九六二年十月十七日,就在美国中央情报局发现,苏联正在古巴建造导弹发射基地后的第三天,肯尼迪总统签署了第87－838号公共法案,同意成立智能迟缓委员会暨国家儿童健康与人类发展研究院。这个研究院将把研究重点放在"人体从受精到年老这个复杂的发展过程",并且提供经费,研究造成先天缺损以及智能与生理障碍的原因。五天后,就在古巴导弹危机不断升高,同时也是尤妮斯的文章在《周六晚间邮报》发表的一个月后,总统心智迟缓小组发表了第一份报告。即使核战爆发的危机让总统承受"极大的压力",分身乏术,但他还是很仔细地看了这份前所未有的文件。建议清单上的重要内容包括:设立新法,以提供残障人士保障,并满足他们的需求、重组国家单位与机构,以配合这个新的工作重点、提供这些新成立的国家计划与措施所需的经费等。

伊丽莎白·博格斯事后表示,报告上这些提议能够广为大众接受,尤妮斯在《周六晚间邮报》发表的那篇文章功不可没。一九六二年十二月,在这份报告发表后,肯尼迪家人以肯尼迪基金会的名义,在华盛顿特区举办了一场盛大的宴会。这一天,斯塔特勒酒店(Statler Hotel)涌入了七百五十位嘉宾,当中政要云集,包括国会议员、大法官、内阁人员,以及科学界和医学界的领导人物等,都出席了这场宴会。肯尼迪总统颁发了第一届国际心智迟缓贡献奖(International Awards in Mental Retardation),表扬在智能障碍的科学与医学研究、提倡或推广有卓越成就的人。获奖的是由来自世界各地四百多位科学家、医生和NARC成员推选出来的五位医生,他们获颁了一笔研究奖金。在这个活动后,总统也顺理成章地在一九六三年二月五日,对国会成员发表"关于精神疾病与智能迟缓的特别演说"。

一九六三年秋天,肯尼迪总统签署了两件重要的法规。一项是一九六三年的《母婴健康及心智迟缓法案的修正案》(Maternal and Child Health and Mental Retardation Planning Amendments),用来鼓励各州更新并加强对智能障碍者的照顾计划,并授权提供经费,以协助家庭获得产前及产后照顾的资源与服务,以预防智能障碍发生。另一项是十月签署了《智能迟缓设施与小区心智健康中心的兴建法案》(Mental Retardation Facilities and Community Mental Health Centers Construction Act),目的是提拨经费设立小区型住院中心和研究中心,其中有多家和大型医学院有合作关系。

政府承诺要照顾身心障碍者,而这些立法是改变的开始。只可惜,肯尼迪总统在几个星期后被暗杀了①,接下来,肯尼迪家族在国会山的影响力也就疾速下滑了。

失去了直接与白宫商谈的渠道,尤妮斯只好重整旗鼓,另求其他有影响力的人协助。一九六八年,她举办的施赖弗夏令营,已经发展成了专业的慈善机构,全国各地有生理或智能障碍的孩子,都有适合他们参加的营队。但是尤妮斯还希望,可以得到国家更多的认同。七月,芝加哥公园区(Park District)和肯尼迪基金会,共同举办了第一届特殊奥林匹克运动会。这原是身障孩童的体育老师安妮·伯克(Anne Burke)的突发奇想。一千名来自美国和加拿大的残障青年,在军人体育场(Soldier Field)比赛,其中有许多项目都和夏季奥运的内容相似。这个体育场可以容纳八千名观众,但是当年

---

① 约翰·肯尼迪于一九六三年十一月二十二日遇刺身亡。——编者注

来观看比赛的,恐怕不到一百人。尤妮斯还没有完全从失去弟弟博比的伤痛中走出来。六月稍早,博比在洛杉矶为总统选举造势时,被暗杀了[①]。但是她还是上台致辞,欢迎来参加比赛的运动员,并承诺肯尼迪基金会将资助特殊奥林匹克运动会的训练计划,未来每两年会举办一次国际性活动。尤妮斯很快发现,这些竞赛除了显示出运动对这些孩子的重要性,也是向社会大众推广基金会愿景的好方法。现在,世界各地每年有将近两百个国家,超过四百万名残障选手,参与特殊奥林匹克运动会。

家中灾难接踵而至之际,尤妮斯对外得展现协助残障人士的决心,对内,则得在乔中风后,扛起照顾罗斯玛丽的责任。她监察圣科莱塔学院的教育、生理与心理健康服务。她和罗斯玛丽的医生、看护和护士沟通商谈,确保姐姐得到最优质、最先进的照顾。这段时间,乔因为中风在家,需要全天候的照顾,罗斯几乎把所有心力都用在照顾父亲上。乔的一名护士丽塔·达拉斯(Rita Dallas)回忆道:"任何疾病都让罗斯很紧张、不自在,乔的状况让她受到严重惊吓。"自从接手照顾罗斯玛丽后,尤妮斯开始到圣科莱塔探望她,不知道什么时候开始,其他家人也会去看罗斯玛丽了。

罗斯玛丽的情况已经算是半公开了,一九六二年,尤妮斯在《周六晚间邮报》发表了文章后,更是如此。对罗斯来说,乔虽然还是她

---

①　博比即罗伯特·肯尼迪,他在约翰·肯尼迪任总统期间被任命为司法部部长,一九六八年代表民主党参选总统,在那一年的六月五日遭到枪杀,次日身亡。被控枪杀他的西尔汉·西尔汉(Sirhan Sirhan)在二〇一六年第十五度申请假释,仍遭驳回,至今依然在服刑。——编者注

的负担,却无法再控制她,于是罗斯开始到各地去,以"智能障碍"为题进行演说。她不遗余力地呼吁大家关注智能障碍者面临的问题,因为本身的经验,让她无疑是最有资格的代言人。然而,在卸下伴随智能障碍而来的羞辱,将原本不可告人的事公之于世的同时,还有个很重要的细节,是她必须小心翼翼隐藏的,那就是罗斯玛丽接受了额叶切断术的那一段。一九六七年秋天,一篇刊载在《国家调查者》(National Enquirer)的文章,标题为"令人难过的故事……被肯尼迪总统的母亲放弃的女儿",内容提到这个充满活力与竞争的家庭,已经为照顾罗斯玛丽做了各种尝试。里头还引用了尤妮斯在《周六晚间邮报》发表的内容,还有罗斯自一九六三年开始,四处为智能障碍者演讲发声时说的话。文章中提到,肯尼迪家人发现罗斯玛丽有智能障碍问题的经过,在那之后,他们如何设法寻找可以治疗她的方法,一直到最后,罗斯和乔不得不接受,女儿的智能障碍是无法解决的。文中还提及,肯尼迪一家人从英国回来后,"罗斯玛丽的能力持续退步",家人逼不得已"忍痛做了最后的决定"。最好的方法,就是让罗斯玛丽"住进疗养院,远离世俗的压力和一切复杂的事物"。

在这之后,罗斯收到了数百封各地父母写给她的信,感谢她让他们觉得不孤单。能和这么有成就的家庭,甚至贵为总统母亲的人成为伙伴,让这些担当劳苦重担的父母欣慰不已,也让他们在照顾同样有智能障碍的孩子时,大大受了激励。大多数的父母都不像肯尼迪家一样,有雄厚的财力供应他们的孩子。罗斯也因为清楚这一点,而备受感动。

倒是有一件事,是罗斯可以毫无保留地和他人分享的,那就是她的信心。回信给这些父母时，她会套用一个固定的格式，然后再依照每个家庭的状况做修改，一方面以她的信仰来勉励他们，另一方面，也以自己难以承受的损失来安慰大家。

> 谢谢您的来信……没有人可以了解全能上帝的作为——他要我们背的十字架，以及他要我们做的牺牲。但是可以肯定的是，他爱我们，并且对我们每一个人，都有一份特殊的计划。
>
> 他赐给你一位有智力发育迟缓问题的（儿子或女儿），却取走了我那三位聪明健壮的儿子，他们每一个都很优秀，也都热切地想要把他们的时间和才能，贡献给上帝，在这世上为他工作。但是上帝最后留给我的，却是这个残障的孩子，不管在心理或生理上，都无法照顾自己，也无法对他人有贡献的孩子。
>
> 我会为您祷告，也给您最好的祝福。

在博比一九六八年被暗杀后，乔的健康状况就疾速走下坡，一九六九年十一月，终因中风引起的并发症去世。

一九六八开始在肯尼迪家担任秘书的芭芭拉·吉布森（Barbara Gibson）表示，一九六〇年代初期，乔中风之后，罗斯终于去圣科莱塔探视了罗斯玛丽。在罗斯的个人记录中，从来没有提到她曾经去看过罗斯玛丽。一九六〇年，她曾经为了帮杰克助选，去了距离圣科莱塔只有几英里的密尔沃基，但是依旧没有拜访罗斯玛丽的意思。乔生病了，尤妮斯在《周六晚间邮报》的文章也获得读者热烈回响，或许是这些事让罗斯觉得,该是去看看女儿的时候了。

　　不管罗斯是什么时候去看罗斯玛丽的,总之她的造访,完全搅乱了罗斯玛丽的心情;玛格丽特·安修女还记得,罗斯玛丽见到罗斯时非常畏缩,虽然她没有办法讲话,但是周遭的人都可以明显感到她对罗斯的怒气。玛格丽特·安修女表示,"我私底下认为",罗斯玛丽隐约还记得她动了手术,但是"那时母亲没有在她身边"。玛格丽特·安修女也从照顾罗斯玛丽的其他修女那里得知,罗斯最初几次来访时,罗斯玛丽"还在对她的母亲生气"。玛格丽特·安修女表示:"就我所知,肯尼迪太太每次来圣科莱塔后,都是很难过地回家的。我当时不在现场,但是就我所知,罗斯玛丽从没有接受过她的母亲。"

　　或许是因为这样的反应,所以罗斯拜访的次数不多。她遗留下来的信件中,一直到一九六九年之前,都没有她与圣科莱塔往来的记录。一九六九年二月,也就是乔过世前的九个月,罗斯曾经写信给学校的托马斯·沃尔什(Thomas J. Walsh)神父,"我想在圣科莱塔盖座游泳池,就当是罗斯玛丽送给大家的礼物。我知道她名下有钱可以支付这个费用。而且……如果可以的话……我比较想要一座所有孩子都可以用的大游泳池,而不是他们现在这个,只有夏天可以用的小游泳池。"很显然,罗斯曾经去过圣科莱塔,所以很清楚那边的设施。"我知道游泳对罗斯玛丽和其他孩子来说是很好的运动。她游泳游得很好,也非常喜欢游泳,这项活动确实可以为她的健康带来各种益处。"这座游泳池终究盖好了,所需的经费,是乔在四十年前为罗斯玛丽设立的信托基金支付的。

　　一九七〇年三月,在乔去世四个月后,罗斯依旧悼念着乔,但她没有忘记从海恩尼斯的一家玩具店，订了些复活节礼物给罗斯玛丽。十二月初，她去了圣科莱塔，先搭飞机到密尔沃基，然后和罗斯玛丽待了几个小时，没多久，就飞回纽约，来回总共花了十五个小时。十二月十七日，罗斯要她的秘书黛安·温特（Diane Winter）写信，给帮忙照顾罗斯玛丽的契里塔斯（Charitas）修女，希望她能"为她效劳，买些小东西送给罗斯玛丽当圣诞礼物"。温特在信中说，罗斯"实在不知道罗斯玛丽的尺寸"，也不知道她需要什么东西。罗斯也在同一天写了一封信给其他孩子传阅，"我希望你们每个人都可以送罗斯玛丽一点圣诞礼物，像是个小饰品，或是可以挂在房间的一小幅画都可以。"

一九七一年三月，长期在圣科莱塔照顾罗斯玛丽的哈利·维斯曼（Harry A. Waisman）医师辞世，他的专长是儿童发展障碍。杰克担任总统期间，曾经以肯尼迪基金会的名义，在威斯康星大学成立研究中心，并聘请维斯曼医生担任主任。"我很感谢维斯曼医生过去几年来，提供给罗斯玛丽的咨询和治疗，让她的健康状况非常良好。"罗斯那时写了一封信给圣科莱塔的席拉（Sheila）修女。然而，维斯曼医生辞世，也让罗斯玛丽暂时没有为她看诊的医生，令罗斯有点措手不及，于是她把这份责任转嫁给尤妮斯："我会转告施赖弗太太这件事，罗斯玛丽刚到圣科莱塔时，施赖弗太太曾和她的父亲讨论过医生的事。我想，她一定可以提供一些建议。"尤妮斯的丈夫萨奇在法国当了两年大使，这时候刚回到美国。她请席拉修女先帮罗斯玛丽挑一位医生，"因为你对这个地区的医生比较熟悉"。于是，圣科莱塔请了维斯曼医生在威斯康星大学的同事，同时也是儿童精神科专家的雷蒙·秦（Raymond W. M. Chun）医生，来担任罗斯玛丽的医生。

医生换人做了，在照护罗斯玛丽的做法上也有不少改变，语言治疗、职能治疗和物理治疗师也都换了人。契里塔斯修女在报告中说，这些人的努力看来对罗斯玛丽有帮助，这也让她不禁要想，"如果这些工作是在二十年前，手术结束后就开始做的话……当然，那时候大家对科学治疗的了解还不够多。"停用某些药后，罗斯玛丽变得比较多话。"感觉药停越久，她就越多话，表达能力就越好，"玛丽·查尔斯(Mary Charles)修女在写给罗斯的信上提到，"她现在偶尔可以讲完整的一句话，真是不可思议。"

接下来还有更多的改变。从一九六三年开始，全职照顾罗斯玛丽的契里塔斯修女也要退休了。找个人来取代契里塔斯修女，要比让罗斯玛丽换个新地方容易多了。"我们已经同意让契里塔斯修女退休了，接下来我们会找个年轻点的人来取代她，这样的人会比较有体力和能力，接受专业人员应有的训练。"席拉修女在信中婉转提到。"过去几年，波勒丝(Paulus)修女就一直从旁协助照顾罗斯玛丽，现在她将负起更多责任……我们很高兴见到罗斯玛丽过去这一年的进步，也希望她会继续进步下去。"但是契里塔斯修女不想退休，她写信告诉罗斯："我的医生……认为以我的年纪来看，我的身体状况很好，如果只是照顾罗斯玛丽，不需要做其他事的话，是没问题的。"她也告诉罗斯："比起其他修女，罗斯玛丽和我的互动，算是比较好的。所以……我很乐意继续照顾她。"一直过了几个月后，契里塔斯修女才答应搬到养老院去，波勒丝修女和其他人，也才完全接手照顾罗斯玛丽的工作。

一九七一年的春天，圣科莱塔游泳池的兴建工作如火如荼地展开了。尤妮斯曾经在六月中时去勘查进度,刚从欧洲度假回来的罗斯,也在同一个月稍晚时去探视过。或许是由于她再次赶着在一天内来回,所以忘了把一张乔的照片从行李箱里拿给罗斯玛丽了。这张照片放在一个"看起来很昂贵的相框里"。后来是罗斯的秘书帮她把照片寄到学校的。罗斯玛丽也确实拥有这么一张照片,但是没有人提过她看到照片时,有什么反应。

那年秋天,院里的修女和其他病人,帮罗斯玛丽庆祝了五十三岁生日,还送她一只金丝雀。她把那只金丝雀取名史奇比(Skippy)。这只鸟可说"非常尽心尽力地为她歌唱",契里塔斯修女这么告诉罗斯,"她好喜欢那只鸟,还帮它取了名字。"罗斯玛丽还有一只叫洛里(Lollie)的贵宾狗。"我们没有人敢对洛里大声,"修女透露,"否则她会不高兴。"洛里喜欢拿罗斯玛丽的运动球或在椅子上跳,这时罗斯玛丽会大骂洛里,"她会使尽全力喊着,'洛里,洛里,下来。'"

契里塔斯在十一月完全退休,罗斯玛丽改由三名护士全天候照顾。"要适应三个人的照顾,对罗斯玛丽来说有点困难,毕竟和以前只有一个人照顾时,情况很不一样,"玛丽·查尔斯修女在写给罗斯时这么说,"不过,我们觉得她适应得很好。我认为,只让单一个人照顾她,对她不公平,因为一旦照顾她的人离开了,她反而会更加无助和沮丧。"这几位修女还想办法帮罗斯玛丽养成一些习惯,同时也鼓励她分担日常的工作。"好几次,我们三个人陪她走进她的卧房,每个人都为她做了点事,有时我们也请她跟着我们一起做,"玛丽·查尔斯修女写道,"我告诉她,她是公主,我们是她的侍女。这会逗得她很开心,再怎么说,罗斯玛丽需要的,就是爱和关怀。"波勒丝修女还说,有一回,她到麦迪逊(Madison)去听了一场音乐会。她很难得在晚上出去,结果罗斯玛丽竟然跟其他修女抱怨:"我不喜欢我的侍女出去!"这些反应反倒让修女们很有信心,认为罗斯玛丽一定会适应得很好。

罗斯原本答应过罗斯玛丽,十月会去看她的,但最后却去了欧洲待了一个月,直到一九七一年的十二月初,才去威斯康星州。那次探访显然让罗斯不太满意。一月初,尤妮斯便写了一封信给修女们,抱怨罗斯玛丽运动得不够。"我想要再次强调,我母亲和我都认为,罗斯玛丽必须有很充分的体力锻炼计划。我希望她每天走路一个小时,等游泳池盖好后,每天游泳一次。就算天气不好或太冷,也应当如此。"罗斯的另一位秘书玛德琳·苏拉达(Madeline Sulad),也在几天后写信给波勒丝修女:"肯尼迪太太想要告诉你,她希望罗斯玛丽现在就开始游泳,不必等到新的游泳池盖好。"罗斯似乎忘了,现有的游泳池冬天是不开放的。"她认为,只要罗斯玛丽穿上保暖的毛外套,应该就可以走到现在的游泳池,每天都游泳一次。"

罗斯还要秘书写信到圣科莱塔,要求他们把罗斯玛丽所有的医疗记录寄给她。"肯尼迪太太现在正在写她的回忆录……另外,肯尼迪太太也希望,有任何关于罗斯玛丽进展的报告时,寄给她的同时,也寄一份给施赖弗太太。"罗斯想要更多地参与照顾罗斯玛丽的事,但是不想要独自承担责任。在这方面,她非常依赖尤妮斯。一九七一年的圣诞节前夕,罗斯玛丽不小心在她的小屋前跌倒,紧急送医缝了伤口,还住院观察了一天。修女和医疗人员在二十九日跟罗斯报告了这件事,但罗斯似乎觉得他们的反应不够迅速。

一九七二年三月,罗斯再次写信给圣科莱塔,重申她需要被告知罗斯玛丽的状况。"肯尼迪先生生病那段期间,我不方便出门,不过施赖弗太太一直注意着罗斯玛丽的情况。现在我已经没有包袱，可以全心为罗斯玛丽付出心力了。"打从三十年前，罗斯玛丽住进疗养院起，罗斯就没有参与过任何照顾她的事，现在突然想干预，难免让圣科莱塔有点措手不及。"过去一直是施赖弗太太在处理罗斯玛丽的事，现在我们和施赖弗太太通信时，会将往来书信也寄一份给您。"圣科莱塔的一位行政人员，在信上这样跟罗斯保证。

在罗斯试着和圣科莱塔发展新关系的同时，她也开始和为她代笔写自传的作家罗伯特·柯赫兰合作。这本回忆录书名为《记忆中的时光》。一九七二年，柯赫兰在和罗斯共事的那几个月，或几次访谈中，都执意要知道罗斯玛丽的情况，以及她人在什么地方。柯赫兰其实知道，罗斯玛丽住在威斯康星州的圣科莱塔，但罗斯总是避重就轻。"她的大脑已经完全失去功能了，"她这么回答，"是意外造成的，不过我实在不想提那件事。在这本书里，你只要说因为出了意外，让她的情况变得更加恶劣就好。这样，那些家长才不会以为孩子的状况会愈来愈糟，而灰心丧志。要让他们知道，那是意外造成的。"

柯赫兰要罗斯解释这件"意外"时，她拒绝了。不过她觉得还是有必要重申，她希望大家接受的"事实"：

> 罗斯玛丽发生了一场意外，让她的情况更糟了，但我不希望大家因而感到气馁。意外确实发生了，她的情况也确实恶化了，不过现在她过得很好。我不打算谈论细节，但要不是发生了这场意外，她一直到二十岁、二十三岁，甚至二十四岁，看起来就像个正常人，可以四处旅行……过

去认识她的人如果见到她现在的样子,一定很不能接受,
所以我才说,她发生意外,大脑再度受损是千真万确的。
权宜之下,我们认为把她送到威斯康星州这家疗养院,对
她比较好,那里的修女们可以提供她最好的照顾。

一九七二年一月,就在罗斯和柯赫兰谈到罗斯玛丽的事后不到
一个月,尤妮斯就跟柯赫兰说明,罗斯玛丽究竟发生了什么事。这
件"意外"事实上是一项手术,医生切断了"大脑中的一小部分……
但手术失败了"。她告诉柯赫兰,她不懂"为什么有人会允许这种手
术,不过那是三十年前的事了,当时这种手术确实是被允许的……
当然,现在已经不准了"。尤妮斯不可能没有知会过母亲,就跟柯赫
兰提这件事。然而,额叶切断术并没有出现在《记忆中的时光》这本
书里,而且继续被保密了十年。

罗斯跟柯赫兰透露了她的心情。身为九个孩子的母亲,她明白
另外八个孩子也需要她,但是在罗斯玛丽还小的时候,她就必须花
很多时间在她身上,因而牺牲了其他孩子。"我有时候也会想,这些
孩子不见得了解这些事——在他们还小的时候,他们肯定不明白为
什么有些事情这样安排,当然也会感到不满。"她的儿媳杰基
(Jackie)跟她保证,杰克从来没有觉得自己被忽略过,但是她的说辞
没办法说服罗斯,因为杰克正是那个最在意的孩子。罗斯告诉柯赫
兰,罗斯玛丽活了下来,但是三个儿子却离世了,这"是个谜,也是我
心中的疑问,为什么上帝取走我那三个有能力,想要为国家、为人群
服务的孩子,留给我一个丧失能力的女儿呢? 不过,人生本来就有
很多我们无法明白的事,就像我之前也说过,有时候,上帝的意念不

是我们能懂的。"

孩子们聚在一起审阅柯赫兰的初稿时,每个人都有自己的看法和在意的点,也都做了些重要的更改。尤妮斯对于罗斯引用了一些罗斯玛丽小时候写的信,觉得特别不妥。历史学家劳伦斯·莱默认为:"尤妮斯很肯定那些信一定是修女们帮忙写的,信里的罗斯玛丽太正常了。"

罗斯继续远距离监察罗斯玛丽的状况。一九七二年八月的某一天,罗斯玛丽的美发预约和物理治疗时间有冲突,于是修女取消了物理治疗,这让罗斯很不满。"我不懂为什么会发生这种事,罗斯玛丽空闲的时间那么多,"罗斯写给席拉修女的信上说,"她的头发可以请修女洗一下,然后上个卡门(Carmen)电卷就好了。这种电卷随便一家百货公司都买得到。"两个星期后,罗斯又来信了,这次她要波勒丝修女"买些生日礼物给罗斯玛丽,但是卡片上要签罗斯玛丽的弟弟妹妹们的名字"。另外她自己想送些人造花给罗斯玛丽当生日礼物,但是由于她要去欧洲度假,没有办法亲自前去,所以得请修女们代劳,再者,她不记得罗斯玛丽的小屋内是什么色系的,所以不知道挑什么颜色的花好。波勒丝修女答应"会照着你的意思去办",买礼物给罗斯玛丽,并帮忙在卡片上签名,另外"屋里的墙壁、窗帘和沙发都是绿色的,地板有红色、赤褐色、黄色和咖啡色等多种颜色,所以不管您挑了什么颜色的花,都可以搭配"。

罗斯的远距离操控,让修女们很不耐烦,再怎么说,她们都已经很尽力了。圣诞节过后不久,罗斯再度提笔写信给修女们,原因是她收到了一张她们寄来的卡片,但她对罗斯玛丽在照片里的模样不是很满意。首先,她对收到照片表示谢意,"普鲁登丝(Prudenz)修女寄来的这张照片很好看。"但紧接着，就批评起罗斯玛丽的穿着了。"我觉得她的衣服很漂亮，但是洋装上的饼图案……让她看起来比较胖，应该让她穿直条纹的洋装。"罗斯品头论足的，还不只有罗斯玛丽而已，几个星期前她才写信给琼，批评她的审美观念，"我碰巧注意到，你的晚礼服手套上沿有点太松了。"

一九七三年六月，显然是不满意圣科莱塔的修女安排时间的方式，所以罗斯要求知道每位修女负责的工作，并由玛丽·查尔斯修女将每个人工作内容整理好寄给她。茱莉安（Juliane）修女、波勒丝修女和玛丽·查尔斯修女三个人，都负责照顾罗斯玛丽，她们得带她散步、游泳、打球，还要帮她梳妆打扮、洗衣服、准备三餐、打扫房子、充当司机、带她去买东西等等。空闲的时间，她们还会陪罗斯玛丽玩游戏、唱歌、看书、玩牌，"做任何让她开心的事，"玛丽·查尔斯修女写道，"我们就像一家人，我们爱罗斯玛丽，也关心她。"

一九七二年时，罗斯告诉柯赫兰，她考虑过带罗斯玛丽回家看看，"但是我不觉得我会真的那么做，她已经习惯外面的生活了。她有自己的家、自己的车子，还有她现在亲近的人。"然而，一九七四年的时候，罗斯决定带罗斯玛丽回海恩尼斯避暑，这是三十多年来，罗斯玛丽第一次回到这个家。

玛格丽特·安修女还记得，当她跟罗斯玛丽说她可以回家看看时，罗斯玛丽说了"布朗克斯维尔"和"欧洲"这两个词。布朗克斯维尔是罗斯玛丽记得的最后一个家，而在"欧洲"的贝尔蒙那段时间，是她最开心的时光，她拜访了欧洲各地的历史、文化、宗教和休闲景点。罗斯对于罗斯玛丽要回家这件事，感到非常紧张。"我是不是该帮我女儿买一张医院用的病床？"罗斯写信问席拉修女。席拉修女告诉她,一般的床就可以了。罗斯玛丽将在七月底时,回家住一个星期。

圣科莱塔认为派两位修女陪同罗斯玛丽回家比较妥当,但是罗斯坚持只付一位修女的费用。不过在机场提领行李时,因为状况比较混乱,罗斯玛丽走散了。所幸,一阵慌乱后,在停车场找到她了。回到家这个星期倒是一切顺利,所以罗斯很快就又安排了一九七五年要带罗斯玛丽到棕榈滩的家过复活节。不过,罗斯无法独自应付她。她在一月写信告诉尤妮斯罗斯玛丽要到棕榈滩的事,"她跟你的感情最好,我希望你可以一起回来,"还说,"或许帕特也可以一起来帮忙。"基克过世后,罗斯和尤妮斯的关系逐渐变得亲密,在她的三个儿子小乔、杰克和博比陆续过世后,情况更是如此。被问到所有小孩中,她最喜欢谁时,罗斯回答,"我没有特别喜爱哪个,因为我爱他们每一个人,而且我也从来没有表现出任何喜恶……绝对没有。我一直尽所有力量来爱他们每一个人。但是孩子们都笑我……说尤妮斯是我最喜爱的孩子。或许是……就那么一点点。如果真的是这样,那也是因为她是最努力的。在协助迟缓儿的工作上,她确实帮了我许多忙。"

一九七五年四月十七日,就在复活节假期过后一个星期左右,罗斯写信给帕特:"我要提醒你,别忘了去圣科莱塔看看罗斯玛丽。"话虽这么说,罗斯自己并不常去看罗斯玛丽,而且每次去都是匆匆忙忙的。两个月后,罗斯又写了信给帕特和琼,要求她们去看看罗斯玛丽。很显然,她们在这方面没有尤妮斯来得尽职,看来,探视身障的姐姐这件事,已经在手足之间造成了压力。面对琼的抱怨,罗斯回了信跟她说:"你看看尤妮斯,她一直努力为这个家带来快乐和安慰，也经常和罗斯玛丽联络。一九六〇年代，尤妮斯在巴黎的时候，我请你去看罗斯玛丽，但是你说没办法，我那时真的好失望。"琼的反应如何，并没有留下记录，但是她的回答显然让罗斯无法接受，她写给琼的下一封信，就是告知她复活节的时候，她不必到棕榈滩过节了。劳伦斯·莱默观察认为，她们母女间的关系越来越紧绷了，琼也为这件事对母亲不高兴好几年。

罗斯玛丽越来越常回家了。继一九七五年的复活节之后，她在年底又回家了一次。家里的司机，偶尔也兼任保镖的吉姆·康纳（Jim Connor）回忆，圣诞假期的时候，有两位修女陪同罗斯玛丽到棕榈滩的家。回到家后，罗斯玛丽立刻"开心地跑上阶梯，喊着：'妈咪。你是妈咪，我是宝贝。'"不过，光就罗斯玛丽跑上阶梯这一点来看，就令人质疑。家里另一名用人则说，罗斯玛丽有时候会说"凯瑟琳"。每年都会帮肯尼迪家拍年度圣诞节照片的摄影师也记得，罗斯玛丽显得很"烦躁"，家里的人甚至讨论，是不是该让她坐着拍照。

一九七〇年代晚期，罗斯玛丽每年会回家两次，一次到海恩尼斯，一次到棕榈滩。她的例行返家对罗斯来说是很累的事，特别是她年纪渐长时。她的秘书芭芭拉·吉布森，也就是罗斯玛丽口中的"阿巴巴"还记得，越接近罗斯玛丽回家的时间，罗斯就越显得焦躁紧张，罗斯玛丽在家时，罗斯会笼罩在忧伤与不安之下。吉布森有一次不小心说了，罗斯玛丽其实根本没有智能障碍，她的问题不过是阅读障碍。罗斯和罗斯玛丽的关系渐行渐远，她也都看在眼里。在海恩尼斯时，有一天罗斯和吉布森在游泳池里游泳，在圣科莱塔照顾罗斯玛丽的修女，刚好也带罗斯玛丽去游泳，便鼓励她一起下水，但是她不愿意。吉布森看着罗斯玛丽坐在椅子上，眼睛"直视前方,就像乖乖接受处罚的孩子一样"。罗斯会轻声对她说:"萝西,我们对你做了什么事啊?"罗斯玛丽的护士,还有陪同她的修女,也都觉得往来棕榈滩和海恩尼斯带给她们很大的压力。不只这样,她们也看得出来,罗斯玛丽在母亲身旁总显得更加失落。

罗斯的侄孙女,同时也是乔的姐姐洛蕾塔的孙女凯莉·麦卡锡也记得,每次罗斯玛丽一回家,罗斯的情绪就大受影响。有一次,罗斯试着找话题,于是问罗斯玛丽是不是记得凯莉的奶奶洛蕾塔。她时而抚摸罗斯玛丽的黑色头发,时而温柔地亲吻着她,然后轻搂着正在看电视的罗斯玛丽,开始露出愁闷的表情。"萝西……萝西……萝西……还记得你在学写字的时候,曾经写了一封信给英国的洛蕾塔姑姑吗? 记得吗? 萝西,还记得吗?"罗斯玛丽完全不搭理她,自顾自地前后摇着她的椅子,这时罗斯失控地哭了起来,凯莉只好扶着年老的罗斯上楼去。

罗斯找不到施力点,她太依赖过去的习惯和相处的方式,这给罗斯玛丽带来了很大的压力,也让她自己沮丧不已。芭芭拉·吉布森发现,罗斯开始和罗斯玛丽刻意保持距离。一九七〇年代初期,为了罗斯的回忆录,她们在家里翻阅一些书面数据,还找到了罗斯玛丽的日记。但是罗斯要她把那些日记扔了。吉布森表示,她不太能接受罗斯这个要求,她一直认为罗斯玛丽是个正常的女孩,只不过心理方面有些问题而已,所以,她把那些日记从垃圾里捡了回来。吉布森认为,罗斯这么做的目的,是想要将所有会透露罗斯玛丽真实状况的文件,全都销毁。吉布森想要把那些日记捐给波士顿的肯尼迪总统图书馆,但是被拒绝了。吉布森后来也写了两本和肯尼迪家有关的书,引用的都是图书馆里收藏的信,但她坚称她引用的是那些日记。

家人过去三十年的悲欢离合，罗斯玛丽究竟懂了多少呢？有报道说，罗斯玛丽其实偷偷参加了哥哥的总统就职典礼，但事实并非如此。她那时候人在威斯康星，跟朋友和疗养院的工作人员，一起看电视上的总统宣誓，不久后，也一起看着电视报道她的哥哥被暗杀死亡。根据《密尔沃基前哨报》(Milwaukee Sentinel)的报道，"肯尼迪总统的妹妹从电视转播，得知她的哥哥在得克萨斯州达拉斯(Dallas)被暗杀的消息。"学校发言人证实了这件事："她知道他死了……她是从电视上看到的。"在他们还年轻的时候，杰克是她参加舞会和社交活动时的护花使者。小乔和杰克都喜欢捉弄她，也都对她疼爱有加。博比长大成人了，但是他也在一九六八年被暗杀了。她的哥哥弟弟们都爱她，她也深深感受到他们的爱，但是现在，他们都离她而去了。

摩尔夫妇也不在了，艾迪在一九五二年去世，玛丽则在一九六四年离世。他们夫妻把罗斯玛丽当自己的孩子对待。罗斯玛丽在克雷格之家时，玛丽会去看她，后来罗斯玛丽搬到威斯康星州后，她也没有停止探访。从罗斯玛丽出生开始就建立起的亲密关系，一直都在。

回到家，见到弟弟妹妹们都长大成人了，大家不但都有了另一半，还多出了一大堆她不认识的小孩，这让罗斯玛丽既困惑又沮丧。罗斯和罗斯玛丽之间的互动多半短暂，而且容易受伤。玛格丽特·安修女认为，罗斯没有尽到身为母亲应该提供给孩子的保护。

只有尤妮斯、泰德，或是侄子侄女、外甥外甥女们也回到家时，罗斯玛丽才会显得开心些。罗斯在过世前那十年，身体变得很衰老无力,没有办法与人沟通,所以只能靠其他家庭成员,来确保罗斯玛丽在家是心情愉快的,至少压力不要那么大。他们为她开派对、准备她最喜欢的蛋糕、甜点、音乐等等,让她开心极了。

尤妮斯去看罗斯玛丽的次数,比其他人频繁许多,仿佛回到她们还是少女时期一样。她会陪着罗斯玛丽上教堂、到餐厅吃饭、逛街、散步,甚至去海边、开帆船等。过去,她们曾经是同伴,一起去参加舞会、去欧洲旅游,还一起参加了教宗的授任典礼。现在,尤妮斯成了照顾罗斯玛丽的人,她发誓,还是要像从前一样陪着姐姐。她带罗斯玛丽去看特殊奥林匹克,确保姐姐还是过着有活力、有乐趣的生活。偶尔,罗斯玛丽怠惰时,她也会色厉辞严地督促她。不管是小时候,或是年轻的时候,尤妮斯都是家里最能搞定罗斯玛丽的脾气,让她乖乖就范的人。现在的尤妮斯或许不那么有耐性了,但是她坚定的态度一直没有改变。芭芭拉·吉布森提到,她曾经看到罗斯玛丽不想游泳或玩帆船,但是尤妮斯逼着她一定要做。尤妮斯是个不折不扣的肯尼迪,家里的孩子从小就是这个样子,只要有人没有办法完成某件事时,其他人就会讥笑或批评他。不过,负责照顾罗斯玛丽的茱莉安修女,并不欣赏她对待罗斯玛丽这么强硬。"尤妮斯对人的弱点丝毫没有同情心。"茱莉安修女说道。尤妮斯的儿子安东尼·施赖弗(Anthony Shriver)也记得,一天下午,他和母亲、罗斯玛丽和另一个朋友,一起划船到科德角的某间餐厅吃饭。他们在餐厅的时候,天气转坏了,但尤妮斯还是坚持大家在暴风雨中划船回家。安东尼有点迟疑,但是没有人敢违背他母亲的意思,于是他只好扶着百般不愿的罗斯玛丽回船上。这不是件容易的事,罗斯玛丽也气急败坏得脱口而出:"该死的安东尼,离我远一点。"罗斯玛丽懂的词汇有限,常常一再重复使用语词,但是这一次,她非常贴切地表达出了自己的意愿。

和罗斯玛丽一起生活经常会有意外发生。有一次,尤妮斯带她到芝加哥的圣彼得教堂去望弥撒。结束后,尤妮斯和两位从圣科莱塔来陪伴罗斯玛丽的修女,一起在看教堂门厅展示的《圣经》等书籍,就这样一闪神,罗斯玛丽竟不见了。尤妮斯和修女们一边找,一边祷告,几十位警察也在忙碌的芝加哥街道上帮忙寻找。"如果你够了解罗斯玛丽的话,"席拉修女事后告诉一位记者,"就知道为什么会发生这种事。她喜欢到处逛逛。所有的肯尼迪孩子都喜欢寻找新鲜的事。"五个小时后,一位当地的电视记者在距离教堂好几条街外,找到了罗斯玛丽,当时她正在看商店橱窗里的东西。"你在找尤妮斯吗?"记者问道,罗斯玛丽回答"是",但这个记者不确定罗斯玛丽是否知道自己在哪里、在做什么。

尤妮斯的孩子和罗斯玛丽非常亲近。这位身体有残障的阿姨对他们的童年和成年时期,都有重大的影响。安东尼·施赖弗后来成立了国际挚友会(Best Buddies International),并担任主席。这是一个全球性的志愿者组织,目的是要通过一对一的交友与指导方式,协助有智能障碍或发展障碍的朋友找工作,或是开发他们的能力。自己也成家后,安东尼在他位于迈阿密的住家旁加盖了一个房间,让罗斯玛丽来拜访时可以住。"她是个彻头彻尾的肯尼迪。"安东尼这么认为,即使语言和肢体上受到很大的限制,你还是可以感受到她散发出来的个性。"她强韧而坚定。"罗斯玛丽的个性经常让孩童时期的安东尼感到害怕,但是两人都喜爱游泳,所以关系便变得热络起来。

二〇〇三年,安东尼的哥哥蒂莫西接替了母亲的位置,成为特殊奥林匹克运动会的主席及执行长。他记得小的时候,罗斯玛丽经常到他家做客,她的语言能力非常有限,经常重复用"宝贝""妈妈""尤妮斯"这几个字眼,但是非常喜欢散步、游泳和玩牌。另外,她还喜欢吃甜食,经常还没吃饭就吵着要吃甜点,也喜欢"打扮得漂漂亮亮的",只要有人稍微赞美她的头发或衣服,就可以让她开心得不得了。随着年纪越来越大,罗斯玛丽的行动力也大受影响,到了最后几年,就只能以轮椅代步。

尤妮斯曾经说过,她之所以从事与残障者有关的工作,并不是因为罗斯玛丽的缘故,但是安东尼和蒂莫西不同意她的说法。或许因为哥哥杰克才是尤妮斯心目中崇拜的对象,让她不愿意承认罗斯玛丽是那个塑造这个家庭,让他们热衷于为残障者效力的人。事实上,蒂莫西认为,罗斯玛丽才是整个肯尼迪家族故事的核心人物,是她的自我意志和她面对的困难,改变了肯尼迪家所有的人。这两个外甥都认为是罗斯玛丽感动了他们,所以蒂莫西才会接手母亲在特殊奥林匹克运动会的工作,安东尼也才会成立国际挚友会。"罗斯玛丽让我们注意到这群有特殊需求的人,"安东尼表示,"有一天,这将成为肯尼迪家族对世界最大的贡献。"

施赖弗的兄弟罗伯特(Robert)和马克(Mark)也分别以自己的方式,来支持家里对身心障碍者的使命。罗伯特和 U2 合唱团主唱博诺(Bono)合作,成立了 DATA(分别是债务 Debt,艾滋病 AIDS 和非洲贸易 Trade in Africa 的简称),这个组织的目标,是希望通过教育来杜绝贫穷、减少债务、协助发展,并争取艾滋病与疟疾治疗的普及化。马克则是美国"拯救孩童计划"(Save the Children)的资深副总裁。尤妮斯唯一的女儿玛丽亚·施赖弗（Maria Shriver），是特殊奥林匹克和国际挚友的董事会成员，她曾经因为制作阿兹海默症的纪录片，两度获得艾美奖。她的父亲萨奇，就是死于这种会导致记忆退化的疾病。

然而，真正在背后推波助澜的大功臣，是他们的母亲。她提倡找出造成智能障碍的原因，呼吁公私立机构或基金会也贡献他们的力量，包括提供研究经费、供身心障碍者居住的地方等。过去，发展迟缓、精神或生理有障碍的人，通常会被家人藏匿起来，或是送到疗养院，但是现在他们可以参与各种活动，这在罗斯玛丽小的时候，甚至年轻时，都是不可能的事。如今他们可以去上学、学习独立生活、接受良好的医疗和心理照护，日常生活当中也有各种无障碍措施配合。

尤妮斯的儿子蒂莫西接受访问时说，他曾问过母亲，是什么原因让她这么卖力，她的回答是"愤怒"。"见到她的姐姐受尽折磨、疗养院里有那么多人受苦，再加上她所处的年代，女生在运动方面受到的重视远不如男生，这些都让她无法接受。"《运动画刊》（*Sports Illustrated*）称尤妮斯是个"革命者"，但是真正启发她，让她投入六十年光阴为身心障碍者奔波的，是姐姐罗斯玛丽。尤妮斯相信，是罗斯玛丽"让我们发觉……这些处于弱势者带给我们的礼物。"

家里最小的弟弟泰德在马萨诸塞州担任参议员长达四十七年。他支持身心障碍者不遗余力，在他任内提出了数百条与身心障碍者相关的法案。他表示，罗斯玛丽让大家学到，"每个人都有他存在的价值"。就像来自犹他州的共和党参议员奥林·哈奇（Orrin Hatch）

一样,泰德不辞辛劳地在跨党派的参议员与众议员间周旋,许多重大的人权与社会正义法案,都在他的促成下通过了。这些法案包括一九七五年的《残障儿童教育法案》(Education for All Handicapped Children Act)、一九九〇年通过的《美国残疾人法案》(简称 ADA, Americans with Disabilities Act),以及同样在一九九〇年通过的《儿童照顾法》(Child Care Act),另外,还有一九九〇年的《莱恩·怀特艾滋病照顾法》(Ryan White AIDS Care Act of 1990)①。

除此之外,他也尽心尽力地为美国国家卫生研究院,以及相关的教育、住宅、医疗和支持系统等争取经费。其中的《残疾人法案》,保障残疾人士不因为身体的残疾而受到歧视,大家得在教育、居住、员工雇用、运动等方面,接纳数百万名残疾之人。

哈奇表示,虽然在许多政策和哲学思想上,他和肯尼迪参议员持不同的意见,但是"对于肯尼迪参议员想要帮助年长的人、生病的人和那些长年被排挤在外的美国人的决心,我从来没有怀疑过"。

肯尼迪家的人不是孤军奋战,他们有数十个代表残障人士,或是为残障人士服务的机构团体做他们的向导。这当中有家长代表团体,还有盲人、聋人、生理障碍、精神障碍团体,还有一些则是着重在追求意识改变、寻求支持,或致力于争取研究和经费的团体。他们的声音,肯尼迪家都听到了。推动《残疾人法案》成功后,泰德说:"我们当中,一定有许多人曾经受到身心障碍的人感动过。我的姐姐罗斯玛丽有智能障碍;我的儿子因为癌症,失去了一条腿。我想,

---

① 为了纪念因手术输血感染艾滋病的青年莱恩·怀特勇敢与艾滋病搏斗的精神,以他的名字命名的法案,主要目的是要照顾低收入户的艾滋病患。

那些和我一样支持这项法案的人,一定有过和我类似的感受,所以我不能不提这些和我遭遇同样挑战的人,以及他们为促成这项法案所做的贡献。只有他们最明白,这项法案通过的意义。"

随着年纪增长,罗斯玛丽不再那么容易生气或发怒了。她慢慢学会控制脾气,也比较能与人沟通她的需求了。生活作息让她安然自得时,她会展现出平静快乐的气息,让人感觉她好像变年轻了,但是一旦作息出现变动,就会需要一段适应的时间,不过现在修女们在这方面的观察敏锐,肯尼迪家的人也受过几十年的磨炼了,所以即使有紧张时期,也都安然度过了。有一回,罗斯玛丽的膝盖受伤,需要手术治疗。大家很清楚,医院陌生的环境一定会让她极度不安与恐惧,于是家人便安排她,手术前几天就先住进医院,预先适应住院的日子,并安排圣科莱塔的修女,二十四小时随侍在侧,所以手术和之后的复原情况都很顺利。当然,也因为肯尼迪家的财富和罗斯玛丽个人有信托基金,所以她可以得到这么周全的照顾。

罗斯玛丽在圣科莱塔,度过她人生最后的二十年。这二十年间,玛格丽特·安修女一直负责照顾她。罗斯玛丽每天做的事变动不大,只有偶尔会去看医生,或是到杰弗逊去买东西或吃饭,这样的生活方式也是她比较喜欢的。每天早上六点半,玛格丽特·安修女会打开罗斯玛丽房间里的灯。"罗斯玛丽非常配合,她会让我扶她下床。通常我会马上帮她把鞋子穿上,"玛格丽特·安修女这么告诉历史学家劳伦斯·莱默,"她会自己把脚放进鞋里……数十年来如一日。"接着,她会带罗斯玛丽到浴室梳洗,然后帮她换上衣服。"她会伸出手臂,然后把脚伸出来,也会自己扣扣子。我会摆出一些可以互搭的衣服来让她挑选。只要我买了新衣服,她一定会挑新的。"

　　例行的活动还包括拿一颗气球,然后用打排球的方式来打它,或是以其他肢体活动,来刺激罗斯玛丽的身体和大脑。接着,游泳治疗师会陪她游泳,这个游泳池是从罗斯玛丽的信托基金拿出三十万美元盖的,罗斯玛丽经常游到不肯离开。她通常会回到小屋里吃午餐,不过偶尔也会跟其他病人或工作人员在公共食堂一起吃饭。有些人是罗斯玛丽明显比较喜欢的,她们会牵着手、一起玩游戏或是看照片。玛格丽特·安修女发现,罗斯玛丽的人缘很好,即使她的语言和肢体能力不足,但大家还是喜欢她。"她是十足的万人迷,每次回到本部去,大家见到我就问:'罗斯玛丽呢?'"晚上,她则安静地在小屋里度过,偶尔会看看电视。

　　罗斯玛丽很喜欢音乐和跳舞,但是要她参与是很大的挑战,得稍微劝说一下。她每天望弥撒。"而且把祷告词,像是万福玛利亚和谢饭祷告,记得很熟,"玛格丽特·安修女告诉莱默,"弥撒对她意义重大,'耶稣'也是。"玛格丽特·安修女认为,这些在手术前,就深深烙印在她脑海里的记忆,是磨灭不去的。玛格丽特·安修女并不清楚手术前罗斯玛丽过着什么样的生活。"小屋的墙上有一张罗斯玛丽穿着长礼服,和母亲等着要去晋见国王的照片。我想她一定也还记得,但是她没办法表达,所以我也无从得知。她喜欢看奥斯卡颁奖之类的节目,大家都穿着长礼服的画面,让她显得很开心。"那张照片,是一九三八年在英国的元媛会拍的,照片里的她和凯瑟琳都穿着漂亮的长礼服。

　　二○○五年一月七日,罗斯玛丽于圣科莱塔附近的阿特金森堡纪念医院(Fort Atkinson Memorial Hospital)辞世,享年八十六岁,比她的母亲多活了十年。过世时,她的妹妹尤妮斯、琼、帕特,还有弟弟泰德随侍在侧。

罗斯在她的回忆录出版时,曾做了一场演讲,当中她第一次提到罗斯玛丽带来的价值:"我没有办法判断什么是我得到的,什么又是我失去的。我也不知道怎么去度量我的骄傲、我的痛苦,以及那永无止境的爱,但我可以确定的是,罗斯玛丽带给我的,绝对不亚于我的其他孩子。她的存在让我们做了很大的付出,但是她也用自己的生命来指引我们方向,告诉我们服务别人的目的和方法。我想,这就是罗斯玛丽带来的礼物。"一九九五年一月,罗斯以一百零四岁的高龄去世,或许那时的她,是真心这么想的了。

至少,尤妮斯是真心这么想的。在二○○七年的一场演讲中,尤妮斯这么说:

> 我是如此幸运,因为我的生命中有各种逆境。我很幸运,因为有人曾经告诉我,我是个女生,所以真正的权利不属于我。我很幸运,因为我的母亲和我的姐姐罗斯玛丽,受尽各种令人承受不起的拒绝。我很幸运,因为在世界各地工作时,我遇到了种种政治上和社会上的不公不义。

> 或许你会问,"经历这么多痛苦,为什么会让你觉得自己很幸运呢?"答案很简单:因为这些处境带来的深深刺痛,在结合上来自家人满满的爱后,让我充满了自信,也让我决心要为世界带来正向的改变。所以就是这么简单:爱

给了我自信,逆境给了我目标。

没错,我认为肯尼迪总统也是这样的经历塑造而成的,而其中,罗斯玛丽对他在总统任内的决策,影响更是无可比拟的。他在"心智迟缓"问题上尽了最大的努力,当年成立的智能迟缓委员会暨国家儿童健康与人类发展研究院、大学合作计划(University Affiliated programs)和总统委员会(President's Council)等,至今仍为人津津乐道,在美国历史上无人可以超越。我相信,让他意识到这些问题,决心为智能障碍人士尽所有力量的,是罗斯玛丽。曾经有数千人写过他的故事,但是我敢说,这些作者中,没有一个人真正明白,他身为一名智能障碍者的哥哥,是什么样的心情。今天晚上,我想要说的是我过去从来没说过的:罗斯玛丽带来了改变,她的影响力胜过任何人。

由于罗斯玛丽人见人爱、不屈不挠的精神,肯尼迪家族找到了他们最大的使命,因而改变了数百万人的生命。

后　记

我还清楚记得二○○五年的一月初,我在《波士顿环球报》看到了罗斯玛丽的讣告。我知道罗斯玛丽是谁,但是我很惊讶她竟然默默地活了这么久。另外,我也对于讣告内容那么扼要感到震惊不已,直觉告诉我,她背后应该有很多故事的。她后来怎么了呢?为什么我们知道的这么少?都已经是二十一世纪了,家里的人如果有智能障碍或精神疾病,应该不再是不可告人的秘密了吧?我很快就会发现,事实并非如此。

一直等到二○○八年,我完成了另一本书之后,才有机会着手搜寻罗斯玛丽的资料。很幸运的,我住在波士顿附近,到肯尼迪图书馆及博物馆非常方便,罗斯和乔·肯尼迪的私人文件都保存在这儿。罗斯·肯尼迪的日记和剪贴簿,一直到那时才对外公开,所以我算是较早看到这些私密文件的人。

但是开始不到一年,我的工作就遇到阻挠了。我十九岁的儿子被诊断出罹患了思觉失调,也就是俗称的精神分裂症。我们立刻面临各种困难。首先,是帮他找到一个安全,同时又可以接受治疗的环境,期待他能早日"痊愈"。我们有的选择不多,而且花费都十分昂贵。最后,我们送他去有人极力推荐的寄宿型治疗计划,希望如大家说的,他的状况会很快改善。相隔两地,我们想念他,他也想念我们。痛苦之余,我们也发现,精神疾病的污名依旧存在。一些亲朋好友和我们谈到这件事时,都支支吾吾的,甚至有人把孩子生病怪到我们头上。我们觉得很不舒服,也很无奈。

在医生的治疗和看护细心的照顾下,我儿子的病情稳定了,于是,我重拾罗斯玛丽的工作。但是这一次,我在看罗斯玛丽的经历和她家人的反应时,有了不同的眼光,体会也更深刻。

过去六十年来,谈论肯尼迪家族或是家族个别成员的著作很多,它们都是我在写这本书时的重要参考,我也在书后的批注将引用到的部分,一一列了出来。但放眼望去,过去罗斯玛丽在大家的心中,一直是边缘人物,与她德高望重的父母和兄弟姐妹们相较起来,微不足道。早期的传记作家多是从报纸杂志的报道,或是肯尼迪家成员告诉他们的事情,得知罗斯玛丽的事,但不管是哪一个渠道,得到的消息通常是经过严格控制的。一九八〇年代,多丽丝·卡恩斯·古德温在撰写《菲茨杰拉德和肯尼迪们》(The Fitzgeralds and the Kennedys)时,史无前例地获准参阅肯尼迪基金会保管的约瑟夫·肯尼迪个人信件。古德温访问了几十名肯尼迪家族的成员、生意上的伙伴和朋友等,掌握了许多关于肯尼迪的新资料。她对罗斯玛丽的了解是当时最彻底的,第一个揭发罗斯玛丽接受过额叶切断术的正是古德温。但是在她的书中,罗斯玛丽也仅是家庭众多成员中的一员,并没有多谈。我确信可以从肯尼迪图书馆最新公开的罗斯·肯尼迪遗物中找到更多讯息。

　　古德温的著作发表后,许多传记作家也在他们的书中提了罗斯玛丽的事,但依旧只是蜻蜓点水,把她当成肯尼迪家的次要人物看待,谈的大概也就只是古德温当时的发现而已。但我认为,罗斯玛丽其实是这个活跃家庭里的灵魂人物,我若是以她为主角去写,将能重新诠释肯尼迪家中女性的角色,也探讨她对整个家族的影响。

　　一九九○年代,肯尼迪基金会将约瑟夫·肯尼迪留下的文件,赠送给波士顿的约翰·肯尼迪图书馆,但是严格限制借调这些文件。过去二十年来,部分机密文件的内容才慢慢公开,让传记作家们有些新数据可以参考。但是大部分内容还是不公开的,现在有了罗斯遗留的文件,就可以互相弥补了。两相对照下,我得以更深入推敲到罗斯和乔,还有其他孩子们当时的想法和作为。虽然罗斯玛丽本人的相关文件非常有限,但是我很幸运,看到了她写的所有信件,其中有几封甚至是首度公开,这也是先前的肯尼迪传记作家没有的信息。

　　除此之外,罗斯玛丽的老师或看护写的一些信,也是首度公之于世,从这些信件可以得知,罗斯玛丽曾经经历什么教育和治疗安排。其中,又以英国圣母升天学校的尤金妮·伊莎贝尔修女成功的案例,最令我感兴趣。我因此研究了玛丽亚·蒙特梭利医生的教学方式,还去了马萨诸塞州的伍斯特(Worcester),拜访圣母升天会的修女。她们跟我分享了伊莎贝尔修女的个人档案——她是蒙特梭利医生的嫡传弟子,具有教书和担任精神导师的天分,至今不管在美国或其他地方的蒙特梭利教室,都还可以感受到她的影响。

　　我比对手上的数据和当时的社会环境,见到那时由于社会普遍无法接受智能障碍者,肯尼迪家陷入一团混乱,现实逼得罗斯和乔不得不想尽办法"治愈"罗斯玛丽的障碍问题。但是他们面对的,是尚未健全的医疗系统,以及冷漠的社会态度。我们可以从某些心理医生、老师、小儿科医生的回信,充分感受到肯尼迪家几十年来遭遇的挫折、绝望和无情的拒绝。不过同样,我也在罗斯和乔与家庭教师、某些老师、医生,甚至生意上的伙伴、律师和天主教神父、修女等,往返的书信里看到,大家无时无刻不关怀着罗斯玛丽。将这些数据一一串起后,我完成了这幅罗斯玛丽悲剧的拼图。

除了信件,这些文件还包括了肯尼迪家的收据,里头有罗斯玛丽的学费、住宿费、医疗收据和社交生活的花费收据。只不过当中有许多和罗斯玛丽有关的资料,都被放了一张盖着"撤回"的粉红色纸张,表示一般大众和研究人员都不能借阅这些文件。

在罗斯玛丽的档案中,一九二三年到一九七〇年代间,有数百份文件被撤回。这些资料中,有许多是和她接受额叶切断术,以及事后的治疗有关的,但是由于受到《医疗保险流通与责任法》保护,她接受额叶切断术的医疗记录,将永不见天日。这项法案是一九九六年通过的,罗斯玛丽的弟弟爱德华·肯尼迪,也是支持这项法案的其中一个参议员。有了这项法案保护,再加上罗斯玛丽自己也无法叙述当时的经过,一九四一年十一月这天,在乔治·华盛顿医学院发生的事,将成为永远的秘密。

我回头看当时的医学期刊、科学研究和知名文章后发现,当时的医学专家不管在想法或决定治疗方式上,都经常被自己的偏见误导。第二次世界大战前,医治智能障碍或精神病患的方式,都缺乏医学和教育基础。读了弗里曼和瓦特在罗斯玛丽接受额叶切断术的几个月后发表的研究,包括几个详细描述的案例,更让人对她悲惨的遭遇感到心寒。

另外,我很幸运地拿到了一封某个马萨诸塞州营队负责人的私人信件。一九四〇年,罗斯玛丽曾经在她的营队待了一个月,我访问了这位负责人的女儿泰瑞·玛洛塔(Terry Marotta)。尤妮斯·施赖弗的两个儿子安东尼和蒂莫西,也接受了我的访问,提及他们对罗斯玛丽的印象,还有她经常到家里做客的事。就像其他同辈分的肯尼迪成员一样,他们对罗斯玛丽的早期生活、智能障碍,以及接受额叶切断术的事,也了解得不多。

由于我自己的孩子有身心障碍,我对罗斯玛丽和她的兄弟姐妹,特别是她的妹妹尤妮斯,充满了感激——她的付出给了我们力量,让我们可以站在精神疾病患者和智能障碍者的立场,继续争取更多对话和行动。

致　谢

　　我首先要感谢约翰·肯尼迪图书馆基金会,以及约翰·肯尼迪总统图书馆及博物馆的档案管理人员。你们的耐心和努力,成就了最优质的研究环境,除了对图书馆的馆藏如数家珍,你们额外提供的信息,也让我的工作得以顺利进行。史迪芬·波洛金(Stephen Plotkin)、麦可·迪斯蒙(Michael Desmond)、史黛西·钱德勒(Stacey Chandler)、阿比盖尔·马兰戈内(Abigail Malangone)、卡伦·亚布朗森(Karen Abramson),还有我这几年来在文本参考区认识的实习生们,谢谢你们总是热情地支持我,在我遇到瓶颈时,给我宝贵的建议和方向。我也要谢谢视听档案区的玛丽罗斯·格罗斯曼(Maryrose Grossman)和劳丽·奥斯汀(Laurie Austin),谢谢你们帮我找出罗斯玛丽的所有照片,以及那些被我忽略的影片,让我通过这些影像更清楚知道,接受额叶切断前的罗斯玛丽,是个多么朝气蓬勃的女孩,也让手术的结局更具悲剧性。

　　我也要谢谢安东尼·施赖弗和蒂莫西·施赖弗愿意接受我的访问。虽然他们事先表示,对手术前的罗斯玛丽了解不多,但是我从他们对她的回忆,深深感受到他们对她的爱,也让我可以从深受大家喜欢的女人,并且对全家人有重大影响的角度,来看待罗斯玛丽。小约瑟夫·肯尼迪的外甥查尔斯·贝克（Charles Baker）告诉我，老约瑟夫·肯尼迪在家中的地位高高在上，没有人敢违背他的意思。马萨诸塞州伍斯特圣母升天会的德雷莎·杜罗斯（Therese DuRoss）修女、挪亚拉·科特（Nuala Cotter）修女和柯丽娜·加西亚（Coreena Garcia）修女，除了提供我尤金妮·伊莎贝尔修女的资料，还招待我喝了下午茶和饼干，并介绍了她们的团体和成立宗旨。

我要谢谢泰瑞·玛洛塔，她是位优秀的作家，也是我的邻居，她跟我分享了她的母亲和阿姨在马萨诸塞州西部经营营队时，与罗斯玛丽接触的经验，还有罗斯无理的态度。里斯·科斯格罗夫（Reese Cosgrove）医生跟我讲解了额叶切断术的现况，这种手术现在已经很少被采用，而且有很严格的规范，但是对特定重度精神疾病的患者，还是有些正面疗效。

过去五十年来，有许多传记作家也都查访了肯尼迪家族的数据，完成了许多优秀的作品。他们访问过的肯尼迪家成员或朋友，有许多已经离世，还有一部分资料则是因为法律规定，或是被肯尼迪家收回，已经不可考，要不是这些传记作家先前做过的功课，出版了这些作品，我就不可能把遗失的内容填补起来，促成这本书诞生。我期待有一天，肯尼迪图书馆的那些文件，除了受到《医疗保险流通与责任法》保护的医疗记录外，都可以提供给研究人员使用。

如果没有我的经纪人朵·库佛（Doe Coover）义无反顾的支持，就不会有这本书。她和我同时看到罗斯玛丽的讣告，当下就表示，我应该把她的故事写成书。朵，谢谢你优秀的交涉能力、商业头脑、幽默感、好吃的午餐和深厚的友谊。还有我的编辑蒂恩·尔米（Deanne Urmy），你是我合作过最好的编辑，谢谢你那么有耐心，你的好眼力和编辑手法，让这本传记的成品远超出我原本的想象。

　　最后，我要谢谢我丈夫史宾塞（Spencer）以及朵和蒂恩，忍受我写这本书时反反复复的中止与重新开始，谢谢你们的耐心与支持，也谢谢你们陪着我一起爱上了罗斯玛丽。没有你们，我自己是完成不了这件事的。

缩略词索引

DKG　多丽丝·卡恩斯·古德温，*The Fitzgeralds and the Kennedys*（New York：Simon & Schuster, 1987）

DN　戴维·纳索（David Nasaw），*The Patriarch：The Remarkable Life and Turbulent Times of Joseph P. Kennedy*（New York：Penguin, 2012）

EKS　尤妮斯·肯尼迪·施赖弗

EM　爱德华·摩尔

EMK　爱德华·摩尔·肯尼迪

JFK　约翰·菲茨杰拉德·肯尼迪

JFKPL　肯尼迪总统图书馆暨博物馆，马萨诸塞州波士顿

JPK　老约瑟夫·P·肯尼迪

JPKJR　小约瑟夫·P·肯尼迪

JPKP　老约瑟夫·P·肯尼迪档案，肯尼迪总统图书馆暨博物馆，马萨诸塞州波士顿

KK　凯瑟琳·"基克"·肯尼迪·哈廷顿

LL, *The Kennedy Men*

　　劳伦斯·莱默，*The Kennedy Men*, 1901—1963：*The Laws of the Father*（New York：Morrow, 2001）

LL, *The Kennedy Women*

　　劳伦斯·莱默，*The Kennedy Women：The Saga of an American Family*（New York：Villard, 1994）

RFK　罗斯·菲茨杰拉德·肯尼迪

RFKP　罗斯·菲茨杰拉德·肯尼迪档案，肯尼迪总统图书馆暨博物馆，马萨诸塞

州波士顿

RMK　罗斯玛丽·肯尼迪

TTR　罗斯·菲茨杰拉德·肯尼迪, *Times To Remenber*（1974；repr., New York：Doubleday，1995）

原 注

第一章 生产时的意外

戏院被迫关闭："City Sends Even Nurses to Boston to Fight Spread," *Bridgeport* (*Conn.*) *Telegram*, September 20, 1918.

流感侵袭：J. K. Taubenberger and D. M. Morens, "1918 Influenza: The Mother of All Pandemics," *Emerging Infectious Diseases* 12, No. 1 (January 2006): 15 – 22.

整座城市仿佛正迈向死亡："Recollections of Miss East and Miss Franklin," n.d., School of Public Health, Department of Nursing, box 8, folder 1, Simmons College Archives, Boston.

将近七千名波士顿居民：Alfred J. Crosby, *America's Forgotten Pandemic: The Influenza of 1918* (Cambridge: Cambridge University Press, 1989), 60 – 61.

医生还未抵达前：Charles Sumner Bacon, *Obstetrical Nursing: A Manual for Nurses and Students and Practitioners of Medicine* (Philadelphia: Lea & Febiger, 1915), 151.

护士不能为罗斯施打麻醉：Barbara Gibson and Ted Schwartz, *Rose Kennedy and Her Family: The Best and Worst of Their Lives and Times* (New York: Birch Lane Press, 1995), 47.

护士要她保持镇静：Ibid., 54, based on interview with Barbara Gibson, Rose Kennedy's longtime secretary.

我对我的产科医生充满信心：*TTR*, 66, 68.

古德医生和同僚："Children Born at Home," diaries, August 23, 1971, RFKP, box 5; see also ibid., 68.

并拢双腿：LL, *The Kennedy Women*, 137, based on interviews with Luella Hennessey Donovan, a long-time Kennedy nursemaid and governess who did not help deliver Rosemary but spent many intimate years with the family; and an interview with Eunice Kennedy Shriver by Robert Coughlan, February 26, 1972, RFKP, box 10.

一名秀丽的小姑娘："Ex-Mayor Thrice a Grandfather," *Boston Sunday Globe*, September 15, 1918.

乖巧安静的孩子："Children Born at Home," RFKP, box 5; see also *TTR*, 131.

共享片刻的宁静："Children Born at Home," RFKP, box 10.

拼命三郎般的工作态度：DN, 57.

学校的学生人数超额：Martin Lazerson, *Origins of the Urban School: Public Education in Massachusetts, 1870—1915* (Cambridge, Mass.: Harvard University Press, 1971), 11 – 12.

在一八九〇年代晚期到一九二〇年之间：William DeMarco, *Ethnics and Enclaves: Boston's Italian North End* (Ann Arbor, Mich.: UMI Research Press, 1981), 21 - 24; see also Twelfth Census of the United States (1900), Thirteenth Census of the United States (1910), Fourteenth Census of the United States (1920), U.S. Bureau of the Census, Massachusetts, Suffolk County.

决定投入(一九〇五年的波士顿市长选举)：DKG, 105 - 6.

竞争对手是乔的父亲帕特里克·肯尼迪：*TTR*, 23.

当时的罗斯身价不凡：Scrapbook, 1907—1929, RFKP, box 121. 一则未具日期的新闻剪报显示罗斯被多尔切斯特中学的男毕业生投票选为"最美女毕业生"。后来罗斯透露，那篇报道是她的父亲让一位关系亲近的记者写的——这让她很尴尬，因为她觉得那不是事实。

他对女儿的爱(超乎他经历过的任何感受)：DKG, 91.

罗斯也以相同的爱回应父亲：Ibid., 105.

我父亲(认为我既漂亮又有气质)：*TTR*, 53 - 54.

父亲太过保守：Ibid., 23.

天主教学生在公立学校遭受到歧视：Thomas H. O'Connor, *The Boston Irish: A Political History* (Boston: Northeastern University Press, 1995), 150.

公立教育系统的安全阀：Lazerson, *Origins of the Urban School*, 19 - 23.

公立学校才是最好的训练基地：Interview with nephew Edward Fitzgerald in DKG, 104.

在大主教威廉·奥康奈尔的领导下：Joseph W. Riordan, *The First Half Century of St. Ignatius Church and College* (San Francisco: Crocker, 1905), 199.

(使我们处于一个)危险的世代："People in Print," Donahoe's Magazine 56 (July - December 1906): 385 - 86.

菲茨杰拉德把他的孩子全送进(公立学校)：DKG, 152 - 55.

罗斯迫不及待(想探索新的知识领域)：Ibid., 132.

(波士顿的高中毕业生中，有)百分之五十五(是女生)：Boston, Massachusetts, School Committee, *Documents of the School Committee of the City of Boston for the Year 1910* (Boston: City of Boston Printing Department, 1910), 14 - 20; 只有百分之十二的人上了大学："School Document No. 16 - 1907," *Annual Report of the School Committee of the City of Boston, 1907* (Boston: Municipal Printing Office, 1907), 38.

从一九〇〇年到一九二〇年(，高中毕业的女学生上大学的比例)：Barbara Miller Solomon, *In the Company of Educated Women: A History of Women and Higher Education in America* (New Haven, Conn.: Yale University Press, 1985), 46 - 47, 63 - 64; see also Thomas D. Snyder, ed., *120 Years of American Education: A Statistical Self Portrait* (Washington, D.C.: National Center for Education Studies, 1993), 69.

我又叫又闹(，几乎抓狂了)：Interview with Kerry McCarthy in LL, *The Kennedy Women*, 61.

起而响应这世俗主义的诱惑：DKG, 142 - 44.

我气我父母(气了好几年)：LL, *The Kennedy Women*, 61.

我一生中最大的遗憾(就是没能去读维斯理学院)：Interview with RFK in DKG, 144.

为宣扬耶稣基督的圣心：Remigius Lafort and Cardinal John Farley, *The Catholic Church in America*, *Undertaken to Celebrate the Golden Jubilee of His Holiness*, *Pope Pius X*, vol. 2, *The Religious Communities of Women* (New York: Catholic Editing Company, 1914), 68.

我已经会会拉丁文：Interview with RFK in DKG, 146.

伦理、形而上学(和心理学、历史)：Lafort and Farley, *Religious Communities of Women*, 445 - 46.

家政课也是(圣心学生的学习重点)：Tracy Schier and Cynthia Russett, eds., *Catholic Women's Colleges in America* (Baltimore, Md.: Johns Hopkins University Press, 2003), 46 - 47, 264.

以宗教为教育根基(和最高指导原则)：*Women of the Spirit: A History of Convent of the Sacred Heart*, *Greenwich*, *1848—1998* (Greenwich, Conn.: Convent of the Sacred Heart, 1999), 11 - 12.

接受过这些训练后(,这些学生将来都能成为献身于神的童女)：Lafort and Farley, *Religious Communities of Women*, 497.

我们不但得团队合作(,还要密谋策划)：*TTR*, 50.

她父亲试着介绍其他对象给她：DKG, 219 - 20.

就连菲茨杰拉德的司机(也对乔很有好感)：*TTR*, 50 - 57.

乔的祖父来自爱尔兰：For a history of Irish Boston, see O'Connor, *Boston Irish*, 128 - 65.

(能够到欧洲大陆接受教育是)难得的福利：*TTR*, 26.

(那边的学校非常重视)世上的实际事物：Ibid., 27 - 28.

(布卢门撒尔的教育也是)以宗教为最高指导原则：*Women of the Spirit*, 8.

像玛丽亚那般纯洁、谦卑、勤奋：Daughters of the Charity of Saint Vincent De Paul, *Manual of the Children of Mary, for the Use of All the Establishments, Schools, and Orphan Asylums of the Sisters of Charity* (New York: P. J. Kennedy, 1878), 9 - 10.

(学校说的美德包括)纯洁、谦卑：Ibid., 63.

我发现(,我应该更努力达到学校对我的要求)：Interview with RFK in DKG, 185.

(罗斯开始一大早就起来冥想,立志成为)最完美的典范：Daughters of the Charity of Saint Vincent De Paul, *Manual of the Children of Mary*, 448.

罗斯写信回家(,告诉家人她获颁"玛丽亚的孩子"奖章)：*TTR*, 31, 34.

(罗斯发现自己对乔的)爱慕与日俱增：Interview with RFK in DKG, 218.

千方百计(阻挠他们见面)：DKG, chaps. 10 - 16; and DN, 36 - 55.

(在美国四处旅行)度了蜜月后："Daughter of Former Mayor to Wed Today," *Boston Globe*, October 7, 1914.

我们亏欠他们(太多了)："Mary and Eddie Moore," 9; "Diary Notebook: A Married Life, 1 of 2," August 23, 1971; both in RFKP, box 5.

玛丽·摩尔教(孩子们怎么买圣诞礼物)："Children Born at Home," RFKP, box 5.

爱他们, 视他为家中的长辈：*TTR*, 59 - 60.

(艾迪像是)乔的影子, 是他的替身：Gloria Swanson, *Swanson on Swanson: An Autobiography* (New York: Pocket Books, 1980), 357.

第二章　委曲的才女,强势的母亲

一点儿征兆也没有: *TTR*, 131.

(身为玛丽亚的孩子,必须)顺服: Daughters of the Charity of Saint Vincent De Paul, *Manual of the Children of Mary, for the Use of All the Establishments, Schools, and Orphan Asylums of the Sisters of Charity* (New York: P. J. Kennedy, 1878), 68 - 69.

对这些推动女性参政的人,没有特别的感觉: LL, *The Kennedy Women*, 109; see also interview with Rose Fitzgerald, *Boston Post*, August 17, 1911.

她的父亲对波士顿的女性参政运动者倒是很不屑: "House Votes for Suffrage," *Boston Daily Globe*, May 22, 1919. 菲茨杰拉德最终改变了自己的看法,在短暂出任马萨诸塞州国会议员的几个月内,投票批准了赋予女性投票权的美国宪法第十九修正案。

她的婆婆支持女性参政: John F. Kennedy National Historic Site, Brookline, Massachusetts, National Park Service, http://www.nps.gov/jo/photosmultimedia/virtualtour.htm.

梅花 A 俱乐部: *TTR*, 40 - 41.

(她再也不能忍受)生命就这样流失: Interview with RFK in DKG, 301 - 2.

乔经常工作到很晚: Gail Cameron, *Rose: A Biography of Rose Fitzgerald Kennedy* (New York: Putnam, 1971), 91.

乔很有女人缘: Unidentified Fitzgerald relative, quoted by DKG, 303.

过去的日子已经结束了: Interview with RFK in DKG, 307.

她可以助他一臂之力: "Background Materials," 26 - 28, RFKP, box 12.

一场成功的午宴: Ibid., 27 - 28.

乔总是在忙他自己的事: *TTR*, 63.

这些体验中(影响我们的思维最剧的): Ibid., 64.

何必让他担心呢?: "My Mother and Birth of Baby," diaries, RFKP, box 5.

如果家里需要再添帮手: Interview with RFK in DKG, 307.

以欢愉为目的性爱结合: Resolution 68 of the Lambeth Conference, quoted in Lord Bertrand Dawson, "Sex and Marriage," *Birth Control Review 5*, No. 12 (December 1921): 7.

你这种一点都不浪漫、把生育当成性爱唯一目的的观念: Interview with Marie Green in DKG, 392.

那是个新奇、截然不同的环境: "Joe in Show Business and Movies," diaries, RFKP, box 5.

我曾经听说(,那些歌舞娘外表看起来热情洋溢): Ibid.

(她和乔)完全信任彼此: Ibid.

罗斯的生存模式(像是只看她想看的): Rita Dallas and Jeanira Ratcliffe, *The Kennedy Case* (New York: Putnam, 1973), 41.

谣言、中伤、抨击(,甚至诽谤,都是公众人物必须付出的代价): *TTR*, 37.

名正言顺(地到外头找乐子去了): DKG, 304.

（为人母亲最大的）"挑战"和"喜乐"：Diaries, RFKP, box 5.

母亲的判断能力（是孩子的依靠）："Being a Mother," diaries, RFKP, box 4.

（她不容许自己成为）"邋遢的黄脸婆"："Children Born at Home," diaries, RFKP, box 5.

由他负责照顾一家大小："My Mother and Birth of Baby," diaries, RFKP, box 5.

虱子和臭虫之歌："Mrs. K's 1923 Diary," diaries, February 25, 1923, RFKP, box 5.

"孩子们都很好"，他要罗斯放心：Telegram, JPK to RFK, April 8, 1923, JPKP, box 1.

亲爱的罗斯，母亲节的来临让我们更深深明白：Telegram, JPK to RFK, May 13, 1923, JPKP, box 1.

天啊，你真是个伟大的母亲："Mrs. K's 1923 Diary," April 3, 1923, RFKP, box 5.

家事管理者……应该把家庭当成一门事业来经营："The New Woman in the Home," in Ellen Carol DuBois and Lynn Dumenil, *Through Women's Eyes: An American History with Documents*, vol. 2, Since 1865 (New York: Bedford/St. Martin's, 2009), 531 – 32.

护士必须负责清洗孩子的奶瓶："Children Born at Home," RFKP, box 5.

那在肯尼迪家是不得已的事："Card Catalogue," diaries, RFKP, box 5.

太瘦……太胖……或身材走样："Children Born at Home," RFKP, box 5.

各国伟大的领导者："Leadership," diaries, RFKP, box 5.

他们必须成为运动场上的赢家：Ibid.

打屁股这个老方法最管用："Physical Punishment," diaries, RFKP, box 5.

摩尔夫妇（原本和玛丽的母亲同住在一间公寓）：See 1920 U.S. Census, Charlestown Precinct, Suffolk County, Massachusetts.

那时我有七个孩子，一起玩耍时经常彼此碰撞：Rose Kennedy, interview by Robert Coughlan, January 7, 1972, RFKP, box 10.

可以在屋内或屋外看报纸："Children Born at Home," RFKP, box 5.

罗斯玛丽一岁半时：*TTR*, 131.

没有办法自己驾雪橇：Rose Kennedy, interview by Coughlan, January 14, 1972, RFKP, box 10.

我发现，从很小的时候开始："Diary Notes on Rosemary Kennedy," RFKP, box 13.

她是最会说话的小家伙：Diaries, February 14, 1923, RFKP, box 1.

罗斯玛丽调皮地吐了吐舌头：Diaries, April 1,1923, RFKP, box 1.

我常在想，杰克会不会觉得自己被忽略了："Married Life," diaries, August 23, 1971, RFKP, box 5.

她不是那种会把小孩搂在怀里的母亲：Interview with Paul Morgan in LL, *The Kennedy Women*, 191.

要是你也生了好几个孩子："Different Children," diaries, RFKP, box 5.

第三章　一再落后

（老师认为她看起来是个）有缺陷（的孩子）：Arnold Gesell, *What Can the Teacher Do for the*

Deficient Child? A Manual for Teachers in Rural and Graded Schools (Hartford, Conn.: State Board of Education, 1918).

我从没听说过什么发育迟缓的孩子:"Diary Notes on Rosemary Kennedy," RFKP, box 13.

智力发育迟缓不是个常听到的说法: Ibid.

离开普通学校,和那些发育迟缓的小孩一起上学: Ibid.

有的小孩很会念书,但也有脑袋不那么灵光的:"Different Children," diaries, RFKP, box 5.

我实在不知道……该怎么面对: Hank Searls, *The Lost Prince: Young Joe, the Forgotten Kennedy* (New York: Ballantine, 1969), 37. See also school register for Edward Devotion School, Edward Devotion School Manuscripts Collection no. 337, folder 1, JFKPL; and "Diary Notes on Rosemary Kennedy," RFKP, box 13.

我去请教了我们的家庭医师:"Diary Notes on Rosemary Kennedy," RFKP, box 13; and Searls, *The Lost Prince*, 37.

智能"发展迟缓"和"生长停滞": See, for instance, Elmer E. Liggett, "The Binet Tests and the Care of the Feebleminded," *Journal of the Missouri State Medical Association* 15, No. 5 (May 1918): 157 – 60; and Thomas G. MacLin, "Defective Mental Development with Special Reference to Cases Showing Delinquent Tendencies," *Institution Quarterly* 11, No. 4 (December 1920): 59.

(对学生进行)智商测验:"Diary Notes on Rosemary Kennedy," RFKP, box 13.

奥蒂斯智商测验: Stephen Colvin, "Principles Underlying the Construction and Use of Intelligence Tests," in *The Twenty-First Yearbook of the National Society for the Study of Education: Intelligence Tests and Their Use*, ed. Guy Montrose Whipple (Bloomington, Ill.: Public School Publishing Company, 1922), 21 – 23.

我只知道罗斯玛丽的智商很低:"Diary Notes on Rosemary Kennedy," RFKP, box 13.

罗斯的妹妹尤妮斯终于不敌肺结核病魔的摧残:"Former Mayor's Daughter Dies: Eunice J. Fitzgerald Martyr to War Work," *Boston Herald*, September 26, 1923.

罗斯为她守丧了好几个月:"Around Town," *Boston Post*, January 13, 1924.

每个星期从波士顿出差到华尔街:"Joe in Show Business and Movies," diaries, RFKP, box 5.

乔相信,在多元色彩丰富、较少偏见的纽约市,他们一定可以发展得很好: Joe McCarthy, *The Remarkable Kennedys* (New York: Dial Press, 1960), 22, 53.

他们租了一栋有十三个房间的大房子: Fred Ferretti, "Uptight in Riverdale," *New York Magazine*, October 6, 1969, 31.

有一间很好的男校,孩子下课可以留在学校玩:"Joe in Show Business and Movies," diaries, RFKP, box 5.

(搬到里弗代尔的肯尼迪一家人,就像)离开水面的鱼: LL, *The Kennedy Women*, 177 – 78.

她跟我们,还是很吃力: Interview with Doris Hutchings in ibid., 177.

她的协调性明显有问题: TTR, 132.

(她的身体协调性不佳,)脚很笨拙:"Diary Notebook B: Rosemary," 1972, RFKP, box 5; see also Eunice Kennedy Shriver, "Hope for Retarded Children", *Saturday Evening Post*,

September 22, 1962.

她不会自己把肉切成小块：Shriver, "Hope for Retarded Children."

专门看"智能不足"的专家：*TTR*, 132.

罗斯玛丽时不时会癫痫发作：EKS, interview by Robert Coughlan, February 26, 1972, RFKP, box 10.

乔的情绪非常"激动"：Gloria Swanson, *Swanson on Swanson: An Autobiography* (New York: Pocket Books, 1980), 392–94.

我见过乔对别人大发脾气：Ibid., 393.

老大心里永远的痛：Ibid.

不管罗斯和乔多么(想把罗斯玛丽当成正常的孩子看待)：*TTR*, 134.

根据当时的心理学定义，只具有相当于两岁孩子智力的，叫作"白痴"，是智力障碍情况最严重的；"傻瓜"则具有三岁到八岁孩童的智力；"笨蛋"则是指智力相当于八到十二岁孩童的人：Knight Dunlap, *The Elements of Scientific Psychology* (St. Louis, Mo.: Mosby, 1922), 357.

那地方简直是"人间炼狱"：Burton Blatt and Fred Kaplan, *Christmas in Purgatory: A Photographic Essay on Mental Retardation* (Syracuse, N.Y.: Human Policy Press, 1974).

这些地方阴暗、脏乱，到处是老鼠和生病的人：Jeffry L. Geller and Maxine Harris, *Women of the Asylum: Voices from Behind the Walls, 1840—1945* (New York: Doubleday, 1994), 320–21.

没有人的答案让罗斯满意，这让她"非常失望难过"："Diary Notes on Rosemary Kennedy", RFKP, box 13; see also *TTR*, 132.

他们认为人类可以分成"两组"：Robert Whitaker, *Mad in America: Bad Science, Bad Medicine, and the Enduring Treatment of the Mentally Ill* (New York: Basic Books, 2002), 44.

因为害怕"移民潮"大举进入美国城市：Ibid., 48–53, 172.

有钱的工业家，像是约翰·洛克菲勒：Ibid., 46–49.

必追讨他的罪，自父及子，直到三四代：Leila Zenderland, "The Parable of *The Kallikak Family*," in *Mental Retardation in America: A Reader*, ed. Steven Noll and James W. Trent Jr. (New York: New York University Press, 2004), 168–69. See also Deuteronomy 5: 9.

那个年代(，罗马天主教教会是不准智能障碍，特别是唐氏症的孩子领取圣餐)：The Code of Canon Law 913 of the Roman Catholic Church; see Charles George Herbermann, ed., *The Catholic Encyclopedia* (New York: Encyclopedia Press, 1913). 1995 年，美国天主教主教会议重申了其对身心障碍者具有包容性的方针。

罗马天主教教会是不准智能障碍，特别是唐氏症的孩子领取圣餐：See, for instance, Bernie Malone, "Catholic Church Denies Sacrament of Holy Communion to Down Syndrome Child," *IrishCentral*.com, January 19, 2012, http://www.irishcentral.com/news/catholic-church-denies-sacrament-of-holy-communion-to-down-syndromechild-137710088-237427501.html#.

我父母非常强调对家庭的忠诚：Shriver, "Hope for Retarded Children."

基克在十三岁时，才到寄宿学校就读：Diaries, August 23, 1971, RFKP, box 5.

第四章 频繁转学

(德弗鲁学校)设立于一九一二年：David Brind, *Researching the Mind, Touching the Spirit: The Helena T. Devereux Biography* (Philadelphia, n. d.), http：//www. devereux. org/site/ DocServer/HTD‐Bio.pdf? docID=281, 3.

身心障碍者需要的，不是他人异样的眼光或孤立：Ibid., 7.

我想，接下来的几个月，你一定会更进步：Letter, JPK to RMK, November 13, 1929, JPKP, box 1.

罗斯玛丽已经对寄宿生活"做了应有的调整"："Report on Rosemary Kennedy," June 23, 1930, JPKP, box 26, as quoted in DN, 153.

符合她程度的劳作、美术、音乐、裁缝和戏剧等活动：Norma E. Cutts, "The Mentally Handicapped", *Review of Educational Research* 11, No. 3 (June 1941)：267; see also DN, 152.

突然失去耐性：DN, 153.

双双去了伦敦和巴黎：Ibid.

还要忙着搬家：DKG, 417.

地下室有撞球台：Edward M. Kennedy, *True Compass* (New York：Twelve, 2009), 39.

我们小的时候，都是你照顾我们、教导我们：TTR, 70.

罗斯带罗斯玛丽看"医生、教育专家、心理学家"等等：Ibid., 133.

完成离家住校应有的"社会调整"："Report on Rosemary Kennedy," June 23, 1930, JPKP, box 26, as quoted in DN, 153.

缺乏自尊和自信心，依旧是阻碍她进步最大的绊脚石：Ibid.

不愿意为了达得到的成果，付出应有的代价：Report from Devereux School, November 21, 1930, JPKP, box 26, as quoted in DN, 153.

我很认真，每次数学考试都一百分：Letter, RMK to RFK, November 17, 1930, JPKP, box 1.

你有问德弗鲁老师我感恩节可不可以回家吗?：Ibid.

亲爱的尤妮斯，我好想你：Letter, RMK to EKS, April 13, 1931, JPKP, box 1.

她太受男孩子欢迎了，一天到晚有人打电话给她：Diaries, August 23, 1971, RFKP, box 5.

有残缺(的女性，性生活可能比较随便)：Elmer E. Liggett, "The Binet Tests and the Care of the Feebleminded," *Journal of the Missouri State Medical Association* 15, No. 5 (May 1918)：157‐ 60; and Thomas G. MacLin, "Defective Mental Development with Special Reference to Cases Showing Delinquent Tendencies," *Institution Quarterly* 11, No. 4 (December 1920)：59.

离开家，然后就不见了："Diary Notes on Rosemary Kennedy," RFKP, box 13.

搭校车到里弗代尔的男子私立学校上课："Changes in Way of Life," diaries, RFKP, box 5. 最 终罗斯让她的女儿们就读了康涅狄格州诺罗顿的圣心书院寄宿学校。

罗斯玛丽不喜欢坐火车时有人陪着："Diary Notes on Rosemary Kennedy," RFKP, box 13.

布朗克斯维尔的邻居记得：Interview with Paul Morgan in LL, *The Kennedy Women*, 192.

德弗鲁的老师很确定，她的社交能力是没有问题的："Report on Rosemary Kennedy," June 23, 1930, JPKP, box 26, as reported in DN, 153.

亲爱的爸爸、妈妈，真开心收到你们的信：Letter, RMK to RFK and JPK, June 2, 1934, RFKP, box 13.

我们很希望得知罗斯玛丽的学习进展：Letter, Margaret McCusker of Sacred Heart at Elmhurst to RFK, October 17, 1934, RFKP, box 13.

第一个星期时还大吵大闹的：Telegram, JPK to RFK, October 6, 1934, RFKP, box 12.

我已经很慎重地和罗斯玛丽谈过了：Letter, JPK to Helen Newton, October 15, 1934, JPKP, box 26.

她花了许多时间研究如何教导"有学习障碍的孩子"：Letter, Helen Newton to RFK, spring 1936, JPKP, box 26.

纽顿发现，罗斯玛丽的专心程度，最多只能维持两个半小时：Ibid.

一九三四年十月一日：Letter, RMK to JPK, October 1, 1934, JPKP, box 26.

露丝·埃文斯·奥基夫：Dr. John O'Keefe, interview by Ron Doel and Joseph Tatarewicz, Goddard Space Center, Greenbelt, Md., February 2, 1993, http://www.aip.org/history/ohilist/32713.html. 露丝·埃文斯毕业于法国马尔穆捷的圣心书院，是罗斯在布卢门撒尔圣心书院的同班同学。露丝之后升入维斯理学院，毕业于1911年，1916年1月与爱德华·斯科特·奥基夫结婚。她在马萨诸塞州女性选民联盟、童工改革、劳工改革和监狱改革活动中非常活跃。see also "The Man Who Had to Be No. 1," *Boston Record American*, January 6, 1964.

我觉得你这样和罗斯保持联络是件好事：Letter, JPK to JPKJR, October 2, 1934, JPKP, box 1.

（他觉得）罗斯玛丽是不错的女孩：Letter, JPKJR to JPK, n.d. (ca. spring 1936), in *Hostage to Fortune: The Letters of Joseph P. Kennedy*, ed. Amanda Smith (New York: Penguin, 2001), 175.

谴责希特勒和他的党羽：Letter, JPKJR to JPK, April 23, 1934, in Smith, *Hostage to Fortune*, 130 – 31.

一、先天性智能障碍；二、思觉失调；三、躁郁症；四、遗传性癫痫……："Law for the Prevention of Offspring with Hereditary Diseases (July 14, 1933)," in *German History in Documents and Images*, vol. 7, *Nazi Germany*, 1933—1945, http://germanhistorydocs.ghi-dc.org/pdf/eng/English30.pdf. Source of English translation: U.S. Chief Counsel for the Prosecution of Axis Criminality, *Nazi Conspiracy and Aggression*, vol. 5 (Washington, D.C.: United States Government Printing Office, 1946), document 3067 – PS, pp. 880 – 83.

处置犹太人的手法实在太过头了：Letter, JPK to JPKJR, May 4, 1934, in Smith, *Hostage to Fortune*, 133.

一九三四年十月十五日：Letter, RMK to JPK, October 15, 1934, RFKP, box 13.

妈妈把你写的信寄给我看了：Letter, JPK to RMK, December 8, 1934, JPKP, box 1.

可以的话,写写信给罗斯玛丽: Letter, JPK to JFK, October 10, 1934, JPKP, box 1.

我知道这样问很唐突: Letter, RFK to Mr. Steel, Choate School, January 18, 1934, RFKP, box 12.

一般的女孩子喜欢做的事: Letter, RMK to JPK and RFK, March 1, 1936, RFKP, box 13.

记住各种树的名字: Letter, RMK to RFK, January 19, 1936, JPKP, box 1.

蓝色礼服和银色高跟鞋: Ibid.

亲爱的罗斯玛丽,我在店里看到……: DKG, 357.

亲爱的爸爸、妈妈,星期五晚上……: Letter, RMK to JPK and RFK, March 1, 1936, RFKP, box 13.

每次我说:"罗斯玛丽,你的牙齿和笑容是全家人中最漂亮的。": DKG, 360.

我不过说了:"罗斯玛丽,那是我见过最漂亮的发带了。": "Rose Kennedy:'Rosemary Brought Us Strength,'" *Catholic Digest*, March 1976, 36.

它对"神经冲动"和智能发展的影响: Charles H. Lawrence, "Adolescent Disturbances of Endocrine Function: The Importance of Their Recognition and Treatment," *Annals of Internal Medicine* 9 (1936): 1503 – 12. See also A. P. Cawadias, "The History of Endocrinology," *Proceedings of the Royal Society of Medicine* 34 (1941): 303 – 8.

愿意做任何事来使他开心: Letter, RMK to JPK, October 15, 1934, RFKP, box 13.

几年前,你曾到过海恩尼斯: Letter, JPK to Frederick Good, October 15, 1934, JPKP, box 26.

去找了罗斯玛丽和纽顿小姐,而且相谈甚欢: Telegram, Frederick Good to JPK, October 18, 1934, JPKP, box 26.

精神状况非常好: Letter, Frederick Good to JPK, October 24, 1934, JPKP, box 26.

明显有进步: Letter, JPK to Charles Lawrence, November 21, 1934, in DN, 223.

劳伦斯注射的激素一样帮不上忙:"Reports of a Partial Frontal Lobectomy and Frontal Lobotomy Performed on Three Patients: One Chronic Epileptic, and Two Cases of Chronic Agitated Depression," *Psychosomatic Medicine* 3, no. 1 (January 1941).20 世纪 30 年代,使用激素治疗青少年和年轻人的各种心理健康问题变得越来越普遍,但它是不是一种成功的治疗方式还存有疑问。在来自马萨诸塞州综合医院和麦克莱恩医院的一队神经外科医生和精神科医生的一份案例研究报告中,一个青少年男孩罹患癫痫、激越、抑郁症的故事十分引人注意。最初的治疗包括了注射"垂体提取物"和激素。结果令人沮丧,男孩的癫痫发作,抑郁和拒不合作仍在继续。之后用苯巴比妥、巴比妥和抗惊厥药治疗,也没有效果。最终,在十七岁的时候,他生生遭受了两次前额叶白质切断术,而且是在第一次手术明显让他状况更糟的情况下。两年后,男孩明显失能,智商下落,言语缓慢,但他能够打打网球,在健身房锻炼身体,还能做一些室外活动。更重要的是,他的父亲告诉医生,男孩变得更顺从也更乐于合作了——这样的变化对于这个让家庭头痛心烦的麻烦男孩来说意义重大。

她很好,而且我很开心地告诉你,我发现她进步了: Letter, Frederick Good to JPK, January 26, 1935, JPKP, box 26.

迪尔波恩花了几十年研究学习障碍: See Herbert Langfeld, "Walter Fenno Dearborn: 1878—

1955," *American Journal of Psychology* 68, No. 4 (December 1955): 679 - 81.

他们给罗斯玛丽一个"百货公司"的账户: Letter, Walter F. Dearborn to RFK, June 28, 1937, in DN, 265.

罗斯玛丽看起来很快乐: Letter, Walter F. Dearborn to RFK, October 11, 1935, JPKP, box 26.

我实在不想要每个星期打那三次针: Letter, RMK to JPK and RFK, January 12, 1936, RFKP, box 13.

请把这份作业拿给她父亲看: Letter, Helen Newton to RFK, April 1936, JPKP, box 26.

指导学习障碍生的方式: Ibid.

有时候,她就是转不过来要怎么找钱: Ibid.

我写这封信是要谢谢您多方面配合: Ibid.

罗斯玛丽不但长得漂亮: Letter, Mary Baker to RFK and JPK, March 27, 1936, JPKP, box 26.

针对她的兴趣、能力和特殊需求做密集的加强: Ibid.

有机会的话,"也会安排体贴细心的男士担任她们的护花使者": Ibid.

我挑选这些同伴非常谨慎: Ibid.

和贝克小姐、迪尔波恩医生、劳伦斯医生见面: Letter, J. G. Vaughn to Edward Scott O'Keefe, April 3, 1936, JPKP, box 26.

我教发育迟缓的孩子已经有十五到二十年了: Letter, Helen Newton to RFK, August 17, 1936, in DKG, 497.

音乐、法文、进阶英文: P. Sargent, *Handbook of Private Schools*, 27th ed. (Boston: P. Sargent, 1943).

她将到学校外面: Invoices, Universal School of Handicrafts to Joseph Kennedy, 1936—1937, RFKP, box 128.

罗斯雇用了雷德克里夫学院毕业的阿曼达·罗德: Letter, Amanda Rohde to RFK, July 21, 1937, RFKP, box 128.

对女生来说,姐妹是最好的资产: "Girlhood," diaries, RFKP, box 11.

我觉得罗斯玛丽好像在利用她的弱点: Letter, Amanda Rohde to RFK, October 18, 1936, in DKG, 496 - 98.

大家都太让罗斯玛丽为所欲为了: Letter, Amanda Rohde to RFK, October 18, 1936, JPKP, box 26, in DN, 264 - 65.

高压的社交环境: Letter, Walter F. Dearborn to RFK, June 28, 1937, JPKP, box 26, in DN, 266.

手作课程: Letter, Amanda Rohde to RFK, (July) 1937, JPKP, box 26.

陪她去的是迪尔波恩十七岁的女儿: Memorandum, M. E. Brown to Mrs. Waldron, September 28, 1937, JPKP, box 26.

我们坐船回德鲁克: Postcard, RMK to JPK and RFK, n.d., RFKP, box 128.

这边的男孩子还不赖: Letter, RMK to KK, July 15, 1936, JPKP, box 1.

我们上次谈话时,您提到要安排罗斯玛丽到曼哈顿维尔就读: Letter, Mollie Hourigan to RFK, July 9, 1937, JPKP, box 26.

我收到您的来信了,非常谢谢您善意的建议:Letter, RFK to Mollie Hourigan, July 13, 1937, JPKP, box 26.

并不是我不愿意收她这个学生:Letter, Mollie Hourigan to RFK, July 23, 1937, JPKP, box 26, in DN, 264－66.

第五章　短暂避风港：蒙特梭利学校

乔得负责起草:DN, 204－11.

以"荒唐"来形容这项任命决定:*New Republic*, July 1934, quoted in DN, 210.

延揽最聪明、优秀的人才:Ibid., 254－79.

肯尼迪率领团队(深入检讨美国海军和商业船队):Ibid., 267－70, 278－79.

早已习惯看到(他们外公的照片出现在报纸上):"Changes in Way of Life," diaries, RFKP, box 5.

安大略省的迪昂家:See Steven Mintz, *Huck's Raft: A History of American Childhood* (Cambridge, Mass.: Harvard University Press, 2004), 233－34.

对迷失的大人"进行道德劝说":Ibid., 251.

每五个纽约市的孩子里面(,就有一个营养不良):Ibid., 234.

乔搭乘 USS 曼哈顿号出发了:"Kennedy Departs, Attended by 'Foes,'" *New York Times*, February 24, 1938; see also DN, 284.

罗斯带着几个年纪较小的孩子:"Married Life," diaries, RFKP, box 5.

家里原本的全职护士凯瑟琳·"琪可"·康柏伊:Interview with Luella Hennessey Donovan in LL, *The Kennedy Women*, 151, 176.

家常菜或是草莓蛋糕:"Presentation at Court," diaries, RFKP, box 5.

在纽约美术及应用艺术学院修室内设计的课:The school is now Parsons The New School for Design in New York City.

《波士顿环球报》报道:"Rosemary Kennedy in Baptist Hospital," *Boston Globe*, April 6, 1938.

罗斯玛丽住进了波士顿新英格兰浸信会医院:Letter, EM to JPK, March 23, 1938, JPKP, box 144.

罗斯玛丽"很好、很开心":Letter, EM to JPK, April 6, 1938, JPKP, box 144. 信中关于罗斯玛丽病情的细节已经被约瑟夫·肯尼迪基金会特意删去。

纽约曼哈顿维尔圣心书院的毕业生:"Rosemary Kennedy in Baptist Hospital."

她们对罗斯玛丽真的很好:Letter, EM to JPK, April 6, 1938, JPKP, box 144.

在四月二十日一起搭乘 USS 曼哈顿号出发:"Two Kennedy Girls Sail," *New York Times*, April 21, 1938.

玩起"百货公司"的游戏:Jerome Beatty, "The Nine Little Kennedys —and How They Grew," *Woman's Day*, April 1939, 16.

除了上面印有美国徽印的伦诺克斯瓷器餐具:"Presentation at Court," diaries, RFKP, box 1.

非常盛重、有许多繁文缛节："Presentation at Court," diaries, RFKP, box 5.

风光明媚，适宜出游：Ibid.

不希望一个女孩起身时，另外一个女孩是弯下身的："Presentation at Court," diaries, RFKP, box 1.

英国设计师才会知道出席宫廷应该穿什么样的礼服：Ibid.

喜欢追求社会地位的美国公民：*TTR*, 196.

今年则只有（七位）：Ibid., 196–97.

像"灰姑娘"一样：Diaries, "Presentation at Court, RFKP, Box 1.

我进到丈夫的房间，让他看看我这一身打扮：*TTR*, 197–98.

同款刺绣的纱尾裙："The First Court of the Season," *London Times*, May 12, 1938.

（尤妮斯来年也参加了元媛季，）她回忆起这件事时：EKS, "My Court Presentation," RFKP, box 129.

维多利亚式的花束："First Court of the Season."

九点半整（，在国歌的奏乐中）："300 Debutantes Bow at 1st Court, American List Is Reduced to 7," *New York Times*, European ed., May 12, 1938, diaries, RFKP, box 2.

大厅的装饰以金、银、白三个色系为主：EKS, "My Court Presentation," RFKP, box 129.

普鲁士王子弗烈德瑞克：Beatty, "Nine Little Kennedys," 39.

罗斯对这件事稍有怨言：*TTR*, 197.

有人注意到（，肯尼迪太太竟然和她的女儿一样）："300 Debutantes Bow at 1st Court"; "Seven Americans Presented to King," *New York Times*, May 12, 1938. See also Ibid., 196–99.

礼服依旧是纯白色的：Unidentified newspaper clipping, June 2, 1938, diaries, RFKP, box 1.

和六七个海军学校的学生出去：KK, diary, 1938—1939, RFKP, box 128.

（大使馆不断收到）寄给罗斯玛丽和基克的邀请函：Invitation, Ambassador of the U.S.S.R. to Rosemary and Kathleen Kennedy, March 1, 1939, RFKP, box 128; and "Presentation at Court," diaries, RFKP, box 1.

一讲到体重就让人想要发脾气："Diary Notes on Rosemary Kennedy," August 17, 1938, RFKP, box 1.

这位驻英大使有点吊儿郎当的：Maria Riva, *Marlene Dietrich* (New York: Knopf, 1992), 469.

基克"才是家中真正的大姐"：Ibid., 469–70.

一九三八年的夏天结束前：Assorted correspondence, August–September 1938, RFKP, box 13.

因为大使女儿的身份，获得了"许多关注"：Letter, EKS to JPK and RFK, n.d. (August 1938), RFKP, box 13.

乔在前一晚的电话上说：Diary notes, September 13, 1938, RFKP, box 1.

我得在没有任何外交单位的协助下："Presentation at Court," diaries, RFKP, box 12.

即将步入成年：*Convent of the Sacred Heart Finishing School for Girls*, school pamphlet, 1938, JPKP, box 26.

分担一些女主人的工作："Presentation at Court," diaries, RFKP, box 1. See also *TTR*, 185–86.

进阶文学：*Convent of the Sacred Heart Finishing School for Girls*, school pamphlet.

很明显的进步：Letter, Mother Isabel Eugenie to JPK, April 3, 1939, RFKP, box 13.

"把六万人次的英国移民签证名额让给"这些德国犹太人：DN, 364.

大英帝国瓦解：JPK, quoted in ibid., 368.

罗斯则和其他孩子："St. Moritz Data," JPKP, box 137.

所有的东西都好美：Letter, RMK to JPK, December 26, 1938, JPKP, box 2.

要给蒙特梭利医生的相簿：Letter, RMK to JPK, February 27, 1939, JPKP, box 2.

伊莎贝尔修女亲自接受过蒙特梭利医生的训练："Sr. Isabel Eugenie, Educator, Writer," *Philadelphia Inquirer*, May 17, 1983.

借着这个方法(，不管是什么年纪、什么样资质的孩子)：See American Montessori Society, http://www.amshq.org/; Montessori Foundation, http://www.montessori.org/; Maria Montessori, *The Montessori Method: Scientific Pedagogy as Applied to Child Education in "The Children's Houses,"* trans. Anne E. George (New York: Stokes, 1912); Sheila Radice, *The New Children: Talks with Maria Montessori* (New York: Stokes, 1920); and Josephine Tozier, "The Montessori Schools in Rome: The Revolutionary Educational Work of Maria Montessori as Carried Out in Her Own Schools," *McClure's* 38, No. 2 (December 1911): 123-37. 玛丽亚·蒙特梭利曾三次被提名诺贝尔和平奖(分别在 1949、1950 和1951 年)。

孩子们必须具备的首要能力：Tozier, "The Montessori Schools in Rome," 128.

获得"玛丽亚的孩子"证书：Letter, RMK to JPK, February 27, 1939, JPKP, box 2.

伊丽莎白·雅顿的节食计划：Letter, RMK to JPK, February 27, 1939, JPKP, box 2.

肯尼迪一家人与各国政要同坐上露台：LL, *The Kennedy Women*, 273. See also DN, 374-75.

伊莎贝尔修女也精心安排：Interview by the author with the Assumption Sisters in Worcester, Mass., December 13, 2014.

乔大饱眼福：Letter, JPK to Arthur Houghton, August 29, 1939, quoted in DN, 397.

小胸罩：Diary, June 13, 1939, RFKP, box 2.

把学生送到贝尔蒙校区：目前该区域为高尔夫俱乐部。

向贝尔蒙致意：Letter, Dorothy Gibbs to JPK, September 13, 1939, RFKP, box 13.

在学习或是态度上都"进步很多"：Letter, Dorothy Gibbs to EM, October 10, 1939, as quoted in DKG, 594.

应付燃烧弹：Letter, Mother Isabel Eugenie to JPK, September 23, 1939, JPKP, box 26.

现在只有你可以跟我做伴了：Letter, JPK to RFK, September 18, 1939, in *Hostage to Fortune: The Letters of Joseph P. Kennedy*, ed. Amanda Smith (New York: Penguin, 2001), 379-80.

乔还多聘了一个人(来照顾罗斯玛丽)：Letter, JPK to RFK, September 18, 1939, in Smith, *Hostage to Fortune*, 379.

没有人可以照顾罗斯玛丽一辈子：EKS, quoted in "The Tragic Story of... the Daughter JFK's Mother Had to Give Up," *National Enquirer*, November 5, 1967.

头脑空空：Edward Shorter, *The Kennedy Family and the Story of Mental Retardation* (Philadelphia: Temple University Press, 1984), 31-33. 这句话引自 1962 年《星期六晚

报》上的一篇为尤妮斯·肯尼迪·施赖弗代笔的名为《破影而出》的文章。在最终的出版物上有些私人回忆记录被删掉了。

我会照顾她的：Edward M. Kennedy, *True Compass* (New York: Twelve, 2009), 26.

乔写信给玛丽·摩尔：Letter, JPK to RFK, October 11, 1939, in Smith, *Hostage to Fortune*, 515.

亲爱的天父：Letter, Dorothy Gibbs to JPK, September 13, 1939, RFKP, box 13.

通往学习的钥匙：Eileen Foley, "Montessori Revival: A Magical Key to Learning—or Not?," *Philadelphia Sunday Bulletin*, February 21, 1965.

清楚她无私奉献的精神：Essay on Mother Isabel, written for inclusion in the Spring 1983 issue of the *Ottawa Montessori School Newsletter*, Sister Isabel Eugenie File, courtesy the Religious of the Assumption, Worcester, Mass.

过得十分惬意：Letter, JPK to RFK, October 11, 1939, in Smith, *Hostage to Fortune*, 394.

她很喜欢在这里当老大：Ibid.

我觉得没有必要：Letter, JPK to RFK, October 23, 1939, in DN, 422, from Nasaw's personal collection.

关于这个圣诞节：Letter, JPK to RFK, November 13, 1939, in DN, 426, from Nasaw's personal collection.

她"很高兴地收下了"那本书：Letter, Mother Isabel Eugenie to RFK, December 20, 1939, JPKP, box 26.

她必须帮忙：Ibid.

她想念你们：Ibid.

到意大利玩了几天：DN, 432.

罗斯福总统也受够肯尼迪了：Ibid., 433.

我一回到家后就和罗斯玛丽见了面：Letter, JPK to RFK, March 14, 1940, RFKP, box 13.

我和伊莎贝尔修女谈了：Letter, JPK to RFK, March 20, 1940, RFKP, box 13.

亲爱的爸爸(,伊莎贝尔修女说……)：Letter, RMK to JPK, (March–April, 1940), JPKP, box 26, in Smith, *Hostage to Fortune*, 412.

她的气色非常好：Letter, JPK to RFK, April 26, 1940, RFKP, box 13.

我好喜欢你：Letter, RMK to JPK, April 4, 1940, RFKP, box 13.

我上个星期天和罗斯玛丽见了面：Letter, JPK to Dorothy Gibbs, April 23, 1940, RFKP, box 13.

你星期天讲的话，她肯定相当在意：Letter, Dorothy Gibbs to JPK, April 24, 1940, RFKP, box 13.

大家都觉得我变瘦了：Letter, RMK to JPK, April 25, 1940, RFKP, box 2.

把罗斯玛丽和摩尔夫妇先接到爱尔兰或里斯本：Letter, JPK to RFK, May 20, 1940, in Smith, *Hostage to Fortune*, 432.

这里的每个人都很难过我要离开了：Letter, RMK to JPK, April 13, 1940, RFKP, box 13.

第六章　竞争激烈的家,是她的战场

德国潜艇的突击:"G‑Men Search Ship Sailing to Save Americans," *Chicago Daily Tribune*, May 25, 1940.

他们的飞机从葡萄牙起飞:"Clipper's Mail Removed Again," *Palm Beach Post*, June 1, 1940; "Envoy's Daughter Home on Clipper," *New York Times*, June 2, 1940; "Clipper, 21 on Board, Puts In at Bermuda," *New York Times*, June 1, 1940.

忘不了这趟旅程:Letter, RMK to JPK, June 4, 1940, RFKP, box 13.

到时候,我想罗斯福总统应该会调我回去:Letter, JPK to RFK, June 7, 1940, JPKP, box 2.

很开心罗斯玛丽回家了:Letter, Jean Kennedy Smith to JPK, May 28, 1940, quoted in *TTR*, 226.

她想念在英国的朋友:See letters, RMK to JPK, June 4, 1940; Dorothy Gibbs to JPK, June 8, 1940; Mother Teresa to JPK, June [?], 1940; JPK to Mother Teresa, June 18, 1940; JPK to Reverend Mother Isabel, July 10, 1940; JPK to RMK, August 8, 1940; JPK to Patsy Cunningham, August 31, 1940; and JPK to RMK, September 10, 1940, all in RFKP, box 13.

她见人就谈她在欧洲的所见所闻:Letter, RMK to JPK, June 4, 1940, RFKP, box 13.

尤妮斯还跟父亲抱怨说:Letter, EKS to JPK, June 1940, in *TTR*, 227.

罗斯玛丽没办法自己驾船:EKS, interview by Robert Coughlan, February 26, 1972, RFKP, box 10.

她最小的妹妹琼:Letters, Jean Kennedy to JPK, June 24, 1940, in *TTR*, 228; and RFK to JPK, June 24, 1940, in *Hostage to Fortune: The Letters of Joseph P. Kennedy*, ed. Amanda Smith (New York: Penguin, 2001), 446–47.

各种体育活动和竞赛:*TTR*, 226–32.

基克也完全投入自己的生活:Lynne McTaggart, *Kathleen Kennedy, Her Life and Times* (New York: Dial Press, 1983), 82–83.

大家都对罗斯玛丽"非常好":Luella Hennessey Donovan, "My Happy Life with the Kennedy Babies," *Good Housekeeping*, August 1961.

基克从小就被当成……家里的大女儿看待:*TTR*, 246.

人见人爱的小女孩:DKG, 362; and ibid.

我从来没有见过哪个女孩子有这么多的恩赐:"Kathleen Kennedy," diary notebooks, RFKP, box 13.

杰克会……带她去跳舞:EKS, interview by Robert Coughlan, February 26, 1972, RFKP, box 10.

为什么其他男生不请我跳舞呢:Rose Kennedy, "Rosemary Brought Us Strength," *Catholic Digest*, March 1976, 36–37.

就算基克很可能已经尽力了：McTaggart, *Kathleen Kennedy*, 70 – 87.

基克太出色了：*TTR*, 134.

看看她有没有把东西弄洒了：Interview with EKS in DKG, 360.

和罗斯玛丽在一起时，有时候会有点尴尬：interview with a close friend of Jack Kennedy's in LL, *The Kennedy Women*, 303.

不要太常和其他兄弟姐妹在一起：Letter, JPK to RFK, October 11, 1939, JPKP, box 2.

罗斯玛丽"似乎明白，她不管再怎么努力，都不可能达到"哥哥或妹妹们的成就：Interview with Lem Billings in DKG, 640.

罗斯玛丽变得"相当不开心"：Ibid.

露埃拉·亨尼西还记得：Donovan, "My Happy Life."

"竞争激烈"的大富翁：Ibid.

家里的人一多："Leadership," diary notebooks, RFKP, box 5.

在这个家里，如果你没有好的表现，就会被晾在一角："The Tragic Story of ... the Daughter JFK's Mother Had to Give Up," *National Enquirer*, November 5, 1967.

她请家里的司机戴维·迪格南开车：David Deignan expenses, 1939—1940, JPKP, box 8.

罗斯玛丽也抱怨亨尼西"管太多了"：Interview with Luella Hennessey Donovan in LL, *The Kennedy Women*, 304.

喝茶时，她会将茶杯稍稍倾斜：Ibid.

挥手的姿态仿佛是位贵族夫人：Ibid.

尤妮斯对罗斯玛丽有一种很特别的责任感：Interview with Lem Billings in DKG, 363.

她的情况逐渐恶化：EKS, interview by Robert Coughlan, February 26, 1972, RFKP, box 10.

她有时候会突然大发脾气：*TTR*, 245.

可怕的意外事件接二连三发生：Interview with Lem Billings in DKG, 640.

非癫痫性的精神因素：See literature on nonepileptic seizures from the Epilepsy Foundation, at http://www. epilepsyfoundation. org/answerplace/Medical/seizures/types/nonepileptic/weinonepilepsy.cfm.

帮助她在痉挛发作后镇定下来：Letter, RMK to JPK and RFK, March 1, 1936, RFKP, box 13. See also EKS, interview by Robert Coughlan, February 26, 1972, RFKP, box 10.

（癫痫性和非癫痫性发作的治疗，）在当时可以说非常有限：See discussion of anticonvulsant medications, including Luminal and Dilantin and other Phenytoin-based sedatives, at Pub Med Health, U.S. National Library of Medicine, National Institutes of Health, http://www.ncbi.nlm.nih.gov/pubmedhealth/PMH0000549; "Triumph in Epilepsy," *New York Times*, June 3, 1940; and Waldemar Kaempffert, "Science in the News," *New York Times*, June 2, 1940.

罗斯玛丽很得意地告诉父亲：Letter, RMK to JPK, June 4, 1940, RFKP, box 13. Author interviews with Anthony Shriver and Timothy Shriver, October 8, 2008, and November 2, 2010, respectively. 罗斯玛丽的侄子蒂莫西与安东尼都曾提到罗斯玛丽很喜欢被人称赞漂亮。

欲求不满：Interview with Lem Billings in Burton Hersh, *Edward Kennedy: An Intimate Biography*

(New York: Counterpoint, 2010), 522. See also LL, *The Kennedy Men*, 156.

带来了毁灭性的后果：See Jeffrey L. Geller and Maxine Harris, *Women of the Asylum: Voices from Behind the Walls, 1840—1945* (New York: Anchor, 1994), 247–325 in particular.

感觉对性颇为开放：McTaggart, *Kathleen Kennedy*, 103–4.

朋友——"配对成功"：Ibid., 91.

她帮自己在空地上盖了一间小屋：*TTR*, 239–42.

一点儿也不有趣：Letter, RMK to JPK, July 4, 1940, RFKP, box 13. 罗斯玛丽同样兴奋于她的朋友伊莱恩即将举办的婚礼——伊莱恩是华特·迪尔波恩医生的女儿，他曾经在1930年代后期医治过罗斯玛丽。据罗斯玛丽所说，伊莱恩叫她当自己的伴娘。

罗斯玛丽需要（一位特别助理随时陪着）：Interview by author with Terry Marotta, daughter of camp director Caroline Sullivan, April 2, 2013.

（她母亲后来）才恍然大悟：Terry Marotta, "Eunice and the 'Other Sister,'" *Exit Only* (blog), August 12, 2009, http://terrymarotta.wordpress.com/; interview by author, April 2, 2013; and e-mails to author, April 1 and 8, 2013.

伊丽莎白·唐恩写了一封信：Letter, Elizabeth Dunn to Caroline T. Sullivan, July 1, 1940, private collection of Terry Marotta.

苏利文姐妹只好带罗斯玛丽去马萨诸塞州的匹兹费尔德：Invoice, Camp Fernwood, July 1940; and letter, Caroline Sullivan to RFK, August 16, 1940, private collection of Terry Marotta. See also Gail Cameron, *Rose: A Biography of Rose Fitzgerald Kennedy* (New York: Putnam, 1971), 91.

罗斯玛丽竟然把用过的卫生棉放在她的置物箱：Terry Marotta, interview by author, April 2, 2013.

苏利文姐妹终于受够了：Ibid.

罗斯原本打算在七月二十七日过去看女儿的：Letter, Elizabeth Dunn to Caroline Sullivan, July 17, 1940, private collection of Terry Marotta.

我在晚上七点十分顺利地解决那个麻烦了：Postcard, Caroline Sullivan to Grace Sullivan, July 23–24, 1940, private collection of Terry Marotta.

我看到收费单上写的夏令营费用一期是两百美元：Letter, RFK to Caroline Sullivan, April 7, 1941, private collection of Terry Marotta.

我们的费用，是以四个星期为一期计算的：Letter, Caroline Sullivan to RFK, May 1, 1941, private collection of Terry Marotta.

罗斯玛丽是个"善良可爱"的孩子：Ibid.

几年后，卡洛兰·苏利文还是对罗斯……：Terry Marotta, interview by author, April 2, 2013.

这间的"规划比较好"："Rosemary Kennedy"; and letter, EM to RFK, June 7, 1940, RFKP, box 13.

摩尔之后也写了一封信给在伦敦的乔：Letter, EM to RFK, June 7, 1940, RFKP, box 13.

罗斯在缅因州待到八月五日才回家：Letter, KK to JPK, August 6, 1940, JPKP, box 2.

（没想到，现在得）匆匆离开芬伍德：Letter, Caroline Sullivan to RFK, August 16, 1940, private collection of Terry Marotta.

我想要回去看看你们：Letter, RMK to Caroline and Grace Sullivan, July 25, 1940, private collection of Terry Marotta. See also Marotta, "Eunice and the 'Other Sister.'"

为了我的爸爸,我一定要很努力：Letter, RMK to Caroline and Grace Sullivan, July 25, 1940, private collection of Terry Marotta.

我这个夏天和秋天都有好多要学,我会很累：Ibid.

请尽快写信给我,我好想念你们：Postcard, RMK to Caroline and Grace Sullivan, July 25, 1940, private collection of Terry Marotta.

罗斯洽谈了几个可以担任私人家教的人选：Letter, Paul Murphy (secretary to Joe Kennedy) to Mother Ann Elizabeth, August 2, 1940; and receipts for books, radio, Miss Dunn, August 12, 1940. See also letter, Ellen Dalton to RFK, August 25, 1940; and letter, Mrs. Arthur Bastien (Alice Cahill) to RFK, August 2, 1940; both in JPKP, box 26. 玛丽·德金当时担任其家庭教师。那个夏天也同样给罗斯玛丽送了书,以表明她在学习,而不仅仅是寄宿在那里。

过去十年,或十二年间：Letter, V. Rev. Thomas J. Love to RFK, September 19, 1940, JPKP, box 26.

卫古德医师经验丰富：Letter, Edward M. Day to RFK, September 20, 1940, JPKP, box 26.

开始变得很情绪化：EKS, interview by Robert Coughlan, February 26, 1972, RFKP, box 10.

罗斯玛丽并没有住进罗森尼斯农场疗养院：Letter, Paul Murphy to Mother Superior, October 24, 1940, JPKP, box 26.

去华盛顿见了总统："Visit to Washington, October 29, 1940," diary entry, RFKP, box 3.

为这些身心障碍的孩子提供一个可以抚慰他们,同时具有宗教影响力的环境：Benedict Neenan, *Thomas Verner Moore: Psychiatrist, Educator, Monk* (Mahwah, N. J.: Paulist Press, 2000), 180.

穆尔除了是神父,也是精神科医生：Ibid., ix.

整合先进的世界观点：Ibid., 2 - 3.

女孩子的处境更是危险：Ibid., 165 - 66.

穆尔有这样的想法时：Ibid., 175.

天主教会应该提供给这些孩子什么帮助：Ibid., 166.

在科学和信仰的十字路口：Ibid., 2 - 3.

你可以尽管去找人来协助：Ibid., 183.

吸引了一些愿意到圣格特鲁德担任志愿者实习的老师：Ibid., 184 -87.

情绪和行为障碍治疗：Katherine Keneally Stefic, "The Clinical Psychologist in the Reading Clinic," in *Survey of Clinical Practice in Psychology*, ed. Eli A. Rubinstein and Maurice Lorr (New York: International Universities, 1954), 326.

那时开始出现一些让人担忧的症状：TTR, 244 - 45.

好几个晚上学校打电话来：Interview with Ann Gargan King in DKG, 643.

将她带回去后,修女们还得帮她梳洗干净：LL, *The Kennedy Women*, 319.

你可以想象那是什么样的心情吗：Interview with Ann Gargan King in DKG, 640.

乔曾经告诉孩子千万"别上新闻"：Smith, Hostage to Fortune, xv.

即使是家庭成员,也多被蒙在鼓里：Anthony Shriver and Timothy Shriver, interviews by author, October 8, 2008, and November 2, 2010, respectively. 记者和历史学家在过去五十年间收集的口头证言都显示同一个事实：肯尼迪其他家族成员,同样不清楚发生了什么或者有什么特别的事件促使约瑟夫·肯尼迪最终下了做手术的决定。

他曾经考虑让罗斯玛丽参加：Letter, JPK to William R. Hearst, June 21, 1941, JPKP, box 7.

穆尔医生也因为担心"罗斯玛丽的状况"：Letter, Dr. Thomas V. Moore to JPK, November 12, 1941, JPKP, box 230, in DN, 533.

我心爱的女儿,今天好吗?：Letter, JPK to RMK, October 10, 1941, JPKP, box 2.

我相信有她在会大有帮助：Dr. Thomas V. Moore to JPK, November 12, 1941, JPKP, box 230, in DN, 533.

乔原本计划要带罗斯玛丽、杰克和基克去巴尔的摩：Letter, JPK to Father Cavanaugh, October 28, 1941, JPKP, box 216.

罗斯玛丽受的苦不只是智力障碍而已,而是"一种精神紊乱"：TTR, 245.

第七章　一劳永逸的方法

罗斯玛丽的行为,已经开始为肯尼迪家在政治、经济和社会上的发展,带来了威胁：Interview with John B. White in Lynne McTaggart, *Kathleen Kennedy, Her Life and Times* (New York: Dial Press, 1983), 98.

很怕罗斯玛丽会惹上麻烦：Interview with Luella Hennessey Donovan in LL, *The Kennedy Men*, 169.

但这项手术并不是在他担任大使的任内进行："The Strange and Curious History of Lobotomy," *BBC News Magazine*, November 8, 2011, http://www.bbc.com/news/magazine-15629160. See also Elliot S. Vallenstein, *Great and Desperate Cures: The Rise and Decline of Psychosurgery and Other Radical Treatments for Mental Illness* (Lexington, Ky.: Elliot S. Vallenstein, 2010), 172–73.

给人带来麻烦、制造困扰：Waldemar Kaempffert, "Turning the Mind Inside Out," *Saturday Evening Post*, May 24, 1941.

罗斯请基克帮忙调查这种精神外科手术是否可行：Interview with Kerry McCarthy in LL, *The Kennedy Women*, 319.

他后来告诉历史学家劳伦斯·莱默：Interview with John White in LL, *The Kennedy Women*, 318–21. White also described the same story to author Lynne McTaggart. See McTaggart, *Kathleen Kennedy*, 98; and DKG, 640–43.

圣伊莎白医院虽然支持：Jack El-Hai, *The Lobotomist: A Maverick Medical Genius and His Tragic Quest to Rid the World of Mental Illness* (Hoboken, N.J.: Wiley, 2005), 91, 123–24.

手术的结果"并不好"：Interview with John White in LL, *The Kennedy Women*, 318–19; see also

McTaggart, *Kathleen Kennedy*, 98. White's article was never published.

母亲,不要,我们不想要罗斯玛丽发生这种事: Interview with Kerry McCarthy in LL, *The Kennedy Women*, 319.

这件事是乔独自做的决定: DKG, 640.

他已经知道我的答案了: Interview with Luella Hennessey Donovan in LL, *The Kennedy Women*, 321.

吹捧这项技术: "Front Brain 'Rules' Thoughts on Future," *New York Times*, April 8, 1939.

虽然这个手术改善了某些精神病患的情况: "Neurosurgical Treatment of Certain Abnormal Mental States Panel Discussion at Cleveland Session," *Journal of the American Medical Association* 117, No. 7 (August 16, 1941): 517.

科学上对额叶的确切功能,了解还很有限: "Medical Men Warned Against 'Cutting Worry' Out of Brain," *Richmond (Va.) Times Dispatch*, August 15, 1941.

虽然前额叶白质切断术不被建议用来治疗智能或发展障碍: EKS, interview by Robert Coughlan, February 7, 1972, RFKP, box 10.

医生告诉我父亲这是个好方法: Ibid.

激躁不安的忧郁情形: Interview with James Watts in Ronald Kessler, *The Sins of the Father: Joseph P. Kennedy and the Dynasty He Founded* (New York: Warner, 1996), 244.

但是医院院长威廉·怀特: El-Hai, *The Lobotomist*, 123-24, 150.

乔和弗里曼谈论这事的时候: Vallenstein, *Great and Desperate Cures*, 164-65.

手术也还没有认证的方法: George J. Annas and Leonard H. Glantz, "Psychosurgery: The Law's Response," *Boston University Law Review* 54, No. 2 (1974): 253.

业者宣称的效果: "Insanity Treated by Electric Shock," *New York Times*, July 6, 1940.

华特·弗里曼医生和他的同僚们: Walter Freeman, James Watts, and Thelma Hunt, *Psychosurgery: Intelligence, Emotion, and Social Behavior Following Prefrontal Lobotomy for Mental Disorders* (London: Baillierre, Tindall & Cox, 1942), 284-94.

一九四一年夏天: "Frontal Lobotomy," *Journal of the American Medical Association* 117, No. 7 (August 16, 1941): 534.

"太不可思议了,"《美国医学会期刊》写道: "Medical Association Issues Warning Against Operation," *Science News Letter*, September 6, 1941, 157. See also ibid.

精神病院里的女性比率要高过男性: Annas and Glantz, "Psychosurgery," 249-67.

弗里曼和瓦特把病人当成个案研究: Jack D. Pressman, *Last Resort: Psychosurgery and the Limits of Medicine* (New York: Cambridge University Press, 1998), 147.

就只是少数几个精神科医生的看法: Annas and Glantz, "Psychosurgery," 253; "Brain Surgery Fails to Cure Crime Tendency," *Saint Petersburg (Fla.) Independent*, April 19, 1950; "Women's Criminal Tendency May Be Cured by Operation," *Saint Petersburg (Fla.) Times*, December 7, 1946; "Surgery Found Quick Cure for Addiction," *Cape Girardeau Southeast Missourian*, May 4, 1948.

无法适应社会的人: Stephen Rose, review of *Lobotomy: The Last Resort*, by Jack D. Pressman,

New Scientist, August 12, 1982, 440-41.

麦可伦医院：Pressman, *Last Resort*, 443.

如果以整个美国来看：El-Hai, *The Lobotomist*, 290-91.

去探望我那在那边的两个孩子：Letter, JPK to Woodward, November 28, 1941, JPKP, box 237。1941 年 12 月上旬，罗斯写了一封信给所有的家人，但唯独没有提到她最大的女儿。Letter, RFK to "My Darlings," December 5, 1941, RFKP, box 55.

包括罗斯玛丽在内的二十八位患者，执行了手术：Freeman, Watts, and Hunt, *Psychosurgery*, 284-94.

"过度重视"她的卷发：Ibid., 128.

恐慌状态：Ibid., 108.

无法言喻的折磨：Ibid., 109.

恐惧会更加明显：Ibid., 108-9.

我在大脑上开了一个切口：Interview with James Watts in Kessler, *Sins of the Father*, 243.

从侧边的凿孔穿进：Freeman, Watts, and Hunt, *Psychosurgery*, 108.

弗里曼要罗斯玛丽唱一首歌：Interview with James Watts in Kessler, *Sins of the Father*, 243-44.

用"可以弄痛人"的力道：Freeman, Watts, and Hunt, *Psychosurgery*, 108.

开始语无伦次：Interview with James Watts in Kessler, *Sins of the Father*, 243-44.

在一旁协助手术的护士：Interview with the unidentified nurse in LL, *The Kennedy Men*, 170.

几个小时、几天、几个星期内：Freeman, Watts, and Hunt, *Psychosurgery*, 116-26.

医生们一看到就知道手术失败了：Interview with Ann Gargan King in DKG, 642.

罗斯玛丽是数十个案例中的一个：Freeman, Watts, and Hunt, *Psychosurgery*, 294.

根据他们自己的记录：Ibid., 285-87.

大部分的病人（都可以过着相当活跃、正面的生活）：Ibid., 294.

第八章　再见了，罗斯玛丽

罗斯经常会将家人的近况先写成一封信："Married Life," diary, RFKP, box 5.

绝口不提罗斯玛丽：Rose F. Kennedy, "Correspondence, 1933—1947," digital identifier JFKPP-004-039, JFKPL, at http://www.jfklibrary.org/Asset-Viewer/Archives/JFKPP-004-039.aspx. See also JPKP, box 2; and letter, RFK to "My Darlings," December 5, 1941, RFKP, box 55.

就算是有，"也都只是间接提起"：See *Hostage to Fortune: The Letters of Joseph P. Kennedy*, ed. Amanda Smith (New York: Penguin, 2001), 514-15. 位于 JPKP 和 RFKP 的家庭信件显示，1941 年底之后的二十年间，很少有人提及罗斯玛丽。没有一封信是寄给罗斯玛丽的，同样也没有一封信是她写的。See, for instance, letters, RFK to "Children" and to individual children by name: December 5, 1941; January 5, 1942; January 12, 1942; January 20, 1942; January 24, 1942; February 2, 1942; February 9, 1942; February 10, 1942; February 16,

1942；March 18, 1942；March 27, 1942；April 9, 1942；April 13, 1942；May 9, 1942；May 29, 1942；June 15, 1942；June 24, 1942；and October 19, 1942；all in JPKP, box 2. See also copies of these letters in RFKP, box 55.

他打算让小乔和杰克成为马萨诸塞州居民：DN, 542.

去看了罗斯玛丽：Letter, JPK to RFK, November 23, 1942, JPKP, box 2.

乔很少提及罗斯玛丽的事：See "Family Correspondence," JPKP, boxes 2 and 3.

没有罗斯去看过她的记录：Timothy Shriver, *Fully Alive: Discovering What Matters Most*（New York：Farrar, Straus & Giroux/Sarah Crichton Books, 2014）, 49.

真是一件惨案：Interview with Ann Gargan King in DKG, 643.

无法公开的神经手术：*TTR*, 245.

罗斯痛心疾首地说：Interview with Rose Kennedy in DKG, 643.

最小的妹妹琼当时十三岁：Shriver, *Fully Alive*, 56.

小泰德对于罗斯玛丽突然消失，最是不安：Interview with EMK in Burton Hersh, *Edward Kennedy: An Intimate Biography*（New York：Counterpoint, 2010）, 522.

绝对不要侵犯别人的隐私：Edward M. Kennedy, *True Compass*（New York：Twelve, 2009）, 41.

尤妮斯的儿子蒂莫西：Shriver, *Fully Alive*, 49.

事情依旧一件接着一件地到来：Ibid., 56.

"亲爱的爸爸，"她在罗斯玛丽接受手术的四五个月后写道：Letter, KK to JPK, after March 25, 1942, RFKP, box 57.

在斯坦福时，并不开心：Interview with EKS in LL, *The Kennedy Women*, 327.

罗斯很担心尤妮斯的健康：Letter, JPK to RFK, November 23, 1942, JPKP, box 2. 1942 年的秋季学期罗斯又跟随尤妮斯搬到了斯坦福。See also LL, *The Kennedy Women*, 335 – 36.

尤妮斯后来说，她有至少十年的时间，不知道罗斯玛丽人在哪里：LL, *The Kennedy Women*, 323.

泽尔达·菲茨杰拉德：Nancy Milford, *Zelda: A Biography*（New York：Perennial, 1970）, 256 – 57, 286 – 88; and "Fonda's Wife, Ill, Commits Suicide," *New York Times*, April 15, 1950.

从证据上来看："Family Correspondence," JPKP, boxes 2 and 3.

玛丽·摩尔去探视罗斯玛丽的次数还比较频繁：DN, 628.

私人的值班护士：Ibid., 536.

这些额外的福利："Rosemary Kennedy：Bills and Receipts, 1945, 1948," JPKP, box 26; and Ibid.

通常都是通过他的秘书："Rosemary Kennedy：Bills and Receipts, 1945, 1948," JPKP, box 26; DN, 536.

她很开心：Letter, JPK to JFK, July 6, 1942, JPKP, box 3; and letter, JPK to JFK, November 16, 1943, JPKP, box 2.

罗斯玛丽的状况也很好：Letters, JPK to KK, February 21, 1944; JPK to JPKJR, February 21, 1944; and JPK to KK, March 8, 1944, all in JPKP, box 3.

《波士顿环球报》竟然抢先一步：Lief Erikson, "Ex – Envoy Kennedy's Son Is Hero of PTBoat

Saga," *Boston Globe*, August 29, 1943; JFKPL, http://www.jfklibrary.org/JFK/JFKin-History/John-F-Kennedy-and-PT109.aspx; and *TTR*, 251.

因着对上帝的信心：Lynne McTaggart, *Kathleen Kennedy, Her Life and Times* (New York: Dial Press, 1983), 160.

因为身体不适，无法谈论这件婚姻：Hank Searls, *The Lost Prince: Young Joe, the Forgotten Kennedy* (New York: Ballantine, 1969), 207.

博比也不谅解基克：Ibid.

惊恐又心痛：McTaggart, *Kathleen Kennedy*, 163.

这件事对我们家的声誉损害太大了："Notes on My Reactions at Kick's Marriage," diary, undated (May 1944), RFKP, box 3. See also Smith, *Hostage to Fortune*, 584.

别人要怎么说就怎么说：Letter, JPKJR to RFK and JPK, May 8, 1944, JPKP, box 3.

沉默的力量太可怕了：Cables, KK to JPK, May 5, 1944; JPKJR to RFK, May 6, 1944; JPKJR to JPK, May 7, 1944; and letter, JPKJR to "Mother and Dad," May 8, 1944; all in JPKP, box 3.

我从来没有见过这么不开心的人：LL, *The Kennedy Women*, 380.

基克搬回伦敦去了：McTaggart, *Kathleen Kennedy*, 198–206.

产生了浪漫情愫：Ibid., 211–19; and LL, *The Kennedy Women*, 400–402.

罗斯甚至以她要离开乔，让他"丢尽颜面"作为威胁：Interview with Jackie Pierrepont, a friend of Kick's, in McTaggart, *Kathleen Kennedy*, 222–25.

基克还是对父亲的支持抱有一线希望：McTaggart, *Kathleen Kennedy*, 231–36.

病人遭受虐待：See 1856.org, "Historical Overview" and "Social History," State Hospitals of Massachusetts, http://1856.org/.

乔去请教了波士顿的天主教大主教理查德·库欣：Letters, Sister Maureen to John J. Ford, December 21, 1948; and JPK to J. J. Ford, December 31, 1948; both in JPKP, box 220.

捐款超过十万美元：Letter, Sister Maureen to JPK, November 28, 1949, JPKP, box 220.

不到十年（，他又通过肯尼迪基金会捐了一大笔经费）：Cardinal Cushing Centers, "Intergenerational Communities, History," at http://www.coletta.org/CARDINAL/History/history.html.

很难避开大众的注意：DN, 628.

玛丽·巴托洛姆修女已经答应：Letter, Sister Maureen to John J. Ford, December 21, 1948, JPKP, box 220.

出差到芝加哥时：Letter, JPK to John J. Ford, December 31, 1948, JPKP, box 220.

一九四九年初夏，罗斯玛丽搬到了杰弗逊：From Saint Coletta records, as reported in LL, *The Kennedy Women*, 412–13.

接下来的十五年，福特担任起乔和修女们间的联络人：Letters, John J. Ford to JPK, February 26, 1960, and Unknown to John J. Ford, September 24, 1951, JPKP, box 220.

乔，从此没有再见过罗斯玛丽：Shriver, *Fully Alive*, 49.

是因为学校里有个孩子提到：John Henry Ott, *Jefferson County, Wisconsin, and Its People: A*

Record of Settlement, *Organization*, *Progress*, *and Achievement*, vol. 2 （Chicago：Clarke Publishing, 1921）, 199. See also"The History of St. Coletta of Wisconsin," Saint Coletta of Wisconsin website, http：//www.stcolettawi.org/about-us/history.php.

玛格丽特·安修女表示，她在一九四九年转院的过程并不顺利：Interview with Sister Margaret Ann in LL, *The Kennedy Women*, 412 - 13. See also Joan Zyda, "The Kennedy No One Knows," *Chicago Tribune*, January 7, 1976.

刚到这里的时候：Interview with Sister Margaret Ann in LL, *The Kennedy Women*, 412 - 13.

一位照顾她的修女事后说，她非常不开心：Sister Sheila of Saint Coletta, quoted in Zyda, "The Kennedy No One Knows."

肯尼迪小木屋：Zyda, "The Kennedy No One Knows."

鲁迪·荷尔斯坦：Letter, Sister Anastasia to JPK, May 21, 1958, JPKP, box 26.

我们根本不认识鲁迪·荷尔斯坦：Letter, JPK to Sister Anastasia, May 29, 1958, JPKP, box 26.

一九五八年，担任沟通窗口的安娜塔西亚修女告诉福特：Letter, Sister Anastasia to JPK, May 21, 1958, JPKP, box 26.

你尽管去做，然后把账单寄给我就是了：Letter, JPK to Sister Anastasia, May 29, 1958, JPKP, box 26.

帮照顾罗斯玛丽的修女们买了一部车："Rosemary Kennedy：Correspondence," JPKP, box 26.

把事情一件件拼凑起来后：Interview with Ann Gargan King in DKG, 643.

因为我也不知道：Interviews with Ann Gargan King and Luella Hennessey Donovan in DKG, 643.

优秀的医学专家：TTR, 245.

接下来的人生，就只要做她喜欢的事就可以了：Sister Sheila of Saint Coletta, quoted in Zyda, "The Kennedy No One Knows."

有一位叫葛萝莉亚：Zyda, "The Kennedy No One Knows."

为罗斯玛丽的问题提供了解答：Letter, JPK to Sister Anastasia, May 29, 1958, JPKP, box 26.

第九章　因为她，他们决定改变社会

结婚、社交活动、慈善活动：See, for example, "Those Kennedy Kids," *Sunday News*, March 11, 1954, "Clippings," RFKP, box 121; and Harold H. Martin, "The Amazing Kennedys," *Saturday Evening Post*, September 7, 1957, 44.

试图联络肯尼迪家族："Elizabeth M. Boggs, Oral History Interview—JFK#1," July 17, 1968, JFKPL.

又没有人要他昭告世人：Elizabeth Boggs, interview by Edward Shorter, February 24, 1993, in Edward Shorter, *The Kennedy Family and the Story of Mental Retardation* （Philadelphia：Temple University Press, 2000）, 84.

杰克顿时发现，自己有责任支持残障者的相关立法：LL, *The Kennedy Men*, 280, based on

Leamer's examination of institutional records and an interview with Bob Healey, a reporter for the *Boston Globe*.

尤妮斯给了父亲一个建议：Shorter, *The Kennedy Family*, 67; "Robert E. Cooke, Oral History Interview—JFK #1," March 29, 1968, JFKPL; and "Robert E. Cooke, Oral History Interview—JFK #2," July 25, 1968, JFKPL.

这间医院"做了好多事"：Letter, EKS to JPK and RFK, August 27, 1958, RFKP, box 12.

设立了一个医学暨科学顾问团："Robert E. Cooke, Oral History Interview —JFK #2," July 25, 1968, JFKPL.

药物和照护：Shorter, *The Kennedy Family*, 7.

施赖弗夫妇向国家："Eunice Kennedy Shriver, Oral History Interview—JFK#1," May 7, 1968, JFKPL.

咨询了多位医生和科学家："Robert E. Cooke, Oral History Interview—JFK #1," March 29, 1968, JFKPL.

尤妮斯决定改变基金会的方向：Shorter, *The Kennedy Family*, 42 – 45.

十一位参议员："U.S. Action Awaited on Key MR Legis lation," *Children Limited*, May 1958; and Elizabeth M. Boggs, "Statement on S. 395, and Related Bills Concerning Advanced Professional Training in the Field of Education of the Mentally Retarded, 1958—1966" (unpublished manuscript), 9 – 10, Elizabeth M. Boggs Papers, JFKPL.

罗斯玛丽，肯尼迪家的大女儿，因年幼时感染脊髓膜炎生病："The Campaign: Pride of the Clan," *Time*, July 11, 1960.

罗斯玛丽住在威斯康星州的一家疗养院：Nan Robertson, "Kennedy Clan United on Coast as Senator Faces the Outsiders," *New York Times*, July 10, 1960.

那时《时代》杂志才刚透露："John Seigenthaler, Oral History Interview—JFK #1," July 22, 1964, JFKPL.

新任总统有个智能障碍的妹妹：*Children Limited*, December 1960, Elizabeth M. Boggs Papers, box 1, JFKPL.

不要再提这件事："Elizabeth M. Boggs, Oral History Interview—JFK#1," July 17, 1968, JFKPL.

一九六一年春天："Robert E. Cooke, Oral History Interview—JFK#2," July 25, 1968, JFKPL.

将重心放在身障孩童身上的尤妮斯：Shorter, *The Kennedy Family*, 111 –15.

他还是很有精神, 很有活力："1963: March – April, Europe," diaries, RFKP, box 4.

她长得很漂亮，但是她从小就和大家不一样：Eunice Kennedy Shriver ", Hope for Retarded Children," *Saturday Evening Post*, September 22, 1962.

这个研究院将把研究重点放在：该研究院于2007年被国会改名为尤妮斯·施赖弗国立儿童健康和发展研究院。See the institute's page on the National Institutes of Health website, at https://www.nichd.nih.gov/about/Pages/index.aspx.

五天后(，就在古巴导弹危机不断升高）：Shorter, *The Kennedy Family*, 78 – 89.

关于精神疾病与智能迟缓的特别演说："Papers of John F. Kennedy, Presidential Papers, President's Office Files, Legislative Files, Special Message on mental illness and mental retardation," February 5, 1963, http：//www. jfklibrary. org/Asset-Viewer/Archives/ JFKPOF-042-036.aspx.

《母婴健康及心智迟缓法案的修正案》：These amendments are known as PL88‑156；see National Institutes of Health, http：//history.nih.gov/research/downloads/PL88-156.pdf.

另一项是十月签署了《智能迟缓设施与小区心智健康中心的兴建法案》：This act is known as PL88‑164；see National Institutes of Health, http：//history.nih.gov/research/downloads/PL88-164.pdf.

芝加哥公园区（Park District）和肯尼迪基金会，共同举办了第一届特殊奥林匹克运动会：Shorter, *The Kennedy Family*, 129‑40.

现在（，世界各地每年有将近两百个国家）：See the Special Olympics website at http：//www. specialolympics.org/.

任何疾病都让罗斯很紧张、不自在：Rita Dallas and Jeanira Ratcliffe, *The Kennedy Case* (New York：Putnam, 1973), 143.

尤妮斯开始到圣科莱塔探望她：Letter, RFK to Unknown, March 28, 1972, RFKP, box 57. 这些收藏品中，罗斯和圣科莱塔工作人员之间的来往信件，其中涉及罗斯玛丽及其照护事宜的内容都被大量删减过。

罗斯玛丽的能力持续退步："The Tragic Story of ... the Daughter JFK's Mother Had to Give Up," *National Enquirer*, November 5, 1967.

谢谢您的来信……没有人可以了解全能上帝的作为："Condolence letters to others, 1969—1972," RFKP, box 73.

罗斯终于去圣科莱塔探视了罗斯玛丽：历史学家劳伦斯·莱默认为，在罗斯玛丽定居圣科莱塔后不久，罗斯就去探望了罗斯玛丽（LL, *The Kennedy Women*, 413）；历史学家戴维·纳索（David Nasaw）认为，乔在1969年去世前的二十五年间没有去见过罗斯玛丽，而罗斯和罗斯玛丽的兄弟姐妹们在1960年代才开始去看罗斯玛丽（DN, 630—31）。多丽丝·卡恩斯·古德温认为，直到1961年乔中风并且无法阻止她时，罗斯才开始探望罗斯玛丽（DKG, 643）

"我私底下认为"，罗斯玛丽隐约还记得她动了手术：Interview with Sister Margaret Ann in LL, *The Kennedy Women*, 412‑13.

我想在圣科莱塔盖座游泳池：Letter, RFK to Thomas J. Walsh, February 27, 1969, RFKP, box 57.

一九七〇年三月："RFK Schedules, 1969—1972," November 30‑December 1, 1970, RFKP, box 125.

为她效劳，买些小东西：Letter, Diane Winter to Sister Caritas [sic], December 17, 1970, RFKP, box 57.

我希望你们每个人都可以送罗斯玛丽一点圣诞礼物：Letter, RFK to "Children," December 17, 1970, RFKP, box 57.

我很感谢维斯曼医生：Letter, RFK to Sister Sheila, March 29, 1971, RFKP, box 57.

因为你对这个地区的医生比较熟悉：Letter, EKS to Sister Sheila, April 6, 1971, RFKP, box 57.

雷蒙·秦医生: Letter, Sister Sheila to RFK, May 12, 1971, RFKP, box 57.

如果这些工作是在二十年前,手术结束后就开始进行的话: Letter, Sister Charitas to RFK, April 25, 1971, RFKP, box 57.

感觉药停愈久,她就愈多话: Letter, Sister Mary Charles to RFK, November 14, 1971, RFKP, box 57.

我们已经同意让契里塔斯修女退休了: Letter, Sister Sheila to RFK, May 12, 1971, RFKP, box 57.

我的医生……认为以我的年纪来看,我的身体状况很好: Letter, Sister Charitas to RFK, April 25, 1971, RFKP, box 57.

看起来很昂贵的相框里: Letter, Madeline Sulad to Sister Charitas, July 30, 1971, RFKP, box 57.

非常尽心尽力地为她歌唱: Letter, Sister Charitas to RFK, November 12, 1971, RFKP, box 57.

她会使尽全力喊着: Letter, Sister Mary Charles to RFK, November 14, 1971, RFKP, box 57.

要适应三个人的照顾,对罗斯玛丽来说有点困难: Letter, Sister Mary Charles to RFK, November 12, 1971, RFKP, box 57.

好几次,我们三个人陪她走进她的卧房: Ibid.

我不喜欢我的侍女出去!: Letter, Sister Paulus to RFK, November 14, 1971, RFKP, box 57.

我想要再次强调: Letter, EKS to Sister Paula [sic], January 11, 1972, RFKP, box 57.

肯尼迪太太想要告诉你,她希望罗斯玛丽现在就开始游泳: Letter, Madeline Sulad to Sister Paulus, January 19, 1972, RFKP, box 57.

肯尼迪太太现在正在写她的回忆录: Letter, Madeline Sulad to Sister Paulus, January 4, 1972, RFKP, box 57.

一九七一年的圣诞节前夕: Letter, Felice Lenz, R.N., to RFK, December 29, 1971, RFKP, box 57.

罗斯似乎觉得他们的反应不够迅速: Letter, Madeline Sulad to Felice Lenz, R.N, January 5, 1972, RFKP, box 57.

施赖弗太太一直注意着罗斯玛丽的情况: Letter, RFK to Unknown, March 28, 1972, RFKP, box 57.

过去一直是施赖弗太太在处理罗斯玛丽的事: Letter, Unknown to RFK, March 2, 1972, RFKP, box 57.

她的大脑已经完全失去功能了: RFK, interview by Robert Coughlan, January 14, 21, and 24, 1972, RFKP, box 10.

罗斯玛丽发生了一场意外: Ibid.

一九七二年一月: EKS, interview by Robert Coughlan, February 26, 1972, RFKP, box 10. See also Barbara A. Perry, *Rose Kennedy: The Life and Times of a Political Matriarch* (New York: Norton, 2013), 166. 佩里发现"lobotomy"(前额叶白质切断术)这个词——被错误地拼写为"labadomy"——被涂黑了,于是她提出了正式请求要求图书馆去掉覆盖,图书馆答

应了。

然而，前额叶切断术并没有出现在《记忆中的时光》这本书里：TTR, 244 – 45.

我有时候也会想，这些孩子不见得了解这些事：RFK, interview by Robert Coughlan, January 11, 1972, RFKP, box 10.

尤妮斯很肯定那些信一定是修女们帮忙写的：LL, *The Kennedy Women*, 674.

我不懂为什么会发生这种事：Letter, RFK to Sister Sheila, August 17, 1972, RFKP, box 57.

买些生日礼物给罗斯玛丽：Letter, Madeline Sulad to Sister Paulus, August 30, 1972, RFKP, box 57.

波勒丝修女答应"会照着你的意思去办"：Letter, Sister Paulus to RFK, (early September 1972), RFKP, box 57.

首先，她对收到照片表示谢意：Letter, RFK to Sister Paulus, December 28, 1972, RFKP, box 55.

做任何让她开心的事：Letter, Sister Mary Charles to RFK, June 21, 1973, RFKP, box 57.

一九七二年时，罗斯告诉柯赫兰：RFK, interview by Robert Coughlan, January 7, 1972, RFKP, box 10.

说了"布朗克斯维尔"和"欧洲"这两个词：LL, *The Kennedy Women*, 682.

我是不是该帮我女儿买一张医院用的病床：Letter, RFK to Sister Sheila, July 19, 1974, RFKP, box 57.

席拉修女告诉她，一般的床就可以了：Letter, Sister Sheila to RFK, July 23, 1974, RFKP, box 57.

圣科莱塔认为派两位修女陪同罗斯玛丽回家：Barbara Gibson and Ted Schwarz, *Rose Kennedy and Her Family: The Best and Worst of Their Lives and Times* (New York: Birch Lane Press, 1995), 69 – 70.

她跟你的感情最好，我希望你可以一起回来：Letter, RFK to EKS, January 8, 1975, RFKP, box 58.

我没有特别喜爱哪个：Document dated 1971, "Rose Kennedy Personal Files, 1975—1977," RFKP, box 126.

罗斯写信给帕特：Letter, RFK to Patricia Kennedy Lawford, April 17, 1975, RFKP, box 58.

她们在这方面没有尤妮斯来得尽职：Letter, RFK to Patricia Kennedy Lawford and Jean Kennedy Smith, June 15, 1975, RFKP, box 58.

你看看尤妮斯，她一直努力为这个家带来快乐和安慰：Letter, RFK to Jean Kennedy Smith, n. d., RFKP, box 59.

她写给琼的下一封信：Letter, RFK to Jean Kennedy Smith, n.d., RFKP, box 59.

母女间的关系愈来愈紧绷了：LL, *The Kennedy Women*, 751.

开心地跑上阶梯：Interview with Jim Connor in ibid., 681.

家里另一名佣人则说，罗斯玛丽有时候会说"凯瑟琳"：Interview with Bob Davidoff in LL, *The Kennedy Women*, 681.

罗斯玛丽口中的"阿巴巴"：Gibson and Schwarz, *Rose Kennedy and Her Family*, 67.

眼睛直视前方：Ibid., 67 - 68.

萝西，我们对你做了什么事啊？：From a manuscript by niece Kerry McCarthy, quoted in LL, *The Kennedy Women*, 682.

罗斯要她把那些日记扔了：Gibson and Schwarz, *Rose Kennedy and Her Family*, chap. 4 in particular.

肯尼迪总统的妹妹从电视转播，得知她的哥哥在得克萨斯州达拉斯被暗杀的消息："Sister Gets News," *Milwaukee Sentinel*, November 23, 1963.

罗斯和罗斯玛丽之间的互动多半短暂：Interview with Sister Margaret Ann Reckets in LL, *The Kennedy Women*, 413.

他们为她开派对：LL, *The Kennedy Women*, 759.

尤妮斯对人的弱点丝毫没有同情心：Gibson and Schwarz, *Rose Kennedy and Her Family*, 55.

该死的安东尼，离我远一点：LL, *The Kennedy Women*, 683.

如果你够了解罗斯玛丽的话：Joan Zyda, "The Kennedy No One Knows," *Chicago Tribune*, January 7, 1976.

你在找尤妮斯吗：LL, *The Kennedy Women*, 682 - 83.

安东尼·施赖弗后来成立了国际挚友会：For more about Best Buddies International, see http://www.bestbuddies.org/best-buddies.

她是个彻头彻尾的肯尼迪：Anthony Shriver, interview by author, October, 8, 2008.

即使语言和肢体上受到很大的限制：Timothy Shriver, interview by author, November 2, 2010.

蒂莫西认为，罗斯玛丽才是整个肯尼迪家族故事的核心人物：Ibid.

罗斯玛丽让我们注意到这群有特殊需求的人：Letter, Anthony Shriver to author, February 17, 2009.

见到她的姐姐受尽折磨：Jack McCallum, "Small Steps, Giant Strides," *Sports Illustrated*, December 8, 2008.

称尤妮斯是个"革命者"：Ibid.

罗斯玛丽"让我们发觉……这些处于弱势者带给我们的礼物"："A Tribute to Eunice Kennedy Shriver," November 16, 2007, 24 - 25, JFKPL.

每个人都有他存在的价值：EMK, at RMK funeral, January 10, 2005.

对于肯尼迪参议员想要帮助年长的人、生病的人：Burton Hersh, *Edward Kennedy: An Intimate Biography* (New York: Counterpoint, 2010), 520.

我们当中，一定有许多人曾经受到身心障碍的人感动过：Vincent Bzdek, *The Kennedy Legacy: Jack, Bobby, and Ted and a Family Dream Fulfilled* (New York: Palgrave Mac millan, 2009), 235.

罗斯玛丽的膝盖受伤，需要手术治疗：LL, *The Kennedy Women*, 759 - 60.

罗斯玛丽非常配合：Interview with Sister Margaret Ann in ibid., 760.

十足的万人迷：Ibid.

把祷告词，像是万福玛利亚和谢饭祷告，记得很熟：Ibid.

小屋的墙上有一张罗斯玛丽穿着长礼服和母亲等着要去晋见国王的照片：Ibid., 761.

二〇〇五年一月七日：Martin Weil, "Rosemary Kennedy, 86, President Kennedy's Sister," *Washington Post*, January 8, 2005.

我没有办法判断什么是我得到的,什么又是我失去的："'Times to Remember' Background Materials," RFKP, box 13.

我是如此幸运,因为我的生命中有各种逆境："A Tribute to Eunice Kennedy Shriver," November 16, 2007, 24 – 25, JFKPL.

ROSEMARY：The Hidden Kennedy Daughter by Kate Clifford Larson
Copyright © 2015 by Kate Clifford Larson
Published by arrangement with Houghton Mifflin Harcourt Publishing Company
through Bardon－Chinese Media Agency.
ALL RIGHTS RESERVED.
本书中文简体字版版权，浙江文艺出版社独家所有。
版权合同登记号：图字：11－2017－192 号

本简体中文版翻译由台湾远足文化事业股份有限公司(行路出版)授权。
版权合同登记号：图字：11－2017－182 号

图书在版编目(CIP)数据

罗斯玛丽：肯尼迪家族隐藏的女儿/[美]凯特·克里福·拉
森著；张琼懿译.—杭州：浙江文艺出版社,2018.10
ISBN 978－7－5339－5366－9

Ⅰ.①罗…　Ⅱ.①凯…②张…　Ⅲ.①罗斯玛丽—传记
Ⅳ.①K837.128.9

中国版本图书馆 CIP 数据核字(2018)第 178744 号

策划统筹：曹元勇
责任编辑：王　青
封面设计：宋　涛
责任印制：吴春娟

罗斯玛丽：肯尼迪家族隐藏的女儿
[美]凯特·克里福·拉森　著
张琼懿　译

出版：浙江文艺出版社
地址：杭州市体育场路 347 号　　邮编：310006
网址：www.zjwycbs.cn
经销：浙江省新华书店集团有限公司
印刷：杭州富春印务有限公司
开本：880 毫米×1230 毫米　1/32
字数：205 千字
印张：8.25
插页：1
版次：2018 年 10 月第 1 版　2018 年 10 月第 1 次印刷
书号：ISBN 978－7－5339－5366－9
定价：39.80 元